小词语
大文化

从词语到文化
是一场思想的旅行

冯天瑜——— 著　　孙东明——— 整理

辽宁人民出版社

图书在版编目（CIP）数据

小词语　大文化 / 冯天瑜著 ; 孙东明整理 . —沈阳 : 辽宁人民出版社 , 2022.7
　　ISBN 978-7-205-10393-4

　　Ⅰ . ①小… Ⅱ . ①冯… ②孙… Ⅲ . ①汉语 – 词汇学 – 研究 Ⅳ . ① H13

中国版本图书馆 CIP 数据核字 (2021) 第 270505 号

出版发行：辽宁人民出版社
　　　　　地址：沈阳市和平区十一纬路 25 号　邮编：110003
　　　　　电话：024-23284321（邮　购）　024-23284324（发行部）
　　　　　传真：024-23284191（发行部）　024-23284304（办公室）
　　　　　http://www.lnpph.com.cn
印　　刷：北京长宁印刷有限公司天津分公司
幅面尺寸：165mm×235mm
印　　张：25.5
字　　数：344 千字
出版时间：2022 年 7 月第 1 版
印刷时间：2022 年 7 月第 1 次印刷
责任编辑：娄　瓴
助理编辑：贾妙笙
装帧设计：丁末末
责任校对：冯　莹
书　　号：ISBN 978-7-205-10393-4
定　　价：70.00 元

写在前面的话

　　辛丑年初冬，冯天瑜先生八十寿辰前夕，在武汉召开了湖北省人才工作会议。会议授予了冯天瑜先生"湖北省杰出人才"荣誉称号，颁奖词对冯天瑜先生有这样的评价：他长期研究中国传统文化，以广博视野和勤奋写作，阐释中国文化的过去、现在和未来。其原创研究和突出贡献，广受海内外尊崇。其学术影响力随同他近千万字的作品一道，已超越历史学科，溉及人文科学、社会科学的诸多领域，代表着湖北地区人文社会科学的最高水平。这是对冯天瑜先生学术成就的高度肯认和重要总结，也是献给冯天瑜先生的一份寿辰厚礼。

　　从 20 世纪 80 年代文化史研究复兴至今，冯天瑜先生已经在文化史研究领域耕耘 40 年。在这 40 年的历程中，他不断开拓新领域，提出新创见，锐意精进。其"文化生态论""元典精神论""互动转型论"及湖北地方史志之发覆，均别开生面，大大开拓中国文化史的研究深度与广度。进入新世纪后，冯天瑜先生又开启"历史文化语义学"新领域，《小词语　大文化》即为此领域中的著作之一。

　　"历史文化语义学"领域的开启，自有其深厚的历史文化背景。

　　19 世纪中叶以降，大量的外来词汇、术语、概念被翻译到汉语世界。在往昔的历史研究中，这一文化现象虽然引起学者们注意，但其分析往往局限于外来文化影响层面。

20世纪后半期始，语言在历史进程中的重要作用越来越得到认可，历史学的研究重心因此发生了急剧变化，其主要表现之一即是概念史（history of concepts）的兴起和盛行。概念史大家科塞雷克把概念本身的演化视为历史发展的一个指标器、推动历史变化的一个因素，"概念史研究的雄心是，藉助被考察的概念，重构社会史的色彩缤纷的截面并以此呈现整个社会历史，为史学研究提供一种范式"。

21世纪以来，在西方概念史思潮的影响下，中国学术界越来越深刻地认识到，如果离开了近代传入与生成的新词汇、术语、概念，就无法理解中国乃至东亚的近代史。一部分学者开始将概念史方法引入中国近代史研究，其方法一是译介概念史的相关理论和研究方法，进而尝试构建与近代中国历史情境相契合的概念史研究路径；二是对近代中国的若干基本概念进行"知识考古"，试图厘清其演变过程及其社会政治语境，进而对近代知识体系之建构有所发明。为此，冯天瑜先生和方维规、孙江、李宏图、金观涛、刘青峰、黄兴涛、陈建华、桑兵、章清等学者从思想史、观念史、文化史、学术史、社会史等不同路径出发，结合西方概念史研究的基本理念，对中国"近代新名词"进行研究，形成了既密切关联又各具特色的不同研究风格和路数。

冯天瑜先生较早就对于"概念"问题殊为重视。20世纪80年代后期撰写《中华文化史》上篇，关于"文化"一词有长篇考释，兼及"文明"；又在该篇第四章第三节"中国'封建制度'辨析"中指出："时下通用的'封建制度'是一个需要特别加以辨析的概念，因为它的含义既大异于古来惯称的'封建'，也颇不同于西方史学界常用的'封建制度'"。这是改革开放以来国内探讨封建概念古今演绎、中外对接间得失的较早文字。继之，他又发表了《厘清概念——以"封建"、"形而上学"为例》《"革命"、"共和"：近代政治中坚概念的形成》等探讨术语生成、演化问题的专文。后文以及日本狭间直树教授论"民主、共和"的文章、陈建华的《中国革命话语考论》，开辟了从关键词角度研究辛亥革命史乃至中国近代史的路径。

2004年，冯天瑜先生出版了《新语探源：中西日文化互动与近代汉字术语形成》，该书从做资料长编到撰写完毕，前后长达五年。在导论中，他开篇即引用德国哲学家杜勒鲁奇之语："从起源中理解事物，就是从本质上理解事物。"接着，他引述赛义德的"跨文化旅行"理论，"这种'旅行'分为四阶段：一、出发点，在那里思想得以降生或进入话语；二、通过各种语境压力，思想进入另一种时间和空间，从而获得新的重要性；三、在那里遇到接受条件或抵抗条件，使思想的引进成为可能；四、被接纳（或吸收）的思想，由新的用法及其在新的时空位置所改变"。并指出，考察的近代术语，在从原产地（欧美）、中介地（中国或日本）到受容地（日本或中国）的漫长周游中，也经历着类似赛义德所说的"思想及语言旅行"的几个阶段，在中介地和受容地遭遇接受条件或抵抗条件，获得"新的重要性"和"新的用法"，成为汉字文化圈词汇的新成员，故被近代中国人称为"新学语"（简称"新语"）。"这些充当诸学科关键词的汉字新语，词形和词义大都受到中国因素和西方因素的双重影响，日本因素也曾参与其间。故追溯汉字新语的源流，将展开中—西—日文化互动的壮阔图景。而通过这种寻流讨源，汉字新语的文化内蕴将徐徐呈现，中国近代文化的某些本质内蕴将得以彰显。"该书"较完整地概述了自古以来中外文化互动间的语汇变迁，重点又放在16世纪以降，更详细展开于19、20世纪之交"，尤其对产生于清末民初的新生术语在近代语境中的生成、发展、变迁加以厘清考辨，着力开掘语义变化后所蕴藏的历史文化信息。同年，冯天瑜受京都国际日本文化研究中心之邀请，主持"关于近代东亚熟语概念生成的综合研究"研讨班。会上，冯天瑜先生强调要"从历史、文化的视角，对近代诸概念的生成、演变展开卓有成效的讨论"。正是在这一时期，冯天瑜经反复酝酿，提出"历史文化语义学"的概念。通常而言，概念史研究在研究方法上以"历史语义学"相标榜，关注概念的延续、变化和革新之间的关系，同时也强调概念史与社会史的结合，着重考察词语、概念、文本与社会政治情景之间的关系。冯天瑜先生将"历史语义学"改造为"历史文化语义学"，是要强调文化分析的要素。"历史文化语义学的要义，不只局限于对语义作历时性研究，它要求论者在对语义进行考察时，着力于开掘语义变化背后所蕴藏的历史文化意蕴。只有当某一术语或概念具有深广的历史文化内涵时，才有可能被纳入历史文化语义学的研究范围，它所关注的是一些关键的、具有重要历史文化意义的术语和概念，通过考察关键术语和概念在不同用例中反映的语义变化，探悉由此传递的政治、经济、文化、风俗等多方面的含义。"察其本意，是欲将"概念史"纳入文化史研究范畴，为"概念"研究带来新的视角、新的方法、新的哲思。

本书收录了冯天瑜先生对"文明""中国""革命""科学""封建""自由""社会""民主""几何""地球""共和"等中国历史文化关键词的诠释，其中既有冯天瑜先生已出版"历史文化语义学"重要论著的精要摘录，又有未发表之文章、讲义和思想随笔，是冯天瑜先生学术思想与智慧的浓缩。我们衷心希望读者能由读是书循入先生其他著作，接近先生的思想世界与历史世界，对中国的文化历史，有更为深刻的理解。

周积明　孙东明

辛丑年冬月

目录

由词通道

由字以通其词，由词以通其道，必有渐。

——（清）戴震

语言是思维工具，是思想的直接现实；语言是人类的创造物，它并非先天具有，而是在后天社会生活中习得的，这里可略举例证：

自幼被野兽带走，脱离人类社会的"狼孩""豹孩"没有语言能力；明成祖朱棣夺取侄儿建文帝皇位后，把建文的两岁儿子朱文圭禁锢后宫，不许与人沟通，五十年后获释，完全脱离社会生活的朱文圭不会讲话。[1]

语言作为交际工具，是人类组成社会的必要条件，也是社会生活的产物。故具有思维能力、结成社会的人可兼称"社会动物"和"语言动物"[2]。

———

[1]（明）王廷相：《石龙书院学辨》即有类似情形的表述，文曰："赤子生而幽闭之，不接习于人间，壮而出之，不辨牛马矣，而况君臣、父子、夫妇、长幼、朋友之节度乎？而况万事万物，几微变化。"
[2] 一些鸟类和兽类也可发出声响，达成彼此沟通，但这是动物的本能所致，而人类的语言"是纯粹人为的，非本能的，凭借自觉地制造出来的符号系统"。（[美]爱德华·萨丕尔《语言论》，商务印书馆1997年版，第7页）正是在这一意义上，人可被称为"社会动物""语言动物""符号动物"。

在文化进程中形成的语言，包括语音、语法、语义三要素，其中语义的历史延展性和运动性最为突出。本书兼作静态的共时分析与动态的历时分析，对若干关键词进行语义学诠释，通过形训、音训、义训，以求得一种文化史的认知。

一、由字通词，由词通道

"语义学"是考析语言意义的学问，中国传统称之"训诂学"（又称"训故""故训"，武汉大学宗福邦教授等合编大型训诂集成便命名《故训汇纂》）——用通俗话语解释深奥语义谓之"训"；用今语解释古语谓之"诂"。"小学十书"①之首《尔雅》的前三篇为《释训》《释言》《释诂》，"训诂"一名得自此。两晋训诂学家郭璞（276—324）为《尔雅》作注，称训诂为以俗语释雅言，以今语释古语。汉至清两千年间的学术主干是经学，而经学以小学（包括音韵、文字、训诂）为羽翼，尤其与训诂学相为应援，此种治学方式兴起于汉，大盛于清，对中日两国近代学术亦有深广影响。

清代乾嘉以前，汉语的基本单位称"字"（故兼具字典性和词典性的《康熙字典》单称"字典"），未从语言学角度将"词"单列（唐宋以降所说的"词"，非指一级语文单位，而指"诗"的别体，是"调有定格，句有阙"的一种韵文，又称长短句），汉唐宋明以至清代前期释经，皆从释"字"入手。语言学上的"词"，在近古方与"字"相离析，指具有独立意义的最小语文单位。清中叶学者戴震（1723—1777）较早明确区分字与词，并将词置于高过字的

---

① 黄侃：《文字声韵训诂笔记》开列治"小学"的十种专书：《尔雅》《小尔雅》《方言》《说文》《释名》《广雅》《玉篇》《广韵》《集韵》《类篇》。

一个级次，提出从字通词，又由词义明晓经义的学术理路：

> 经之至者道也，所以明道者其词也，所以成词者字也。由字以
> 通其词，由词以通其道，必有渐。(《与是仲明论学书》)

这里勾勒了"字—词—道"的推进线路，经义诠释从"字本位"过渡到"词本位"。

有些单字即具有独立意义，此为"一字词"。词更多由两字及多字按一定结构组成，其词义更趋丰富、精准。以"二字合成词"为例，略有几种结构类型：如偏正结构（前面词素修饰或限制后面词素，前谓"偏"，后谓"正"，如"中国""文化"）；动宾结构（前词素表示动作或行为，后词素表示动作或行为涉及的对象，如"革命""司令"）；主谓结构（后面词素说明前面词素，如"年轻""自由"）；联合结构（又称并列结构，由意义相近或相反词素并列组成，如"文明""教育"），动补结构（前词素表行动，后词素补充它，表示结果、趋向，如"打倒""说明"）；等等。

词具有独立含义，组合成句子更可展示复杂意义，直逼《易传》"形而上者谓之道"的那个"道"，故"词以通道"方可"辨章学术，考镜源流"。这种探究包括字形与字义的关系、词的结构类型、词语与思维及学术的联络、语义的构成因素、语义演变与社会变迁的关系、译词在中外对接间的意义互动等语文事象。而我们的考察既然与"意义"发生关联，也就必然与历史及文化相交织，从而进入文化史范域，笔者将此种研讨称为"历史文化语义学"。①

---

① 冯天瑜：《"历史文化语义学"刍议》，冯天瑜、[日]刘建辉、聂长顺主编：《语义的文化变迁》，武汉大学出版社 2007 年版，第 1—6 页。

二、词语的学科分野

近代定格的专科术语，除少数新创词（如"哲学""美学""脑筋""逻辑"）外，大都承袭汉字古典词（如"革命""共和""教育""伦理"）原旨，又在文化的近代转型和中外词语对接间，进展为内涵更精准的学术分科关键词，透过它们，正可洞察中国文化古今转捩点错综而多趣的状貌。

一般而言，中国传统学术分类较为粗疏，古史辨派主将顾颉刚（1893—1980）说：

中国的学问是向来只有一尊观念而没有分科观念的……旧时士大夫之学，动称经史词章。此其所谓统系乃经籍之统系，非科学之统系也。①

国学底蕴深厚的新闻记者黄远庸（1885—1915）作《晚周汉魏文钞序》，将"分科"视作区别古今学术的要素：

古无分业之说，其思想论辨不由名学，故常以一科之学，包举万类。欧洲古代学者，举一切物理、心理、政治、道德之理论，悉归之于哲学。吾国自古亦以一切学问，纳之于文。其分合异同之迹，盖难言之。②

---

① 顾颉刚：《古史辨》第 1 册"自序"，上海古籍出版社 1982 年版，第 29、31 页。
② 黄远庸：《远生遗著》卷四，沈云龙编：《袁世凯史料汇刊续编》，文海出版社 1966 年版，第 182 页。该文曾发表于《国民公报》，为梁漱溟编《晚周汉魏文钞》所作序文，梁书编于 1915 年 9 月。

现代新儒家唐君毅（1909—1978）从分科角度揭示中西学术的不同：

> 然在中土，则所谓文化之各领域素未截然划分，此于中国图书
> 分类之不能按照西方分类法即已得其证。中国传统之书籍分类，如
> 七略四部之分，均以书籍体例分，而不以学术之对象属于何类文化
> 领域分。而此中尤以哲学文学中之分划为难。集部之非同为文学，
> 如子部之非同为哲学。而经史二部正治哲学文学者所同读。[①]

晚清以降，西学东渐，中西文化交融互摄，近代初期在"师夷长技"谋
略指导下，"格致学"（自然科学）诸科率先成长，多种理科门类（物理、化学、
数学、生物学、医学等）应运而生；清末民初以降，固有的经学、史学等开
始分化、重组，汲纳西学，形成文学、历史、哲学、经济学、社会学、考古学、
人类学等人文社会科学门类，由较笼统的传统学术走向学科分野趋于明晰的
近代学术。

清末外交家薛福成（1838—1894）较早对西洋学术分科加以介绍并作
出肯定性评价。薛氏 1890 年任"出使英、法、义（意大利）、比四国大臣"，
对欧洲各国学术分科发展留下深刻印象，发现中国官员"若谓工其艺者即无
所不能，究其极乃一无所能"，与之大相径庭，欧洲各国担任外交、军事等
官职者，"数十年不改其用焉"，"数十年不变其术焉"。薛氏进而评论说：

> 他如或娴工程，或精会计，或谙法律，或究牧矿，皆倚厥专长，

---

① 唐君毅：《中国哲学与中国文学之关系》，载《中西哲学思想之比较研究集》（《民国丛书》第一编第 5 册，
影正中书局 1947 年版，第 195 页。

尽其用不相摈也。士之所研，则有算学、化学、电学、光学、天学、地学，及一切格致之学，而一学之中，又往往分为数十百种，至累世奠殚其业。工之所习，则有攻金攻木攻石攻皮攻骨角攻羽毛及设色抟填，而一艺之中，又往往分为数十百种。[①]

此谓"各有专家，而不相侵焉"，正是分科之学的表征。而与分科之学发展相为表里，义位明确、具有特指性的各学科术语纷至沓来。

直至清末，中国传统学术尚处在综合状态，学科分野欠明，故术语不发达。国学家章太炎（1869—1936）将汉语、汉文视作"国粹"之首（他有"国文""国史""国伦"共为国粹之说），对外来语大量涌入颇有保留与警惕，但他在比较中西语文短长之后，发现汉语的固有实词丰富且稳定，而"汉土所阙者在术语"，"欧洲所完者在术语"，故认为有必要创制汉字新术语。鉴于汉字造词能力强，章氏又指出：

汉文既有孳乳渐多之用，术语虽阙，得并集数字以成名，无所为病。[②]

以国文为国粹的章太炎对于用汉字组创新术语充满信心。近现代汉语发展的实践，证明章氏的预见不虚，如以"电"字为词头，可创制无数电工类术语："电力""电灯""电话""电报""电信""电线""电路""电阻""电磁"等，这种创词还可推演下去，不断满足反映新知识的需求。汉语的这种无限造词力，正是汉字文化历久而弥新的缘由之一。

---

① 薛福成：《庸庵海外文编》卷三，《续修四库全书》第 1562 册影光绪刻《庸庵全集》本，第 23—24 页。
② 章太炎：《转注假借说》，《国故论衡》。

注重语言逻辑的章士钊（1881—1973）强调"翻译名义"（译名问题）的重要性，他认为：

> 国于今日，非使其民具有世界之常识，诚不足以图存；而今世界之学术，什九非前代所有，其表示思想之术语，则并此思想亦为前代人所未尝梦见者，比比然也。[①]

这就将新术语的创译提到救亡图存的高度。

随着学科的分途发展，义位明确、具有特指性的相关术语如雨后春笋般涌现，不少成为今日通用关键词。在现代英、法、德、俄等语种的全部词汇中，术语的数量早已超过半数，而且还在与日俱增。17 世纪以降，随着西方殖民扩张和世界统一市场的建立，欧美近代文化连同其术语也传播到世界各地。其他地域的民族与国家，或被动或主动地接受来自欧美的近代术语系统，并结合自身语文特征，逐渐有所改造，有所创发，其语文天地呈现古与今、内与外既相冲突又相融会的纷繁多姿状貌。这在以中国为主体的汉字文化圈演绎得尤为充分。

三、"借词"的必需

汉语是一种开放的语言系统，古来即有采借外来语的传统，早期汉译外来语不少，如葡萄、茉莉、琵琶之类，中古以降外来词入华更为浩大。由于近代文化是在中西冲突与融会间生成发展的，故作为关键词流行的近代术语，

---

① 章士钊：《论翻译名义》，《国风报》第 29 期，宣统二年十月二十一日（1910 年 11 月 22 日）。

广为采撷西洋概念，不少具有"借词"身份。

"借词"是英语 loanword 的直译，又称"外来语""外来词""外来概念词"。修辞学家陈望道（1891—1977）在《文法革新问题答客问》中指出，语言分"内发语"和"外来语"，前者是"本地自造的"，后者是"从外路输入的。引线是外路的知识，新事物、新势力的输入。……外来语也是新文化之一"。[①]狭义外来语仅指音译词，广义外来语包括意译词。[②]本书讨论词义演化，故所涉外来语多为意译词。

中华文明沿袭数千年不曾中辍，原因之一，是作为形、音、义三者得兼的汉字词（名）丰富而且词义相对稳定，"前人所以垂后，后人所以识古"[③]，今人阅读两三千年前的先秦两汉古文，借助工具书（起训诂作用），领会其意并无大碍。汉字文化又不断邂逅外来语，与之互动，获得源头活水，如在魏晋隋唐间，汲纳大量源自南亚的佛教概念，组成若干反映佛法的汉字新名，诸如"法、空、业、禅、劫、世界、现在、觉悟、金刚"等，渐成汉字常用词。[④]有研究称，2 至 11 世纪的千年间（约当两汉之际至宋代），梵语佛经汉译词达三万五千条，其中不少成为汉语常用词。仅表述"短时间"的梵语汉字译名，便有"须臾""弹指""瞬间""刹那"等。时至近代，汉字文化又与西方文化相交会，知识量迅猛增长，反映新知识的概念井喷般涌现，并经由"方言超升，古语重生，外国语内附"（陈望道语）等途径，借助汉字将新概念"词化"，生成批量新名（特别是学科术语），汉字旧名也得以更化新生。[⑤]对于此一演变态势，语言学家王力（1900—1986）述评道："佛教词汇的输入，在

---

①《学术杂志》1940 年 3 月第 2 辑。

② 高名凯、刘正埮：《现代汉语外来词研究》，文字改革出版社 1958 年版，第 3、9 页。

③（东汉）许慎：《说文解字·序》。

④ 冯天瑜：《新语探源——中西日文化互动与近代汉字术语生成》，中华书局 2004 年版，第 84—116 页。

⑤ 冯天瑜：《新语探源——中西日文化互动与近代汉字术语生成》，中华书局 2004 年版，第 118—316 页。

历史上算是一件大事，但是，比起西洋词汇的输入，那就要差千百倍。……从词汇的角度来看，最近五十年来汉语发展的速度超过以前的几千年。"[1] 王力此言之后，又过去四十年，其间汉语词汇的发展更甚于前五十年。有人统计，时下每年新增汉字词达三四百个之多。若要综览近百年间汉字词汇繁复的演化，非鸿篇巨制不可，吾辈力微，只能择其要者考究之，试获"闻一知十""一斑窥豹"之效。

由于日本明治维新学习欧美近代文化有成，作为汉字文化圈一员的日本与中国相互借助，利用汉字翻译大量欧美词汇（主要是学科术语），这些新名伴随日译西书传入清末民初中国，故近代中国通用的关键词，不少是在中—西—日三边沟通过程中生成的。

"借词"以新名形式进入借方语言，增加借方语言数量，丰富借方语言表现力，是语言做跨文化旅行的表现。借词通过翻译得以实现，而翻译的实质是以两种不同的语言表达同一思想，它立基于概念的普世性、通约性，故否定概念的普世性、通约性，便拒绝了异文化沟通的可能。翻译的任务主要是再现原文思想，而不一定重演原文语音，因而"借词"除音译（如"盘尼西林""苏维埃""德律风""沙发"）外，更包括意译。德国汉学家李博归纳汉语借用外来概念的四种方法：（一）音位借用，（二）以汉语语素表述外来词，（三）前二法混用，（四）字形借用。而常用法是（二）（四）两种。[2] 本书所议借词，不出上述四法。

汉字具有强劲的表意性。每一个汉字不仅是一个音符，同时还具有特定的义位，而且汉字往往一字多义，可供翻译时选用。意译词能发挥汉字特有的表意性，昭示其文化内蕴，有时音译＋意译，如"啤酒""卡片""芭

---

① 王力：《汉语史稿》，中华书局 1980 年版，第 516 页。

② [德] 李博：《汉语中的马克思主义术语的起源与作用》，中国社会科学出版社 2003 年版，第 4—5 页。

蕾舞""霓虹灯""绷带""坦克车"等；连音译也往往择取音意兼顾的汉字
组合成词，如"逻辑""俱乐部""拖拉机""维他命""保龄球""可口可乐"
等，以及近年出现的"奔驰""黑客""迷你裙""托福"之类，在表音的同
时，又提供某种意义暗示。严复（1854—1921）在音译 utopia 时，取"乌托
邦"三字，在对音之外，又可从这三个汉字中产生"乌有寄托之乡"的联想，
以昭示 utopia 的"空想主义"意蕴。另外，波兰医生柴门霍夫（1859—1917）
创世界语（Esperanto），近代中国人将 Esperanto 音译作"爱世不难读"，而这
五个对音汉字包含的意义又与"世界语"的意义颇相切近。这些音意合璧译
词，是充满睿智的汉字文化的绝妙创作。

通过借词以创制新名，是一种普遍的社会语言现象。王国维（1877—
1927）积极评价新学语的借取，他指出，随着社会生活中新事物、新思想的
层出不穷，各个时代都有语不足用、需要输入外来词的情形：

> 周秦之语言，至翻译佛典之时代而苦其不足；近世之言语，至
> 翻译西籍时而又苦其不足。……处今日而讲学，已有不能不增新语
> 之势；而人既造之，我沿用之，其势无便于此者矣。[①]

王先生"人既造之，我沿用之"，是指日本已用汉字造出若干表述西学
的新语，我们应当充分利用，当然又须作辨析。

语言学家陈原（1918—2004）也论及借词的必然性："任何一种有生命力
的语言，它不怕同别的语言接触，它向别的语言借用一些它本来没有，而社
会生活的发展要求它非有不可的语汇，与此同时，不可避免的是别的语言也

---

① 王国维：《论新学语之输入》，《教育世界》第 96 期，1905 年 4 月。

向它借用某些同样需要的语汇。一方面是借入，一方面是出借……"①

百年过去，"新语之输入"有增无已，而诸如"科学、民主、自由、经济、文学、艺术、封建、资本、教育、新闻、物理、化学、心理、社会、革命、共和、政党、阶级、权利、生产力、世界观、社会主义、知识分子"等学语的确立，都是在古今演绎、中外对接的语用过程中实现的。这些充当诸学科关键词的汉字新名，词形是汉字文化固有的，词义大都受到中国因素和西方因素的双重影响，日本因素也参与其间。故追溯汉字新名的源流，考察作为现代人思维纽结的新概念（词语为其物质表征）的生成机制、发展规律，将展开中—西—日文化多边互动的复杂图景，彰显近代思想文化的网络状（非单线直进）历程。

借词作为一种跨文化现象，既有"跨文化适应"，借方与借入方达成彼此适应的涵化；同时，借词也会遭遇"跨文化传播阻力"，发生"跨文化曲解""跨文化错觉"②，这也是历史文化语义学需要探讨的问题。

四、略议"话语霸权"，期待涵化结局

近代以降，西学东渐，汉语系统的借词现象日渐普遍，包括若干学科领域的核心概念，往往借自西洋或东洋，于是有西方"话语霸权"之说不胫而走。这里且不从意识形态领域讨论"话语霸权"问题，仅就语用角度，简要评述国人关于外来语的两种极端回应：

一认为合理、必要，因西方学术先进，当大量采纳之方有望进步。而欲采纳西学，必吸收其术语，仿效其学术的语文表述。我们可将此说称之学术

---

① 陈原：《社会语言学》，学林出版社 1983 年版，第 287 页。

② 陈国明、安然编著：《跨文化传播学关键术语解读》，中国社会科学出版社 2010 年版，第 2、168、226 页。

语文表达的"西化合理"论。

二认为是数典忘祖，必须予以反拨，复归国学语文表述。有学者主张以中国固有范畴系统（"道器""体用""阴阳""形神"之类）取代外国哲学界通用百年的亚里士多德、康德范畴系统（"本质""量""质""关系""位置""时间"等）。我们姑且将此议称之"语文回归国学"论。

上述两论均自有道理，然若坚执一端，又失之偏颇。笔者以为，正确的、可行的路径是——中外交融，以外来语文格义本土语文，又以本土语文格义外来语文，达成内外语文的涵化，建设"守先待后""融会中外"的新语文。

这里引入一个佛学词语"格义"（初见梁代慧皎《高僧传》："以经中事数，拟配外书，为生解之例，谓之格义。"）——"格"谓比较、度量，"义"谓名称、概念。格义者，用比较、类比的方法解释和理解跨文化概念。当然，格义双方不可能总是均衡对等的，如佛学初入华，国人以儒、道之学解释佛学及其各种专名，如以老庄之"无"比配佛学之"空"，此为以中"格"外之名例；后又有反向格义，以外来概念诠释本土概念，以外"格"中。近百年来，以西哲概念新解中国固有概念之例甚多（如"科学""自由""共和""社会"等）。而格义的较佳结局是达成"共现"（胡塞尔语），实现异文化间概念的彼此涵化。千余年前佛学与汉学之间多获此种成果；三百年来中西文化在交融过程中，也正在培育这类成果，当然其间存在矛盾不偕。本书之微意，在考究今日通用的若干关键词古今转换、中外对接的历程，初识其经验教训，期待此一涵化较平顺地展开。

五、对"误植词"的警惕与辨正

概念、范畴的演变，是人类思想更革的表征，反映了知识总量的扩大和思想的迁衍、深化。然而，由于概念古今转换、中外对接牵涉文化的时代性进步与民族性因革两大往往并不总是互洽的过程，情形错综复杂，概念与指称之间的误植时有发生，这便是北魏文字学家江式（？—523）指出的，在"世易风移，文字改变"之际，往往出现字语"谬错""失真"，"俗学鄙习，复加虚造"。[1] 时下通用的关键词不乏例证：有的古典汉字词在演变为新语之后，既完全脱离汉语词的原义，也不切合对译外语的本义，又无法从汉字词的词形推导出新的词义来，新词义是生造的、人为强加的，这便是"误植词"。社会学家陶履恭（1887—1960）百年前说：

> 世人用语，率皆转相仿效，而于用语之真义反漫然不察。物质界之名词，每有实物可稽寻，世人用之，或能无悖词旨，鲜支离妄诞之弊。独进至于抽象之名词，无形体之可依托，而又非仅依吾人官觉所能理会。设转相沿袭，不假思索，非全失原语之真义，即被以新旨，而非原语之所诂，此必然之势也。[2]

"失原语之真义""新旨"亦"非原语之所诂"导致语文"谬错"，如"娃娃鱼、章鱼、鲸鱼"因生活于水中，被命名为"鱼"，这是由直观导致的错误命名，其实这三种动物皆非鱼类，而分别是两栖动物、软体动物、哺乳动物。

异语文之间存在着文化差异，如果译介时不求甚解，便可能发生名实错位，如 20 世纪以来中国对西方哲学研究虽有成就，但在理解中也出现概念误植——用本民族传统理念曲解西哲的理论和概念，诸如"理性"的误读，"科学"的实用化，"辩证法"的降级诠释，"实践"的变形，"自由"的附会，

---

[1] 江式：《进〈古今文字〉表》。
[2] 陶履恭：《社会》，《新青年》第 3 卷第 2 号（1917 年 4 月 1 日）。

等等。①

概念意译过程中旧名衍为新名导致文化错位：

一如"经济"，本义"经世济民""经邦济国"，意近政治，而在对译 economy 时形成的新名"经济"，含义转为国民生产、分配、交换、消费之总和，兼指节约、俭省，与本义脱钩，新义又无法从"经济"词形推演出来。

再如新名"形而上学"，是借《周易》"形而上者谓之道"一语对译 metaphysics 时形成的，此新名之一义"超验哲理"，与旧名本义方向相切合；但后来衍生的反辩证法的"静止论""机械论""外因论"诸义，则全然背离旧名本义指示的方向，也超出了旧名"形而上"词形所能提供的意义空间。②

至于近百年"日用而不辨"的史学关键词"封建"，在中外对译之际，概念误植尤显突出，以致把秦汉—明清这一制度主流并非封建的两千年称之"封建时代"。这种滥用的"封建"，既与汉字词古典义（封土建国、土不可贾）相悖，也与对译英语词 feudalism（贵族政治、领主经济）含义大异，且无法从"封建"词形推演出君主集权、非世袭的官僚政治一类含义来，故以"封建"概括周秦以降社会形态，实乃偷换概念的错谬。③钱穆（1895—1990）对于将中国的中古时代套用西欧中世纪"封建"的做法，提出质疑："何以必削足适履，谓人类历史演变，万逃不出西洋学者此等分类之外？"④林志纯（1910—2007）则指此种滥用"封建"之名为"百年误译"⑤。

术语概念误植带来的不良后果，往往超越语言学范围而直达广大的思

① 邓晓芒：《中国百年西方哲学研究中的十大文化错位》，《世界哲学》2002 年增刊。

② 冯天瑜：《汉字术语近代转换过程中误植现象辨析——以"经济""封建""形而上学"为例》，载《中日学者中国学论文集》，复旦大学出版社 2006 年版。

③ 冯天瑜：《"封建"考论》，武汉大学出版社 2006 年第 1 版，中国社会科学出版社 2011 年修订版。

④ 钱穆：《国史大纲》，商务印书馆 1948 年版，第 18 页。

⑤ 日知：《"封建主义"问题》，《世界历史》1991 年第 6 期。

想文化层面，如因"封建"概念的泛化，导致中国史分期长久聚讼不决，对各阶段社会形态认识发生紊乱，不良影响远逾史学领域，故侯外庐（1903—1987）批评曰，"封建"的滥用，实乃"语乱天下，为时已久了"①。

误植现象常发生在译词的诠释上，费正清（1907—1991）编《剑桥中华民国史》指出，某些西方概念汉译后，往往发生变异，如 individualism 是欧洲启蒙运动后表述人权和尊重个性的褒义词，译成汉语"个人主义"，则演化为"利己""自私"的同义语，基本上成了贬义词。现在译界将 egoism 译作"自私"，恢复"个人主义"（individualism）的褒义，这是对上述偏误的救正，但力度尚不足以克服大半个世纪以来关于"个人主义"形成的错觉。此外，"自由主义""权利"等译词，也有从英语原义转变为汉语词贬义的情形。这表明，异文化间词语的通约殊非易事。而如果术语不能通约，异文化的互动交流便会陷入困境。故应当揭示误植词发生偏差的机制，以引起疗救的注意。《易传》"修辞立其诚"当永为座右。

由"符号—图画—象形—形意、形声"一路演化而来的汉字，历史悠久，若以得到辨识的、已是成熟文字（兼有象形字、假借字、形声字）的甲骨文为端绪（前此的各种刻划符号暂且存而不论），便有三千七百年历史。汉字虽然不断演化，由图形变为笔画，象形变为象征，复杂变为简约，但其字形的基本状貌、字义的主旨，得到程度不同的保持，汉字遂能一以贯之地使用不辍，今人与古人对话并非难事。世界诸古文字，如埃及象形文字、苏美尔楔形文字、印度印章文字、玛雅象形文字等，皆成为死文字，除个别专家勉为辨认外，与大众语用毫无关联。而存活至今，三四千年生动演绎的唯有汉字。这与汉字是形、音、意结合的文字相关，同一词形所包含的词义乃至发

---

① 侯外庐：《侯外庐史学论文选集》，人民出版社 1987 年版，第 203 页。

音较为稳定（拼音文字由字母随机组合，词义易变），"变易"中深藏"不易"，"不易"又对"变易"开放，是汉字文化长期延传的保障。生生不已的汉字文化，既不固守语文民族本位，拒斥外来概念的良法美意；也决不截断文化渊源，任由外邦行使"符号霸权"；更不自乱阵脚，任凭某些关键词误植。

词语（尤其是术语）的规范化、精确化、纯洁化，避免被污染、陷入紊乱和退化，是弘扬文化传统，收揽异域英华，确保文化健康发展所必需的一项守望工作。此项工作的致力处有二：

其一，词语古典义的追溯和近代义的伸发并重，寻觅汉字文化的演化轨迹，以知新名的由来有自、变异有据。

其二，开放门户，博观外来概念与汉语本有概念的联系性和差异性，考究新名在内外交会、中西涵化过程中的生成机制。

近代"日语借词"辨析

言及"借词"及中外语文涵化，必须讨论中—日语文互动问题。

古代日本从中国进口包括大量汉字词在内的汉字文化系统。此点评议甚多，此不赘语。在文化传播方向上，近代中日间发生逆转，仅就词语而论，日本便从输入国变成输出国，中国则由文化供应源转为文化受纳处。清末民初中国从日本引入大量译介西学概念的新名词，张之洞称"日本名词"，林琴南称"东人之新名词"，刘半农称"东洋派之新名词"，20 世纪 50 年代语言学者称其为"日语借词"。[1] 有人认为，近代汉字新语中，"日源词"占了七成，若去掉"日语借词"，近代中国人便难以说话作文。然而，经具体考析便可发现：近代中国使用的反映新知识的新名固然不少来自日本，但称新名多半为"日语借词"，则是过甚其词。笔者以下将陈述此种夸张之误，决非要给"词汇民族主义"[2]张目，不是为了证明"老子先前比你阔"，以获得阿 Q 式的"精神胜利"，而是从近代汉字文化史的实况引出的结论。而持平允态度，较之坚执极端，于人于己有益无害。

---

① 董炳月：《"同文"的现代转换——日语借词中的思想与文学》，昆仑出版社 2012 年版，第 3—6 页。
② [意] 马西尼：《现代汉语词汇的形成》，汉语大辞典出版社 1997 年版，第 137 页。

一、近代"日本名词"入华鸟瞰

1894—1895 年爆发中日甲午战争，中方惨败，促成国人"大梦初醒"，决意向强敌学习，自 1896 年开始派遣青年学子赴日，研习日本人消化过的西学，此后十余年，渐成留学东洋高潮。经中日两国人士的努力，尤其是数以万计的中国留日学生和少数"亡命客"（梁启超等以此自名）的转输，汉字新语从日本大量涌入中国。①康有为在 1897 年撰《日本书目志》，收录大量日制学名（"经济学""伦理学""人类学""美学"等）和"绷带""方针""手续""国学"等新词，一时朝野注目。

清民之际从日本入华的汉字新名，有如下几类：

（1）音译词（"瓦斯""俱乐部"等），

（2）日本训读词（"入口""手续"等），

（3）日本国字（"腺""膣"等），

（4）日文译语（"基于""对于"等）。

（5）将中国古典词原义放大、缩小或转义，以对译西洋概念。以"现象"为例，本为汉译佛语，义为佛、菩萨现出化身，日本哲学家西周（1829—1897）的《人生三宝说》（1875）在"现象"词形中注入新义，成为与"本质"对应的哲学术语。

（6）运用汉字造词法创制新词，以对译西洋术语。

———

①关于晚清日本汉字新名词进入中国的途径及一般情况，参见黄兴涛《日本人与"和制"汉字新词在晚清中国的传播》，《寻根》2006 年第 4 期；《新名词的政治文化史——康有为与日本新名词关系之研究》，《新史学》第 3 卷，中华书局 2009 年版，第 100—129 页。

二、来路略考

上述几类词语有些确乎源自日本 [如（1）—（4）类]，但数量更大、更为重要的 [（5）、（6）两类] 多不能以"日源词"一言以蔽之，因为其中若干新名另有来历——

（1）源出中华古典

清民之际被认作是从日本入华的大批汉字词（如"自由""社会""科学""卫生""小说""机器""参观""代表""单位""发明""反对""范畴""现象""革命""共和""讲师""教授""博士""悲观""标本"等），究其原本，多来自中国古典词库，是晋唐宋明以降从中国传至日本，近代经日本改造后作为西学译名"逆输入"中国的，故不可简单地以"日源词"视之，称其为"侨词来归"则比较恰当，因为它们本为中国旧词，在中土语用已然千百年，后侨寓日本，领受外来文化洗礼，近代作为"侨词"回归中国汉语系统。

（2）来自在华编译、出版的汉文西书

还有一批反映近代学科概念的汉字新名（如"植物学""物理学""地球""热带""温带""冷带""寒流""暖流""细胞""大气""真理""公理""定理""比例""权利""立法""公法""选举"等），曾被误以为是"日源词"，实则非也。它们是在明清之际和清末这两个时段，由西方传教士与中国士人合作，以"西译中述"（西方人口译，中国人笔述）方式在中国创制的，先后于江户中后期和明治前中期传至日本，其载籍为在中国刊印的早期汉文西书（明清之际成书）与晚期汉文西书（清中末叶成书）。[①] 将其称"日源词"

---

① 冯天瑜等：《近代汉字术语的生成演变与中西日文化互动研究》之上编《载体研究》，经济科学出版社 2016 年版，第 7—168 页。

很不恰当。这里有必要回顾历史实际——

16、17 世纪之交，欧洲传教士偕西洋早期近代文化东来，对于中国与日本这两个西学东渐目的地，西方人更重视作为东亚文明大国的中国，明末有比利时传教士金尼阁"修贡西书七千部"入华之说。[①] 更重要的是，来华传教士从数量到品级，赴中者明显高于赴日者，明清之际入华的西洋传教士（如利玛窦、汤若望等）学术水平是赴日传教士所不可比拟的，利玛窦们又得中国优秀士人（如徐光启、李之藻等）合作，在相当高的层次上译介西学，编纂、出版数以百计的汉译西书（著名者有《几何原本》《职方外纪》《坤舆图说》《名理探》《西学凡》等），创译大批包含新概念的汉字新名，加之清道咸年间入华新教传教士马礼逊等人编制的《华英字典》等工具书，皆被日本人广为采借，并成为其翻译西学的样板，幕末明初日人所拟汉字新名多脱胎于汉译西书。

值得注意的是，由于西学在幕末至明治时期的日本远比同期的中国受到重视，这些在明清中国未能广泛流布的新学语，在近世（德川时期）和近代（明治时期）日本普遍使用，并于清末民初伴随日本教科书、工具书、日译西书、新闻媒体返回中土，被未究底里的中国人当作日制汉字词，"好奇者滥用之，泥古者唾弃之"（王国维评语）。而一些严谨的日本学者否认这批汉字术语的"日源"性，指出它们来自明末和清朝同光年间的汉文西书。略举一例：笔者在日本爱知大学任教时的同事荒川清秀（1949—　）长期从事日中语汇互动研究，他著文驳正中国出版的颇有权威性的《汉语外来词词典》（上海辞书出版社 1984 年版）的一些误判，如该词典称"热带"是日源词，而荒川广泛查阅资料，发现 16 世纪末入华耶稣会士利玛窦与中国人合作的世界地图上已有"热带"一词，荒川特撰 250 页稿纸的文

---

① 方豪：《明季西书七千部流入中国考》，民国三十三年 1 月 1 日《文史杂志》第 3 卷第 1、2 期。

章论此，证明包括“热带”在内的一系列地理类汉字术语来自中国。荒川进而撰著《近代日中学术用语的形成与传播——以地理用语为中心》（白帝社 1997 年版），考订百余个地理、气象类汉字新名，皆系明末中国印行的汉译西书拟的新名，幕末传入日本。与此类似，还有一些中国及日本学者做过考订，证明大批汉字科技类新语本为“中源”，幕末明治间传入日本，流行开来，于 19、20 世纪之交“逆输入”中国。如果我们将这批表述西学的汉字术语认作“日语借词”，日本学者会哑然失笑，中国人更情何以堪！译创那些汉字新名的中国士人与来华外国人的劳绩历历在目，不容抹杀。参与翻译上述汉字新词者甚众，著名人物有明末入华耶稣会士利玛窦、艾儒略、金尼阁、邓玉函、熊三拔、傅汛际、汤若望等，清末入华新教传教士马礼逊、慕维廉、傅兰雅、麦都思、伟烈亚力、林乐知、李提摩太等，与西洋人合作汉译的中国士人有明末清初徐光启、李之藻、杨廷筠、王徵、方以智及其子方中通等，清末汪凤藻、李善兰、徐寿、徐建寅、华蘅芳、王韬、李凤苞、管嗣复、张福僖等。这些中西人士若地下有灵，必为首创权被剥夺并拱手让与日本人而郁愤不已。

（3）晚清“开眼看世界”中国人的创制

清道咸年间国门初开，一些先进的士人渴求新知，借助汉译西书、西报，撰写一批介绍西事、西学的书籍，著名者有林则徐（1785—1850）主持编译的《四洲志》，魏源（1794—1857）编纂的《海国图志》，徐继畲（1795—1874）编纂的《瀛环志略》，姚莹（1785—1853）编纂的《康輶纪行》，梁廷枏（1796—1861）编纂的《夷氛闻记》《海国四说》，夏燮（1800—1875）编纂的《中西纪事》等。这些书籍在介绍外域情事、学术时，译创了一批史地类、政法类、科技类汉字新名，拙著《新语探源》（中华书局，2004 年版）第三章第一节有较详细介绍，此不赘述。这批书籍（尤其是魏源的《海国图志》）在本国遭受冷遇，而传至幕末明初日本，洛阳纸贵，多次翻印，争相传阅，幕末维新志士吉田松阴（1830—1859）称"魏源之书大行我国"①。《海国图志》《瀛环志略》等书译制的汉字新名随之播传于日本朝野，日人广泛使用之余，还引为译制汉字新名的范本。如《海国图志》的报纸译名"新闻纸"，美国元首译名"大统领"，皆被日本人采用，并通行至今，而不明底里者常把"新闻纸""大统领"之类视为"日本名词"，殊不知它们分明是中国所创、为日本借用的名词。

总之，上述几类汉字词，有的并非"新语翩至"，而是"旧词复兴"，或曰"古典词革新"（承袭古典基旨而变通之）；有的不是"日词入华"，而是"侨词来归"；还有不少新名产地在华不在日，日本只是中转站。然而，有些中国出版的外来语词典和语言学著作未做穷原竟委工作，把它们一概视作"日语借词"，这是不符历史实际的判定。从语源学角度论之，必须恢复上列三类词语的"中国首创"（如《四洲志》《海国图志》《瀛环志略》译制科技类，政法类，史地类诸名）、"翻新古典"（如"革命""科学""共和"之类）及"回归侨词"身份，并论析翻新始末，输出与逆输入过程，考查中—西—日三边互动间的因革及传递转换情形。

三、对近代日本语文贡献的评判

不应轻忽幕末明治日本发展汉字文化的重大贡献。近代日本创制一批汉字新名（如"哲学""美学""干部""常识"之类），大量选取汉语古典词（如"伦理""科学""政治""范畴""艺术""民族"等）翻译西洋术语，普及一批前缀（如"老~""小~""第~""非~"等）与后缀（如

---

① [日] 吉田松阴：《读筹海篇》（《海国图志》首篇），《野山狱文稿》第23页。

"～者""～力""～式""～性""～化"等），又借鉴西式语法，丰富了汉字语用，对白话文运动及汉语的现代化进程起到推动作用，这一劳绩必须肯认，却又不能因此对汉字新名的语源张冠李戴，一概让与日本。作此辨析，并非仅是维护词语发明权的荣誉之争，更重要的是：端正对词语演绎线路的认识，以准确把握词义异动及发展过程，这既是语言学学理的坚守，更涉及广义的求真务实问题，忽略于此，便无法重识真实的近代中国文化史和日本文化史，而失却了文化史的真实性，在夜郎自大与百事不如人两个极端间徘徊，何谈文化自信、何谈开展健全的中外文化交流？

笔者以为，近代日本对汉字文化发展的促进，主要并不在于提供了多少新词（对此不必缩小，也不应夸大），而在于终结汉字新名的散漫无序、自生自灭状态，界定了中国自创或由日本制作的新名的古典义、现代义、世界义，并使之贯通，汇入学科体系，通过学校教育、社会教育，为汉字文化构筑现代性知识系统提供语文基础。这项极有意义的工作，既非中国、也非日本单独完成，而是 16 世纪末叶以来的三百余年间，中—西—日三边互动的结果，中国人与日本人在此间互为师生，交相更替创作者与学习者身份，而欧美传教士在中国士人协助下的译创之功也至关重要。

自严复（1854—1921）等兼通中西语文的译者出现以后，中国逐渐减免借助日译西书，而直接译述西学，根据英、法、德、俄诸文本译创汉字新名，日本的二传手功能下降，但明治时代日本新语的效用并未中止，其某些优势继续张扬，如严复"一名之立，旬月踟蹰"，苦心孤诣译创的"计学""群学""母财""脑学"固然准确、典雅，却不及日译汉字新语"经济学""社会学""资本""心理学"明快易懂，故在近现代中国流行的，少有严译词而多为日译词。严复提出翻译"信、达、雅"三原则，此至论也，但严复本人创制的译名古雅艰深，不够畅达通俗，从传播及语用角度言之，在新名竞赛场上，严译词往往落败于日译词。后之中国翻译者应当记取此一教训。

日本译词虽有便捷易用的优点，但也不应忽略这些日译汉字词多半源自汉字古典词，或用汉语构词法创制，皆与中国文化保有深刻的渊源关系。拙著《新语探源》对此有详细考订，这里不再重述。新近一例当予补充：当下日本天皇更替，皇太子德仁继承明仁天皇，于 2019 年 5 月 1 日成为新天皇，日本公布新年号"令和"，官方解释，此名是从日本最早的和歌集《万叶集》卷五《梅花歌卅二首并序》"初春令月，气淑风和"句中择字组成，并宣称这是第一个典出日本古籍的年号（日本自古代第一个年号"大化"开始，直至近现代的年号"明治""大正""昭和""平成"，皆取自中国古典，如《尚书》《周易》《诗经》《史记》等），这次官方选字于日本古典，显然有文化"脱中"用意。但经考索适得其反：8 世纪成书的《万叶集》"初春令月，气淑风和"句，脱胎于东汉科学家兼辞赋家张衡（78—139）2 世纪初的作品《归田赋》的"仲春令月，时和气清"，而张衡又参酌了先秦典籍《仪礼·士冠礼》"令月吉日"句式。有人戏称，新年号"令和"的父亲是《万叶集》，祖父是《归田赋》，曾祖是《仪礼·士冠礼》。日本使用的汉字词汇，多源出中国古典，这是不必也不可回避的历史实际，日本近代翻译西学时创制汉字新语，多深植中华文化土壤，这是不可忘却，更不能斩断的历史脉络。

综论之，中日之间的语文交际，呈一种互为师生的关系，今人不必作偏执一端的估量。中日两国协力共创的语文成果，是丰厚的文化财富，至今仍在中日双方发挥作用，并且构成当下及今后语文建设的坚实基础。

文明

与"文化"含义相近却又有重大差异的关键词是"文明"。文明指人类在物质生产、精神生产和社会组织诸方面达到的进步状态，是对文化发展到特定高度的命名。

一、古典词"文明"

"文明"是由"文"与"明"两字组成的联合结构词。

（一）释"文"

"文明"之"文"，甲骨文作𡨦，像一人站立，前胸后背刺有花纹，作文身状，故"文"指各色交错的纹理。《易·系辞下》称："物相杂，故曰文。"《礼记·乐记》称："五色成文而不乱。"东汉许慎《说文解字》给"𡦒"下定义："文，错画也，象交文。"王注："错者，交错也，错而画之，乃成文。"

《庄子·马蹄》谓："五色不乱，孰为文采。"《楚辞·九章·橘颂》谓："青黄杂糅，文章烂兮。"其"文"皆有文采意。《礼记·乐记》谓："乐盈而反，以反为文。"《注》曰："文，犹美也，善也。"此"文"为文藻意。另如常语"文采风流""文情并茂"，其"文"有文华意。

（二）释"明"

"文明"之"明"，系会意字，早期甲骨文作🌞，金文作🌛，由日、月两部分组成，寓意明亮。后期甲骨文，有的以"囧"代日旁，成"朙"字，寓意从窗口见月亮，意为光明。

秦汉隶书左边字形改为"目"，成"眀"字。继改为"日"，恢复早期甲骨文的"明"，所谓日月交辉，大放光明，《易传》曰："日月相推，而明生焉。"

在上述诸义基础上，作为名词的"明"，引申出眼睛、视力、神灵、白昼、指代太阳、有才德见识之人等意；转为形容词，引申出光线充足、政治有法度、聪慧、贤能、清楚等意；转为动词，引申为照亮、点燃、点亮，进而引申出开明、明智、昌明、公开、光明正大诸意。

（三）释"文明"

文与明合成的"文明"，《周易》有六条，重要的是如下两条：

> 见龙在田，天下文明。[①]
> 刚柔交错，天文也。文明以止，人文也。[②]

"见龙在田，天下文明"条，唐人孔颖达疏解说："天下文明者，阳气在田，始生万物，故天下有文章而光明也。"[③] 揭示"文明"的意蕴为：精神的光明普照大地。孔颖达疏解《尚书·舜典》"睿哲文明"说：

---

① 《周易·乾卦·文言》。
② 《周易·贲卦·彖传》。
③ 孔颖达：《周易正义》，上海古籍出版社编：《十三经注疏》（上），上海古籍出版社 1997 年版。

经天纬地曰文，照临四方曰明。[①]

将文明诠释为经天纬地、照临四方的光辉。

关于"刚柔交错，天文也；文明以止，人文也"条，孔颖达《周易正义》疏解说：天文是指刚柔交错的自然变化及其法则，人文是人类制礼作乐以对人类行为加以规范，这便是文明，而人类的文明创制不可以无限扩张，应有所节制，止其当止之处。这里提出的"文明以止"，是一个含义深刻的命题，体现了中华民族理性的文明发展观，对疗治无节制发展的现代病尤具启示意义。[②]

中国古典也将"文明"视为进步状态，与"野蛮"相对应，如《新唐书》赞良臣陆亘谓："亘文明严重，所到以善政称。"[③] 明末清初李渔（1611—1680）所言"辟草昧而致文明"[④]。至近代，文明的文化进步义更为突现，"鉴湖女侠"秋瑾（1875—1907）说"文明种子已萌芽，好振精神爱岁华"[⑤]，即为用例。清末李伯元（1867—1906）长篇小说《文明小史》，此"文明"指庚子国变前后近代文化的曲折变迁。

二、Civilization 的早期汉译：文教、教化

"文明"词义的近代性引申，是由翻译西语 civilization 时触发的。

Civilization 源于拉丁文 Civis，本意是城市居民，引申为先进的社会和文

---

① 孔颖达：《尚书正义》，上海古籍出版社编：《十三经注疏》（上），上海古籍出版社 1997 年版。
② 方克立、林存光：《"文明以止"：中华民族理性的文明发展观》（上），《中国社会科学报》2012 年 6 月 4 日。
③ 《新唐书·陆亘传》，《新唐书》卷九十四，列传第八十四。
④ （清）李渔：《闲情偶寄·词曲下·冲场》，《李渔全集》第三卷，浙江古籍出版社 1991 年版，第 62 页。
⑤ 秋瑾：《愤时迭前韵》。

化发展状态以及达到此状态的过程，指人类脱离野蛮状态的社会行为和自然行为的集合。至 18 世纪启蒙运动时期，"文明"（civilization）一词得到近代性诠释，法国思想家伏尔泰（1694—1778）提出文明进步史观，他在名著《论风俗》的序言中宣称，他的作品"不在于指出某年某个可耻的君主继另一个残暴的执者之后"，而在于指示"主要民族的精神、风俗、习惯"。[①] 在一封致友人信中，伏尔泰说："连接两海的运河闸门、蒲桑的画、优秀的悲剧、新的真理的发现，都比所有宫廷的编年史和所有的战争小说有千百倍的价值。"[②] 这就将"文明"（物质文明和精神文明）置于历史的中心地位。正是这种 civilization 概念在近代传至东亚，在中国和日本先后借汉字古典词"文明"而翻译之。

新教传教士、普鲁士人郭实腊（1803—1851）在广州编辑，主要发行于新加坡、马六甲、巴达维亚的中文杂志《东西洋考每月统记传》（1833—1838），首先以"文明"对译 civilization。不过，该刊虽出现"文明"一词不下 10 处，但因刊物极少在中国传播，故这一译词当时在中国基本无人知晓。

1885 年，江南制造局刊行英国人傅兰雅（1839—1928）口译、应祖锡笔述《佐治刍言》一书，所据原书为 1852 年出版的由英国人钱伯斯兄弟（W. & R. Chambers）编辑的《政治经济学》（W. & R. Chambers, *Chambers's Educational Course: Political Economy*, *For Use in Schools*, *and for Private Instruction*, Edinburgh: W. & R. Chambers, 1852）。原著第三章的 Civilisation，汉译为"文教"：

> 或谓野人由于天赋，而文教则出于人为者，余以为非确论也。

---

① [法]伏尔泰著，梁守锵等译：《论风俗》上册，商务印书馆 1994 年版。
②《伏尔泰全集》第 33 卷。

凡文教之与野人，其性情皆由于天赋；故其始虽为野人，一经渐渍薰陶，亦可变为文教。①

相应的原著英文为：

It has also been asserted that the barbarous state is natural, while that of civilisation is artificial: but the word artificial is here misused. The qualities which men shew in civilisation are as natural as those shewn in barbarism.②

从早期英汉词典来看，civilization 一词出现得较晚。1847 年问世的入华美国传教士麦都思（W. H. Medhurst，1796—1857）所编《英华字典》第一卷中，有西语动词 civilize，被译作"教化，化之"③。1866 年出版的德国传教士罗存德（W. Lobscheid，1822—1893）编《英华字典》第一卷中，才始见西语名词 civilization，在 the act of civilizing 意义上，汉译"教化者，开化者"；在 the state of being civilized 意义上，汉译为"礼文者，通物理者，管物者"④。

1869 年出版的英国人艾约瑟（J. Edkins，1823—1905）编 *A Vocabulary of the Shanghai Dialect*（《上海方言词典》）、1872 年刊行的入华美国传教士卢公明（Justus Doolittle，1824—1880）编《英华萃林韵府》、1887 年印行的广

---

① 傅兰雅、应祖锡译：《佐治刍言》，江南制造局 1885 年版，第 9 页。
② W. & R. Chambers, *Chambers's Educational Course: Political Economy, For Use in Schools, and for Private Instruction*, W. & R. Chambers, 1852, P.6.
③ [美] 麦都思：《英华字典》卷一，墨海书馆 1847 年版，第 237 页。
④ [德] 罗存德：《英华字典》卷一，Printed and Published at the Daily Press Office, Wyndham Street, 1866 年版，第 392 页。

东人邝其照编《华英字典集成》等书中，均只出现了动词 civilize，其译名一词为"教化"①"教化，化之"②"教化，感化"③。二十年后，1908 年刊行上海人颜惠庆（1877—1950）编《英华大辞典》中有 civilization 条，在 the act of civilizing 意义上译为"教化，感化"；在 the state of being civilized 意义上，译作"文明，开化，有教化"④，此一译法已在日本之后。

三、日本以"文明"对译 civilization

明治时期的日本学人在译介西洋术语时，注意了对文化与文明两词的区分：以"文化"译 culture，以"文明"译 civilization。而与"文明"对译的英文词 civilization 源于"城市"，表示城镇社会生活的秩序和原则，是与"野蛮""不开化"相对应的概念。明治维新的中心口号之一"文明开化"，福泽谕吉（1835—1901）1875 年出版的《文明论概略》，都是在与"野蛮"对应的意义上使用"文明"一词的。

被称之"东洋伏尔泰"的福泽谕吉称文明"是摆脱野蛮状态而逐步前进的东西"，"文明就是人类智德进步的状态"⑤。他参考欧洲的文明史观，将人类历史划分为"野蛮—半开化—文明"三阶段，"现代世界的文明情况，要以欧洲各国和美国为最文明的国家，土耳其、中国、日本等亚洲国家为半开化的国家，而非洲和澳洲的国家算是野蛮的国家"。福泽确立——"以西洋文

---

① [英]艾约瑟：*A Vocabulary of the Shanghai Dialect*（《上海方言词典》），Presbyterian Mission Press 1869 年版，第 15 页。
② [美]卢公明：《英华萃林韵府》卷一，Rozario，Marcal and Company1872 年版，第 75 页。
③ 邝其照：《华英字典集成》（1887 年版），循环日报承印，1899 年，第 62 页。
④ 颜惠庆：《英华大辞典》（小字本），商务印书馆，1920 年版，第 167 页。
⑤ [日]福泽谕吉：《文明论概略》，商务印书馆 1982 年版，第 30、42 页。

明为目标"①，但"文明的发展是无止境的，不应满足于目前的西洋文明"②。福泽认为：

> 不应单纯仿效文明的外形而必须首先具有文明的精神，以与外形相适应。……仿效西洋建筑铁桥洋房就容易，而改革政治法律却难。……人心有了改变，政令法律也有了改革，文明的基础才能建立起来，至于那些衣食住等有形物质，必将随自然的趋势，不招而至，不求而得。所以说，汲取欧洲文明，必须先其难者而后其易者，首先变革人心，然后改革政令，最后达到有形的物质。③

这种文明观显然有别于同一时期清代洋务运动的"中体西用"论。在改进器物文明—制度文明—精神文明的先后次序上，中日两国的安排恰好相反，这正是中国的洋务运动与日本的明治维新效果迥异的缘故。此例证实——正确文明观的确立，对文明进步的影响甚巨。

明治间日本文明史观的翻译书和日本人自著书甚多，"文明"成为流行语，吃"文明饭"（西餐）、跳"文明舞"（西式交际舞）、挂"文明棍"（西式拐杖）成为一时风尚。

日译"文明"传入中国的语例，早见于1891年11月上海《字林沪报》所载日本秋山鉴三草、岩谷忠顺译《人类社会变迁说》一文：

> 盖高加索人之文明，一种特异之文明也。人类社会事物，不论

① [日]福泽谕吉：《文明论概略》，商务印书馆1982年版，第9页。
② [日]福泽谕吉：《文明论概略》，商务印书馆1982年版，第11页。
③ [日]福泽谕吉：《文明论概略》，商务印书馆1982年版，第13—14页。

有形与无形，一感染乎此空气而靡然变其势……①

甲午战争以后，新名"文明"的使用在中国日趋普遍。据黄克武考察，1896 年至 1898 年出版的《时务报》中"文明"共出现了 107 次，其中 6 次为传统语汇，101 次为 civilization 的翻译；而且 101 次之中几乎都是从日文的文章之中翻译而来，大多出现在"东报译编"，还有少数出现在专论栏内。②黄遵宪、康有为、梁启超、汪康年等采纳日本这一译词，自 19 世纪末也多在与"野蛮""半开化"相对的意义上使用"文明"一词。如梁启超 1896 年在上海主笔的《时务报》上，便多次出现"文明之奇观""外国文明""文明大进""文明渐开""文明之利器"等语。梁氏 1898 年在日本主编的《清议报》，则并用"文明""文化"，其"西洋文明""西洋文化"的含义相同。

1898 年 3 月 7 日，《湘报》创刊。唐才常（1867—1900）撰《湘报叙》云：

执途人而语之曰：中国为极疲葸极滞拙之国乎？必怫然曰：余不信也。又语之曰：中国为极聪强极文明之国乎？必愕然曰：余不信也。……夜叉见而佛道成，烦恼生而智慧出。其运至奇，其机至捷，其理至平。轮船也，电线也，铁路也，由今日以前五千余年之人，坐漆室，面垩壁，而我亲见之。造织也，矿化也，工商杂逻于瀛寰也，由今日以前五千余年，埋塞蕴藏之奇，而发其覆，而阐其珍，而我亲见之。学堂也，学会也，若官、若绅、若民，通力合作也，由今日以前五千余年，磅礴樛窒之气，而启其钥，而破其局，而我亲见

---

① ［日］秋山鉴三草、岩谷忠顺译：《人类社会变迁说》，《字林沪报》，1891 年 11 月 15 日，第 2 版。
② 黄克武：《从"文明"论述到"文化"论述——清末民初中国思想界的一个重要转折》，《南京大学学报》（哲学·人文科学·社会科学）2017 年第 1 期。

之也。故以我所见者，方之欧美各国，则诚疲薾矣，滞拙矣；而方之今日以前之中国，则为聪强文明之起点，而未有艾也。[1]

同年，《湘报》第五十七号刊载张翼云《论湖南风气尚未进于文明》，其中有云：

> 或曰：今南学会开矣，湘报馆设矣；时务学堂尤大有规模矣；省垣及各府州县书院亦渐讲变通矣；制造则有公司；矿产亦将开采；举积不能行之电线而行之弗阻；创屡不可通之轮船而通之弗违；铁路已露机牙；方言特营馆舍；保卫初议，禀请速行者纷如；舆算求精，专门为会者林立；推而至于一不缠足会，入其籍者，新闻纸日日题名。苟非风气之大开，文明之成化，其雷动飚驰，云蒸霞起，能如是乎？能如是乎？张翼云曰：唯唯否否。风气之开，或者此为起点；文明之化，其实尚未权舆。[2]

《湘报》两例中的"文明"，无疑是近代新名。

四、"物质文明"与"精神文明"

清末新名"文明"流播伊始，人们便注意到"物质文明"和"精神文明"的区分和联系。较早将"物质文明"与"精神文明"加以区分且并列使用的，当数梁启超。他于1899年12月在《清议报》第三十三册上以"哀时客"笔

---

① 唐才常：《湘报叙》，《湘报》第一号，湖南湘报馆，1898年，第1页。
② 张翼云：《论湖南风气尚未进于文明》，《湘报》第五十七号，湖南湘报馆，1898年，第225页。

名发表《国民十大元气论》(一名《文明之精神》),区分物质文明与精神文明:

> 文明者,有形质焉,有精神焉,求形质之文明易,求精神之文明难。[1]

1903年农历十一月,《译书汇编》刊登攻法子的《物质文明之必要》一文,其中有云:

> 欧美之文明,有物质与精神之别。若爱国心,若武士道等类,所谓精神上之文明也。此外,凡俨然有形式可见者,均属物质上之文明,衣、食、居住、制造之类是也。精神文明为一国生气所系,有之则兴,无之则亡,其必要不待言矣。物质文明有助成精神文明之用。今之论者往往以物质文明为不必注意,非确论也。夫物质者,精神之所附。使无物质,则精神亦何所寄托?腐败之物质,终无精神复振之望。故非但精神文明不能离物质文明而独立,欲造精神文明,当先以物质文明为基础,有断然也。[2]

此为迄今所见中国语文系统中较早分疏"物质文明"和"精神文明"之例。关于两种文明的关系的论述,该文可谓妥当。

1912年7月21日,上海《真相画报》刊载王赫译述的《论世界之文明将由物质而进于精神》一文。该文认为,"现代之文明"发展的弊端在于过分注重物质追求,"以物质之伟力概例一切之事物,其间绝不认有精神之作

---

[1] 梁启超:《国民十大元气论》,《清议报》第三十三册,清议报馆,1899年农历十一月廿一日,第1页。
[2] 攻法子:《物质文明之必要》,《译书汇编》第二年第十一期,译书汇编发行所,1903年农历十一月,第107页。

用，且对于古来精神作用之价值，大示其反对之态度"，"及十九世纪以降，科学之发明愈著，而精神文明之真理愈湮矣"。① 关于未来的变化发展，该文则并未机械静止地看问题，而是阐述了"物质文明"和"精神文明"与时消息的历史进程：

> 独是精神之文明，虽因科学之抵触稍有挫折，然古人之真理至今犹有存者。盖以科学之势力，虽可以破坏传习之形式，而对于坚固精确之真理，则终不得而泪没之。人生之要求愈演愈进，而精神之文明遂不禁为人所渴望，而不能已矣。……物质论已达穷极之地，势不得不展开一步，以求进于所谓精神文明者。②

该文确信，物极必反，"物质的文明"势必"触起精神的文明之一大反动"③。

1913 年 6 月 1 日，《东方杂志》刊载英国约翰斯顿（R. F. Johnston）著、杨锦森译的《联合中西各国保存国粹提倡精神文明意见书》。该意见书，面对当时汹涌的"物质文明之潮流"，提倡注重"精神文明"，并对"物质文明"提出了新认识：

> 吾人今日所当惧者，殊不在此而在精神文明之丧失。东西方之文化，今均陷入于物质文明之潮流，遂致有丧失精神文明一层之可虑。物质文明一名词，每为世人所误用。宗教家之理论，每以科学

---

① 王赫译述：《论世界之文明将由物质而进于精神》，《真相画报》第五期，真相画报社，1912年7月21日，第7页。
② 王赫译述：《论世界之文明将由物质而进于精神》，《真相画报》第五期，真相画报社，1912年7月21日，第8页。
③ 王赫译述：《论世界之文明将由物质而进于精神》，《真相画报》第五期，真相画报社，1912年7月21日，第8页。

家之以科学方法研究真理为物质文明。然真确之科学研究，决不至与诗词美术相抵触相冲突。而作者所谓之物质文明，则仅指世人对于美术上、精神上之事物所持之蔑视不知尊重的态度耳。①

1915 年 12 月 18 日，霆锐发表《论中国亟宜发达物质文明》一文，认为"精神"和"物质"是"创造近世文明"的"二大要素"；"精神文明与物质文明，二者要不可以偏而废"②。对于"西人称我为半化之民、不文明之国"的论调，作者深感"耻之"，力主"雪之"。他认为，"雪之之道""惟有至改进自己之文明而已"；我国文明上之缺憾，不在精神方面，而在物质方面。所以，"不欲增进自己之文明则已；如欲增进自己之文明，则当自物质进步始矣"。"中国物质文明上无进步，即不啻中国物质文明上有退步也。退步不已，必至亡国，必至灭种。吾国人岂可不有此惊惕乎！"③

1921 年 9 月 10 日，《东方杂志》刊载署名三无的文章《文明进步之原动力及物质文明与精神文明之关系》。文章对"文明""物质文明"和"精神文明"提出了独到的诠解：

> 文明者，人类社会的现象之革新也。④
> 物质文明，因利用自然之物质与力而成，即境遇之开拓及征服之谓。精神文明，为宗教的、道德的、审美的、智的"事功"之全体，

---

① [英] 约翰斯顿（R. F. Johnston）著，杨锦森译：《联合中西各国保存国粹提倡精神文明意见书》，《东方杂志》第九卷第十二号，上海：商务印书馆，1913 年 6 月 1 日，第 3 页。
② 霆锐：《论中国亟宜发达物质文明》，《协和报》第六年第九期，协和报社，1915 年 12 月 18 日，第 3 页。
③ 霆锐：《论中国亟宜发达物质文明》，《协和报》第六年第九期，协和报社，1915 年 12 月 18 日，第 4 页。
④ 三无：《文明进步之原动力及物质文明与精神文明之关系》，《东方杂志》第十八卷第十七号，商务印书馆，1921 年 9 月 10 日，第 19 页。

即文明之内容及本质之谓也。①

1924 年 7 月 10 日，周鼎发表《精神文明与物质文明》，对中国文明进行反思，并对中国的文明建设提出了原则性意见：

> 中国从前空谈精神文明，好高骛远的旧习，决不是可以保存安宁，获得幸福的；就是西人向来正用物质文明，也决不是可以达到人类最高目的。必须调和这两种文明，一面推挽同类，由其竞争，转于互助之倾向，阻止物质用于野蛮方面，残杀同类之一道，能移其精神于积极方面，利用厚生之一道。这是可以见西人的弊病，一面根据环境，教人适于环境，而后得生活的原则，以自致其生活于不能缺乏，生活之基本一定，人类的幸福自然就增进了。这是可以见中国人的弊病。如照以上的方法，那么精神文明和物质文明总可以永久不能造害人的罪恶，并且永久可以保存种族上的安宁，和生活上的幸福。②

就是在这样的不断诠解中，"文明"概念流播开来，渐入人心，不断引发文明的觉醒，促进文明的生长。

五、"文明"与"文化"分野

在汉语的日常语用中，文明与文化时被互代、交混使用。然略究学理便

---

① 三无：《文明进步之原动力及物质文明与精神文明之关系》，《东方杂志》第十八卷第十七号，商务印书馆，1921 年 9 月 10 日，第 24 页。
② 周鼎：《精神文明与物质文明》，《职业市季刊》第六期，中华职业学校职业市出版部，1924 年 7 月 10 日，第 13 页。

可发现，这两个关键词应当区别，以助思维及其表述的确切化。

（一）不可混同的两个概念

1913 年 12 月 27 日，上海《协和报》刊载译自德国《文化技术期望报》（*Kunstwart und Kulturwart*）的阿维纳留（Avenarius）所著《何往》之"文化与文明"一节。该文为华文世界中较早对"文明"与"文化"予以分辨者。其文曰：

> 文化也，文明也，两义本绝对的不同，而世俗不察，动辄互相
> 引用，其怪诞亦可谓极矣。况间有一二能分晰其界限者，而又不实
> 行其主义乎！……
>
> 文化 Kultur 者，吾人性状 Eigenschaft 之养育保护监督教育也。
>
> 文明 Zivilisation 者，吾人方法器俱 Mittel 之养育与发达发生、
> 进化、开发、发展、发育也。①

该文区分了"文化"与"文明"这两个不同的概念，并由此反驳当时西方人普遍所持的"文明优，野蛮劣"的世界图式和西方优越论，认为"文明高，文化亦逾高者，乃欺人之语"；"文明缺少之各民族，其精神与灵魂实较优于多文明之各民族"②：

> 生番野人，其能力多有超过吾人者。目光锐，耳听聪，其手艺

---

① [德]阿维纳留（Avenarius）：《何往原论文化与文明之一节》，《协和报》第四年第十三期，协和报社，1913 年 12 月 27 日，第 5 页。

② [德]阿维纳留（Avenarius）：《何往原论文化与文明之一节》，《协和报》第四年第十三期，协和报社，1913 年 12 月 27 日，第 6 页。

能将吾人已失者而保存之也。然吾人所失者，非吾人固有之文化乎？吾故曰：野人者，文化超过于吾人也。夫吾人既不知葆爱其损失，而又日日逗遛于口头禅之文明范围内，安可不于其关系中而觅一种仪器，以为之补助耶？然则精神上之能力将如何？曰：吾人苟非专在表面上讲究，则精神上性质与能力，凡由文明中所得者，终多萎缩不前也。[①]

亦即西方人的"文明"优势，并不等于"文化"优势；甚至在"文化"上输于"生番野人"；西方人若一味沉湎于自身"文明"，必将导致"文化"（"精神上性质与能力"）的停滞和衰颓。

中国人认真区分"文明"与"文化"者，当推 1923 年 7 月 1 日《革新》杂志所载石正邦的《文化和文明》一文：

所谓文化者，即人类在社会生活上，因想满足各个底欲望，及获得真正的价值，那么才协力的，去经营一切。这经营活动底过程及其最后所得到的产物，都叫做"文化"。至于"文明"，则是人类在生活底过程上，所形成的外部形体，如政治、制度一方面皆是。质言之，"文化"属实质，"文明"属形式。[②]

1926 年，胡适发表《我们对于西洋近代文明的态度》一文，将文明（civilization）定义为"一个民族应付他的环境的总成绩"，将文化（culture）

---

① [德]阿维纳留（Avenarius）：《何往原论文化与文明之一节》，《协和报》第四年第十三期，协和报社，1913 年 12 月 27 日，第 5—6 页。
② 石正邦：《文化和文明》，《革新》第一卷第三号，陕西革新杂志社，1923 年 7 月 1 日，第 41 页。

定义为"一种文明所形成的生活方式"。同年，张申府《文明或文化》一文
则称："文化是活的，文明是结果。"此后，钱钟书对文明与文化之别，又有
精到的表述：

> "衣服食用之具"，皆形而下，所谓"文明事物"；"文学言论"
> 则形而上，所谓"文化事物"。①

（二）区分之要处

区分文明与文化两概念，对文化研究，无疑是一种向精准方向的引导。

文化和文明都是人类现象，但二者所涵盖的历史内容又颇有差异，前引
张申府、钱钟书之说，是从物质生产（文明）与精神生产（文化）对二者作
区别，如果从人类历史进程视角而言，二者的分野则在于——"文化"的本
质内涵是"自然的人化"，人通过有目的的劳作，将天造地设的自然加工为
文化。"文明"则指文化发展到较高阶段，或泛指对不开化的克服（前引诸
例即在这种意义上使用"文明"一词）。

文化人类学家路易斯·亨利·摩尔根（1818—1881）在其名著《古代社会》
（英文本 1877 年发表）中将人类史划分为"蒙昧时代"—"野蛮时代"—"文
明时代"三个大段落，这里的"文明"指超越蒙昧期（旧石器时代）和野蛮
期（新石器时代）的历史阶段。进入"文明时代"的标志有四：文字发明与
使用，金属工具发明与使用，城市出现（国家形成），礼仪中心出现。恩格
斯的《家庭、私有制及国家起源》大体承袭摩尔根说。

依摩尔根、恩格斯之论，文化始于原始人诞育，而距今五十万年的北京

---

① 钱钟书：《管锥编》第 1 卷，三联书店 2007 年版，第 533 页。

人、距今约百万年的元谋人，足证中国文化史长达百万年之久；而跨入创制并使用文字和金属工具的文明门槛的时代，则晚近许多，中国文明史的长度为三千七百年至四千年。

（三）"五千年文明史"辨

国人常言"中国有五千年文明史"，此一判断是从传说中的黄帝算起，也即以发明农业的新石器时代作为文明起始，黄帝因紧被称为"人文初祖"。

"五千年文明史"，是一种依托于传说的通俗命题，然近几十年来也陆续获得考古材料证实。如农业已然成熟、出现军事民主制乃至早期国家建制的辽河流域的红山文化，黄河流域的龙山文化、二里头文化、仰韶文化，长江流域的河姆渡文化、良渚文化、屈家岭文化等，皆在五千年前左右，已跨入（或接近跨入）文明门槛，故"五千年文明"说并非子虚乌有的空想。当然，若以发明农业为文明史开端，中国文明史又不止五千年，仅以浙江的河姆渡遗址、良渚遗址为例，便发现七千年前的种植水稻，湖南道县更发现一万年前的人工培育水稻。故如果以农业发明为起点，则中华文明史并非五千年，而长达七千年乃至一万年。

若以发明金属器具、发明文字、建立国家（城垣出现）为文明标志，中国文明史又不足五千年，其起始点约在夏商之际（距今四千年左右的齐家文化、龙山文化后期使用红铜，马家窑文化有青铜刀，并有城址）。文明三标志完整发现于今河南安阳的殷墟（商代中期都城基址，既广有青铜器，更有相当成熟的文字——甲骨文），此距今约三千七百年。

作为常用词，"文明"的通俗含义是，使人类脱离野蛮（泛义上的野蛮）状态的社会行为和自然行为的集合，是人类发明创造、形成公序良俗的总称，约指人类创造的物质财富与精神财富的总和。

因时间、空间上的差异，文明呈各种形态，有古代文明、中世文明与近现代文明之别；亦有东方文明与西方文明之异；在中国之内，有种种区域之分，诸如长江流域的羌藏文明、巴蜀文明、荆楚文明、吴越文明等。

关键词"文明"在语用中要作历史阶段划分、地望划分，有专业性用法、常识性用法和通俗性泛用等种种区别，这些皆当置于特定语境中加以辨析，作恰如其分的运用。混淆滥用，便是一种不文明的表现。

中国

作为中国历史文化演出舞台的"中国"一词，人们耳熟能详，使用广泛。这一关键词从上古走来，含义多有流变：从先秦的"城中""邦国""都城"义，汉唐的"中土""中原"义，到近代演变为与世界诸邦并列的民族国家之名，而"居中立邦"义则或显或隐地大体一以贯之。

一、由"中"与"国"组成的偏正结构名词

汉字词"中国"，由"中"与"国"两个古老的、具有独立含义的单字组成，前字（中）对后字（国）起修饰、限定作用。

（一）释"中"

中国之"中"，甲骨文 𝌆、金文 𝌆，皆作有飘带的旗帜，所谓"有旒之旃"，象形为旗杆插在一个圆圈形的栅栏中心，表示中间、中央之意。故"中"的本义为内、里。小篆衍为 中，《说文解字》曰："中，内也。从口、丨，上下通。"

成为方位名词的"中"，意谓空间的中央，与四方、上下等距离，居左右之中、两端之间，为四方之内核。而甲骨文、金文"中"字的象形明示："中"乃旌幡飘扬的旗帜，居中而立，显系指挥所在处，是某区域或人群的枢机、

轴心。中国最早的政治文书结集《尚书》有"王来绍上帝，自服于土中"[①]之说，唐人孔颖达（574—648）释曰："言王今来居洛邑，继天为治，躬自服行教化于地势正中。"[②]汉初贾谊（前200—前168）曰："古者天子地方千里，中之而为都。"[③]可见，自先秦以至于汉唐，"中"在地理上的空间居中义的基础上，已引申出执政中心义或文化中心义。

"中"还演绎为副词，有"适合、合于"之义（如中用、中听）；演绎为形容词，意指成、好、不偏不倚（适中、中庸）；演绎为量词，有"中等""半"意以及"正""得当"等意涵；演绎为动词，读音同"重"（zhòng），意为对上（如射中、猜中）、受到（如中计、中枪）。

作为专用名词"中国"构造成分的"中"字，主要包含"中心""当轴处中"之意。

（二）释"国"

中国之"国"，繁体为"國"（因具体内容之要求，下文会出现"国"字之繁简混用的情况），甲骨文作🔲，金文作🔲，是由"戈"（兵器，示武装）与"口"（人口）合成的会意字，意谓武装保卫国人的地域、军队护卫的城邦。

战国至秦使用的小篆作🔲，在金文🔲外沿增"囗"（音围），像城垣，"國"是以城垣环绕保卫的领域，故把都城称國，又将地域称國、称方（有"方國"并称）。正式的说法，"國"指天子赐给诸侯的封地。先秦有"家—國—天下"的分野，士大夫之"家"组合成诸侯之"國"，诸侯之"國"总汇为周王的"天下"。

"國"在家之上，在天下之内，"國"是"天下"的基本构成部分，孟轲（约

---

① 《尚书·召诰》。

② 孔颖达：《尚书正义》。

③ 贾谊：《新书》卷三《属远篇》。

前 372—前 289）有"天下之本在國"① 的名论。

"國"字繁复（有十一画），东汉曾简化为"囯"，有"普天之下莫非王土"意；魏晋六朝出现"囻"字，有"民为邦本"意；不过通用的仍是"國"字。直至 20 世纪 50 年代汉字简化运动时，方定为"国"字，有"祖国美好如玉"之意（宋元话本、唱词曾出现"国"字，但未流行开来）。

秦汉以降，郡县制取代封建制，虽仍有贵族封国之例，但已成次要，政制区划主体是朝廷命官管理的州、郡、县，"国"在其上，指由中央政权掌控的、有特定疆域的国家。故"国"与"邦"意相通。《说文解字》"邦""国"互训，一云："國，邦也。从囗从或。"又云："邫，國也。从邑，丰聲。"帝制传统讲究"避讳"，帝王名号必须回避，如西汉开国皇帝刘邦（前 256—前 195）的"邦"须避讳，以近意字"国"代用之，《汉书·高帝纪上》注引荀悦（148—209）语："讳邦，字季，邦之字曰'国'。"颜师古（581—645）曰："邦之字曰国者，臣下所避以相代也。"战国及秦通用的"邦家"一词，汉代以"国家"代之，后世沿用如仪。

先秦以"国"指都城、城中、郊内、有疆界的行政地区等，秦汉以后诗文中的"国"，往往仍对这类含义有所承袭。

要言之，"国"指执戈捍卫之城邑，进而指称军事、政治中心地，秦汉以下主要指朝廷掌控的行政区域之总称，近古至近代正式获得在特定政权管理下的国家义，"国"具有维持民族与文化的作用，近人张之洞（1837—1909）有"保种必先保教，保教必先保国"② 的呼求。而"新民本"思想家则指出，"国"是统治者的政权所托，"天下"才是万众百姓生命所寄。顾炎武（1613—1682）对"国"与"天下"作新的诠释，力主区分"亡国"

---

① 《孟子·离娄上》。
② 《劝学篇·同心》。

与"亡天下":

> 有亡国，有亡天下。亡国与亡天下奚辨？曰：易姓改号，谓之
> 亡国；仁义充塞，而至于率兽食人，人将相食，谓之亡天下。[①]

在宗法封建制的周代，"天下"指周天子名义占有的广阔空间，诸侯封地称"国"，卿大夫领地称"家"，家—国—天下是三个级次的政制领域。秦汉以后，国家指朝廷统辖的领土和政权，渐与天下混同使用。明清之际顾炎武将这两个概念剥离开来，这是寓有深意的——"天下"指国土、民族文化，属于全体人民；"国"指政权，仅为帝王及官僚拥有，二者不可同日而语。顾氏指出：

> 保国者，其君其臣肉食者谋之。
> 保天下者，匹夫之贱与有责焉。[②]

两百年后，梁启超（1873—1929）将顾氏语提炼为"天下兴亡，匹夫有责"[③]。此语流传广远。

顾炎武、梁启超突破君国一体、忠君即忠国的固有观念，发挥以人民为本位、以中华文化为本位的天下国家观。这是"国"字诠释史上的飞跃，寓意深沉，当为今人记取与弘扬。

今之简体"国"，又含有国人像珍爱宝玉一样珍视自己祖国的意蕴。

---

①② 顾炎武：《日知录》卷十三《正始》。
③ 梁启超：《饮冰室合集·文集之一·变法通议·论幼学》。

（三）释"中国"

由"中"与"国"组成的"中国"，是偏正结构名词，"中"为修饰语（偏），"国"为中心语（正）。

"中国"整词较早出现于周初。1963年于陕西宝鸡出土的西周早期青铜器"何尊"（名"何"的宗室贵族的祭器），尊内底铸铭文122字，记述周成王继承武王遗志，营建成周（今洛阳），铭文转述武王廷告辞云：

余其宅兹中国，自兹乂民。[①]

（武王廷告上天曰：我要住在天下的中央，自己统治这些民众。）

这是迄今所见首出之专词"中国"，意谓"天下之中央"。

较早的传世文献《尚书·周书》亦有"皇天既付中国民"的用例[②]，《诗经》《左传》《孟子》等先秦典籍也多用"中国"一词。据学者统计，载"中国"一词的先秦典籍25种，共出现178次——作"京师"义的有9次，"国境内"义的有17次，"诸夏领域"义的有145次，"中等之国"义的有6次。

"中国"初义是"中央之城"，即周天子所居京师（首都），与"四方"对称，如《诗经·民劳》云：

民亦劳止，汔可小康。惠此中国，以绥四方。[③]

---

①《何尊》记周成王在洛邑营建成周，训告宗族，讲到周武王克商，"廷告上天曰：'余其宅兹中国，自之辟民。'"参见于省吾：《释中国》，载中华书局编辑部编：《中华学术论文集》，中华书局1981年版。笔者引述铭文，据铭文实态，取"自兹乂民"。

②《尚书·周书·梓材》追述周成王说："皇天既付中国民，越厥疆土，于先王。"

③《诗经·大雅·民劳》。

（人民劳苦够了，要求稍得安康。抚爱这些京师人，用来安定四方。）

毛传释曰："中国，京师也。"《民劳》篇四次出现"惠此中国"，其"中国"皆指京师。

战国时孟子追述，舜深得民心、天意，"夫然后之中国，践天子位"[①]。

这些用例的"中国"，均指居天下之中的都城，即京师，如东汉刘熙（生于公元160年左右）为《孟子》作注所说：

帝王所都为中，故曰中国。

上例为本义京师的"中国"，以后又有多种引申：初指西周京畿地带，继演为诸夏列邦，即黄河中下游这一文明早慧、国家早成的中原地带，如《春秋公羊传》载"南夷与北狄交，中国不绝若线"[②]，这里的"中国"即指中原一带，西周时主要包括宋、卫、晋、齐等中原诸侯国，此义的"中国"后来在地域上不断拓展，包括长城内外，北至漠河，南至五岭、海南岛，西及葱岭，东临沧海的广大区间。

此外，"中国"还派生诸义，如指国境之内[③]、中等之国[④]、中央之国[⑤]等。

以上多种含义之"中国"，使用频率最高的是与"四夷"对称的诸夏义

---

① 《孟子·万章》。

② 《公羊传·僖公四年》

③ 《诗经·大雅》："文王曰咨，咨女殷商，女炰烋（意为咆哮——引者注）于中国，敛怨以为德。"《谷梁传·昭公三十年》注："'中国'，犹国中也。"

④ 《管子》按大小排列，将国家分为王国、敌国、中国、小国。

⑤ 《列子》按方位排列，将国家分为南国、北国、中国。

的"中国",如《毛诗注疏》释《诗经》云：

> 《小雅》尽废，则四夷交侵，中国微矣。[1]

南朝刘义庆（403—444）《世说新语》中记载王珣云：

> 江左地促，不如中国。[2]

唐人韩愈（768—824）辟佛云：

> 伏以佛者，夷狄之一法耳，自后汉时传入中国，上古未尝有也。[3]

诸例"中国"，皆指四夷万邦环绕的中原核心地带，即中央之邦。其近义词有"中土""中原""中州""中华""中夏""诸夏""神州""九州""海内"等。

近代通用之"中国"，指以华夏文明为源泉、中华文化为基础，以汉族为主体民族的多民族国家。

二、从地理中心到政治文化中心

（一）疆域拓展

中华先民心目中的世界，形态为"天圆地方"，所谓"中国"，是以王城

---

① 《毛诗注疏》对《诗经·小雅·六月》的疏解。
② （南朝宋）刘义庆：《世说新语·言语》。
③ （唐）韩愈：《论佛骨表》，《韩昌黎文集校注》卷二，上海古籍出版社1998年版。

（或称王畿）为核心，以五服（甸、侯、宾、要、荒）或九服（侯、男、甸、采、卫、蛮、夷、镇、藩）为外缘的方形领域①，作"回"字状向外逐层延展，中心明确而边缘模糊，在西周及春秋早期，约含黄河中下游及淮河流域，秦、楚、吴、越等尚不在其内，但这些原称"蛮夷"的边裔诸侯强大起来，便要"问鼎中原"②，试图主宰"中国"事务。至战国晚期，七国都纳入"中国"范围，《荀子》《战国策》诸书所论"中国"，已包含秦、楚、吴、越等地。

秦一统天下后，"中国"范围更扩展至长城内外、临洮（今甘肃）以东的广大区间。班固（32—92）说："及秦始皇攘却戎狄，筑长城，界中国，然西不过临洮。"③汉唐以降，"中国"的涵盖范围在空间上又有所伸缩，诸正史多有描述，略言之，包括东南至于海、西北达于流沙的朝廷管辖的广阔区间。清乾隆二十四年（1759）大体奠定中国疆域范围：北起萨彦岭，南至南海诸岛，西起帕米尔高原，东极库页岛，约 1380 万平方公里。19 世纪中叶以后，西东列强攫取中国大片领土，由于中国人民的英勇捍卫，使领土避免更大损失。今中国陆地面积约 960 万平方公里，仅次于俄罗斯、加拿大，居世界第三位。

（二）"王者无外"

自先秦，已形成"天下一家"观念，认为天子是诸侯共主，诸侯国（外）土地皆归天子所属，这便是"中国"疆域的"王者无外"观。此语初出《公羊传》："天王出居于郑。王者无外，此其言出何？不能乎母也。"④秦汉大一统，"中国"疆域"王者无外"更成普遍性认知。东汉班固《东都赋》云："识函谷之可关，而不知王者之无外也。"晋葛洪《抱朴子·逸民》："王者无

---

① "五服"见《国语·周语》，"九服"见《周礼·夏官·职方氏》。
② 鼎为国家权力象征。《左传·宣公三年》："楚子……观兵于周疆……问鼎之大小轻重焉。"
③ 班固：《汉书·西域传》。
④《公羊传·僖公二十四年》。

外，天下为家，日月所照，雨露所及，皆其境也。"把"日月所照，雨露所及"之处皆纳入中国之境。唐宋普遍承此认知，杜甫诗云："王者无外见今朝。"[1]宋人田锡云："日南万里，化单于之犷骜。有以见王者无外，书轨大同。"[2]

以文化一统，导致天下一统，是古华夏的一种流行观念，认为凡有"向礼"之心，夷狄即归向"中国"，这是"王者无外"疆域观的一种思路；同时，华夏人又把文化普被四夷，达成天子"四海为家"，是"王者无外"疆域观的又一种思路。这是"普天之下，莫非王土；率土之滨，莫非王臣"[3]的中国观的铺演。这种虽宏大却模糊的中国观，影响久远，又在历史进程中不断修正，逐步规范进入较具体真切的"中国"框架之内。

（三）地理中心—政治中心—文化中心

"中国"原指黄河中游（包括汾河、渭河、泾河、洛河等支流河谷）这一华夏族的活动区域，时人认为地处天下之中，故"中国"具有地理中心意味；因都城建此，又衍出政治中心义；由于文化发达，进而派生文化中心义。战国赵公子成驳斥赵武灵王（前344—前295）仿行"胡服骑射"时，如此论"中国"：

> 中国者，盖聪明徇智之所居也，万物财用之所聚也，贤圣之所教也，仁义之所施也，诗书礼乐之所用也，异敏技能之所试也，远方之所观赴也，蛮夷之所义行也。[4]

---

① 杜甫：《夔州歌十绝句》。
② 田锡：《太平颂并序》。
③《诗经·小雅·北山》。
④《史记·赵世家》。

公子成在赵王室围绕"中国"—"蛮夷"关系的辩论中，阐发了"中国"的文化中心内蕴。此后两千余年间，人们多在这一含义上论"中国"。汉代扬雄（前53—18）有"五政之所加，七赋之所养，中于天地者为中国"[①]的名论，申发文明中心、天地中心之义。唐代道士李淳风（602—670）说"四夷宗中国"[②]，也是强调文明中心的意涵。这种观念沿袭至明清。晚清记名海关道志刚（1818—？）1868年出访欧洲时，外人问及"中国"的含义，志刚答曰：

> 中国者，非形势居处之谓也。我中国自伏羲画卦已来，尧、舜、禹、汤、文、武、周公、孔、孟所传，以至于今四千年，皆中道也。[③]

此言淡化"中国"的地理中心义，强化其文化中心义，将"中国"释为"中道"，凡不符合中道者即非中国，"英吉利富强已极，颇有持盈之虑"，"法郎西夸诈相尚，政以贿成"，皆不合中道，故不具中国意味。

自周秦之际，华夏文明向东、西、南、北方向拓展，出现新的文明兴盛区，有些固有的文明区退化，这使先贤意识到"中国"并非是凝固不变的，文明区在伸缩，文明中心是可以转移的。明清之际，哲人王夫之（1619—1692）在《读通鉴论》《思问录》等著作中，对"中国"与"夷狄"之间文野地位的更替作过论述，用唐以来先进的中原渐趋衰落、蛮荒的南方迎头赶上的事实，证明华—夷可以易位，"中国"地位的取得与保有，并非天造地设，而是依文化不断流变而有所迁衍。王夫之还指出，中国不是从一开头便十分文

---

① 扬雄：《扬子法言》："或曰：'孰为国？'曰：'五政之所加，七赋之所养，中于天地者为中国。'"
② 李淳风：《乙巳占》卷三。
③ （清）志刚：《初使泰西记》，岳麓书社1985年版，第376页。

明，中国也并非唯一的文明中心，他有一种富于想象力的推测：

> 天地之气，衰旺彼此迭相易也。太昊以前，中国之人若麋聚鸟
> 集。非必日照月临之下而皆然也，必有一方如唐、虞、三代之中国
> 也。①

认为上古时"中国"之人如同禽兽聚集，而在日月共照之下的某些地方也可能如同三代中国那样拥有文明，这是理性的中国观和多元的人类文明生成观。

三、"中国"并非我国专称

古代中原人常在"居天下之中"意义上称自国为"中国"，但也有越境远游者发现："中国"并非我国的专称，异域也有自视"中国"的。

曾西行印度的东晋高僧法显（约337—约422）归国后指出，印度人以为恒河中游一带居于大地中央，将其称为"中国"②。可见"中国"并非华夏专属。

明末来华耶稣会士利玛窦（1552—1610）、艾儒略（1582—1649）等带来世界地图和五洲四洋观念，部分士人（如瞿式耜）服膺其说，省悟到"按图而论，中国居亚细亚十之一，亚细亚又居天下五之一……戋戋持此一方，胥天下而尽斥为蛮貉，得无纷井蛙之诮乎"③。明代万历年间王圻（1530—1615）

---

① （明清之际）王夫之：《思问录·外篇》。
② （东晋）法显《佛国记》载，超日王时期称中印度为"中国"，"中国寒暑调和、无霜雪，人民殷乐，无户籍官法，惟耕王地者乃输地利，欲去便去，欲住便住，王治不用刑罔。有罪者但罚其钱，随事轻重，虽复谋为恶逆，不过截右手而已。王之侍卫，左右皆有供禄，举国人民悉不杀生，不饮酒，不食葱蒜，唯除旃荼罗。旃荼罗名为恶人，与人别居，若入城市则击木以自异，人则识而避之，不相唐突。国中不养猪、鸡，不卖生口，市无屠行及酤酒者，货易则用贝齿，唯旃荼罗、猎师卖肉耳"。
③ （明）瞿式耜：《职方外纪小言》。

纂集《三才图会》，作地为圆球形之图，标示寒带、热带等五带，并确切指示四大洋、六大洲。此皆利玛窦等耶稣会士带来的世界地理知识。惜乎《三才图会》之类地理知识少有传播，至清中叶朝野基本忘却，从乾隆至道光，仍拘守在"中国者，天下之中也"的固有隘见之内。

晚清魏源（1794—1857）接触到较翔实的世界地理知识，认识到列邦皆有自己的"中国"观：

> 释氏皆以印度为中国，他方为边地……天主教则以如德亚为中国，而回教以天方国为中国。[①]

戊戌变法期间，近人皮嘉佑（经学家皮锡瑞之子）著文说：

> 若把地球来参详，中国并不在中央。地球本是浑圆物，谁是中央谁四旁？[②]

这都是对中国为天下中心的传统观念的理性反思与修正。

四、欧人辨正："契丹"即"中国"

吾人的"中国"观有一个漫长的演变过程，外国人更是如此。以中古至近古为例，欧洲人曾长期误将"中国"与"契丹"两个地理概念或相混淆，或相割裂。直至明末入华耶稣会士利玛窦，才解开此一谜团，在西方建立起

---

① （清）魏源：《海国图志》卷七四。
② （清民之际）皮嘉佑：《醒世歌》，《湘报》第 27 号，光绪廿四年三月十六日（1898 年 4 月 6 日）。

正确的"中国"观。

人所共知，利玛窦首先告知中国人四大洋、五大洲等世界地理知识。而利玛窦还有一项中国人不大知晓的地理学贡献，这便是证明了《马可·波罗行记》所称"契丹"（Cathay）与"汗八里"的确切位置。[①] 从而揭示"契丹"即"中国"，"汗八里"即北京。这是一个至关紧要的科学发现。

15—16 世纪东西方直接对话，发端于西方对马可·波罗所说"契丹"的寻觅。哥伦布、达·伽马都是为了追寻那个据说金银遍地的"契丹"而进行远航的。利玛窦的功绩在于：澄清了"契丹"与"中国"这两个地理术语的关系问题，其学术意义和对中西交往的实际意义都不可低估。

由于中国与西欧处于亚欧大陆东西两端，相距悬远，古代罕有直接交往，故长期以来西欧人对中国的认识，多为模糊之词，称呼也极不统一，有的称 Sinai、Thinai（秦尼）、Chin（秦），托勒密时代称中国 Sina（丝国）、Seris（赛里斯）；中世纪欧洲又称中国为 Khitai、Cathay（契丹），这与传教士的陆路东行见闻有关：13 世纪，方济各会士意大利人柏朗嘉宾、法国人鲁布鲁克自西亚、中亚抵达并访问蒙古汗国后，著《柏朗嘉宾蒙古行纪·鲁布鲁克东行纪》，向欧洲人介绍中国，采用了"契丹"一名，并认为"其民族就是古代的丝人"。这是一种中古时期的地理观。

13 世纪后期沿陆上丝绸之路来华的马可·波罗，沿袭先辈传统，也称中国为 Cathay（契丹）。但进入大航海时代，16 世纪由海路抵达南中国的葡萄牙人，遵从印度习惯，称中国为 China（支那）。此外，暹罗人称中国 Cin，日本人又称中国为唐、鞑靼人称中国为汉，等等。总之，长期以来，异邦人士对东亚大陆的那个大国给名纷乱，并不知上述名目同指中国。

---

① [意]利玛窦、金尼阁著，何高济等译，何兆武校：《利玛窦中国札记》，中华书局 1983 年版，第 541—566 页。

在众多关于中国的称呼中，中世纪欧洲人多以"契丹"称东亚大国。

契丹本指一个中国北方民族，曾建立辽朝，与北宋对峙。金灭辽后，契丹人西迁中亚并建立国家，领地达四百万平方公里，中国史书称之西辽，西方史籍则称哈剌契丹，将其描述为一个财富遍地的庞大帝国，人民几乎都是基督徒，这是欧洲人以契丹指称北中国的原因。

1271 年至 1295 年，来元朝的意大利旅行家马可·波罗（Marco Polo，1254—1324）返欧后所著《东方见闻录》（即《马可·波罗行记》，1299 年撰成），将所见富庶的东方之国称"契丹"（Cathay）。马可·波罗使用这一名称，除沿袭欧洲中世纪固有说法外，还与蒙古人统治的元朝依蒙古习惯称中国北方为"契丹"有关。《马可·波罗行记》又将元朝繁盛的都城大都（今北京）称"汗八里"，是因为蒙古人称首领为"大汗"，入主中原后，习惯性地称皇帝为"大汗"；"八里"指其城范围广大，故元朝皇帝所在的都城便叫"汗八里"。《马可·波罗行记》说："汗八里城自古以来就以雄伟庄严而驰名遐迩。"欧洲人既仰慕马可·波罗介绍的契丹和汗八里，却不知究竟在东方何处，当然也不明白契丹、汗八里与中国及北京的关系。

大体言之，直至 16 世纪，欧洲人对东亚大陆的认识还十分混乱，从海路来华者，称中国为"秦"或"支那"；从陆路来华的称中国为"契丹"。在欧洲人那里，这两种称呼相并列，互不搭界。1575 年夏，到过福建的西班牙人奥斯丁会传教士、地理学家拉达，是第一位认识到契丹即中国的欧洲人，他在介绍中国地理的报告中说：

> 我们通常称之为中国的国家，曾被威尼斯人马可·波罗称为契丹王国。①

---

① 转自吴孟雪：《明清时期——欧洲人眼中的中国》，中华书局 2000 年版，第 72 页。

但拉达的报告影响很小，真正使欧洲人建立正确的东亚地理观并对中国给定统一专名的是继马可·波罗之后的又一位意大利人利玛窦（1552—1610）。

耶稣会士利玛窦于 1582 年从印度果阿乘船抵达澳门，次年进入广东，当然属于从海路来华者。他在华南生活十余年，1596 年 10 月在致耶稣会罗马总会长阿桂委瓦的信中，根据自己亲见的南京城的特点（如桥梁甚多），发现与《马可·波罗行记》对"契丹"城市记述相类似，由此报告了自己的推测——南京城"应当就是马可·波罗所记载的'契丹'都市之一"[①]利氏 1601 年从长江流域经陆路抵达北京，并在这座京城定居，直至 1610 年去世。利玛窦通过对北京城市建筑及社会生活的观察，并做经纬度的实测，断定北京即汗八里，中国北方即契丹，契丹与支那同指中国。他在 1605 年寄往意大利的函札中以断然的语气申述：

> 现在无疑地可以肯定中国就是马可·波罗（所记述）的"契丹"。[②]

1608 年又在函札中指出：

> 自从四年前我首次到北京，从回教人（原文作摩尔人）获知，中国就是契丹，汗八里就是北京，这是波斯人这样称呼的。再从这

---

① 罗渔译：《利玛窦书信集》（上），《利玛窦全集》3，台北光启出版社、辅仁大学出版社 1986 年版，第 233 页。
② 转自吴孟雪：《明清时期——欧洲人眼中的中国》，中华书局 2000 年版，第 81 页。原文见罗渔译：《利玛窦书信集》（下），《利玛窦全集》4，台北光启出版社、辅仁大学出版社 1986 年版，第 310 页。

里的风俗习惯、地理位置、城市的数字以及其他种种迹象，我确切

地可以肯定，并曾告诉过您——总会长神父与全体会友知晓（指

一五九六年十月十三日书），目前我所在的中国，就是（元代的）"契

丹"。①

　　然而，中世纪以来关于"契丹"的传说在欧洲影响深巨，教会及其他欧

洲人士均对利玛窦的这些新见持怀疑态度，耶稣会驻印度视察员特派遣懂波

斯语的葡萄牙籍修士鄂本笃（Bento de Goes，1562—1607）从印度翻越帕米尔，

经中亚东行，考察入华路线。鄂本笃病卒在肃州（今甘肃酒泉），却终于证

实利玛窦"契丹即中国北方"的判断，从而驱散了西方人关于东亚大陆认识

的疑团。

　　《利玛窦中国札记》（中华书局 1983 年版）第五卷的第十一章《契丹与

中国——一位耶稣会兄弟的不平凡的远游》、第十二章《契丹与中国被证明

是同一个国家》和第十三章《鄂本笃修士在中国逝世》，对此有详细记述，

其中关键段落，讲到一支西域商队"按伪装成外国使节的惯例，到达了所谓

契丹的首都"。而这里正是利玛窦等耶稣会士居留的北京，西域商人与耶稣

会神父们共住同一个使节的馆舍中。胡商是陆路入华者，称中国北方为"契

丹"；耶稣会士是海路入华者，称此地为"支那"或"中国"。而现在胡商与

耶稣会士相会合，自然得出"契丹即中国"的结论。商队西返，在中亚的察

理斯城（又译"焉耆"）遇到鄂本笃，并向其陈述以上经历，"鄂本笃才首次

极为高兴地得知，中国真是他所要去的契丹"。② 法国人费赖之著《在华耶稣

会士列传及书目》有类似记载：商队首领向鄂本笃出示利玛窦所写葡萄牙文

----

① 罗渔译：《利玛窦书信集》（下），《利玛窦全集》4，台北光启出版社、辅仁大学出版社 1986 年版，第 370 页。

② [意] 利玛窦、金尼阁著，何高济等译，何兆武校：《利玛窦中国札记》，中华书局 1983 年版，第 557 页。

信札，"本笃及其同伴喜甚：契丹确为支那，汗八里确为北京，无可疑也"。①

1602年10月，鄂本笃从印度亚格拉出发，经拉合尔、白沙瓦，翻越帕米尔高原，到达新疆莎车，沿丝绸之路南线东行，历五年时间，进入嘉峪关，终点为肃州。这一条路线是三百年前马可·波罗一行入元时所走过的，也正是欧洲人形成以"契丹"指称北中国这一观念的旅行路线。而抵达肃州的鄂本笃从胡商那里获悉利玛窦在北京的消息，立即去信联络，利氏马上派中国修士钟鸣礼去肃州迎接鄂本笃，其时鄂已病入垂危，与钟见面后不久即辞世。但这毕竟是从陆路入华者（鄂本笃）与从海路入华者（利玛窦）的一次交接，这一交接证明他们到达的是同一个国度，从而雄辩地证明了"契丹"即"支那"（中国）。

鄂本笃为之献出生命的旅行证实了利玛窦的发现，而且，这一"证实"是通过利玛窦的著述《中国札记》向西方世界公布的。因此，利玛窦在中国地理专名的厘定，以及使西方形成正确的中国观方面，贡献是空前的。学者何兆武、何高济称：

> 这一重大的发现可以和亚美利哥·维斯普齐（Amerigo Vespucci，1451—1512）之证实哥伦布所发现的新大陆并不是印度相媲美，堪称为近代初期西方地理学史上最有意义的两大贡献。②

这一类比是恰当的：哥伦布（约1451—1506）1492年驶抵中美洲群岛，但误以为到达了印度，其后，航海家亚美利哥·维斯普齐抵达，方证实这里并

---

① [法] 费赖之著，冯承钧译：《在华耶稣会士列传及书目》，中华书局1995年版，第102页。
② [意] 利玛窦、金尼阁著，何高济等译，何兆武校：《利玛窦中国札记》，中华书局1983年版，《中译者序言》第9页。

非印度，而是新大陆，故新大陆以亚美利哥命名，并未以哥伦布命名。马可·波罗等从陆路抵达元朝，但他不知这就是中国，而以"契丹"称之；利玛窦则证实了"契丹"即中国，"汗八里"即北京。这在西方地理史上的贡献，确乎可与亚美利哥的发现相提并论。"中国"自此在欧洲得以正名。

五、衍为正式国名

（一）古代国名多歧

我国古代国名无定说，对自己国家有若干称号，如赤县、神州、海内、华夏、中夏，还称九州、九牧、九区、九域等（"九"非实数，指多数），更常以朝代作国名（如汉代称"汉""大汉"，唐代称"唐国""大唐"，宋代称"大宋"，明代称"大明"，清代称"清国""大清"）。以朝代作国名乃为通例，外邦也往往以我国历史上强盛的王朝（如秦、汉、唐）或当时的王朝相称。如日本长期称中国人为"秦人"，称中国为"汉土""唐土"；江户时期称中国人为"明人""清人"；明治时期称中国为"清国"，中日甲午战争称"日清战争"。此外，希腊、罗马称中国为"赛里斯"，意谓"丝国"；古印度称中国为"支那"，约为"秦"的音译，又称"震旦""脂那"等，为"支那"的异译。英、德、捷克等语写作China。清末外交家薛福成（1838—1894）在《出使四国日记》中说："欧洲各国，其称中国之名：英称'采依纳'，法曰'细纳'，意曰'期纳'，德曰'赫依纳'，拉丁之名则曰'西奈'。问其何义，则皆秦字之音译……"

（二）"中国"逐渐脱颖而出

以"中国"为非正式国名，与异域外邦相对称，首见于《史记》载汉武帝（前156—前87）派张骞（约前164—前114）出使西域：

　　天子既闻大宛及大夏、安息之属，皆大国，多奇物、土著，颇
与中国同业，而兵弱，贵汉财物。……乃令骞因蜀犍为发间使，四
道并出。[1]

　　这种以"中国"为世界诸国中并列一员的用法，汉唐间还有例证，如《后
汉书》以"中国"与"天竺"（印度）并称[2]；《唐会要》以"中国"与"波斯""大
秦"（罗马）并称。[3] 但这种用例当年并不多见。

　　"中国"作为与外国对等的国家概念，萌发于宋代。宋不同于汉唐的是，
汉唐时中原王朝与周边维持宗主对藩属的册封关系和贡赋关系，中原王朝并
未以对等观念处理周边问题；赵宋则不然，北疆出现与之对峙的契丹及党项
羌族建立的王朝——辽与西夏，这已是两个典章制度完备、自创文字并且称
帝的国家，又与赵宋长期处于战争状态，宋朝一再吃败仗，以致每岁纳币，
只得放下天朝上国的架子，以对等的国与国关系处理与辽及西夏事务，故宋
人所用"中国"一词，便具有较清晰的国家意味。"宋初三先生"之一的石
介（1005—1045）首次以"中国"作专论：

　　居天地之中者曰中国，居天地之偏者曰四夷。四夷外也，中国
内也。四夷处四夷，中国处中国，各不相乱。[4]

石介虽仍持"内中外夷"观念，但已经有了国家疆界分野，强调彼此独

───────

① 《史记·大宛传》。
② 《后汉书·西域传》。
③ 《唐会要·大秦寺》。
④ （宋）石介：《中国论》，《徂徕集》。

立，"各不相乱"。宋以后，"中国"便逐渐从文化意义词语向国家意义词语转变。

一个朝代自称"中国"，始于元朝。元世祖忽必烈（1215—1294）派往日本的使卧所持国书，称自国为"中国"，将日本、高丽、安南、缅甸等邻邦列名"外夷"①。明清沿袭此种"内中外夷"的华夷世界观，有时也在这一意义上使用"中国"一词，但仍未以之作为正式国名。

（三）国体义的"中国"近代正式出现

清光绪二十六年（1900），梁启超论及中国积弱"发源于理想之误者"有三，其二为"不知国家与朝廷之界限也。吾中国有最可怪者一事，则以数百兆人立国于世界者数千年，而至今无一国名也。夫曰支那也，曰震旦也，曰钗那也，是他族之人所以称我者，而非吾国民自命之名也。曰唐虞夏商周也，曰秦汉魏晋也，曰宋齐梁陈隋唐也，曰宋元明清也，皆朝名也，而非国名也"。②次年梁启超再次痛议"吾人所最惭愧者，莫如我国无国名之一事"。③这种尴尬情形，至近代方逐渐得以改变，"中国"作为国名开始确立。

国体意义上的"中国"概念，是在与近代欧洲国家建立条约关系时出现的。

欧洲自17世纪开始形成"民族国家"（nation-state），并以其为单位建立近代意义上的国际秩序。欧洲三十年战争结束，1648年西班牙帝国、神圣罗马帝国、法兰西王国、瑞典王国等国签订《威斯特发里亚和约》，承认诸国领土主权。17世纪中叶为民族国家得以确认的开端（率先发生在欧洲）。

---

① 《元史·外夷一》。
② 梁启超：《中国积弱溯源论》，《饮冰室文集》之五。
③ 梁启超：《中国史叙论》，《饮冰室文集》之六。

　　远在东亚的清政府虽然对发生在西方的重大事变全无所知，却因在客观上与全然不同于周边藩属的西方民族国家（如俄罗斯）打交道，而需要以一正式国名与之相对，"中国"便为首选。这种国际关系最先发生在清、俄之间。沙皇俄国遣哥萨克铁骑东扩，在黑龙江上游与康熙皇帝（1654—1722）时的清朝军队遭遇，争战后双方于1689年签订《尼布楚条约》，条约开首以满文书写清朝使臣职衔，译成汉文是"中国大皇帝钦差分界大臣领侍卫大臣议政大臣索额图"，与后文的"斡罗斯（即俄罗斯）御前大臣戈洛文"相对应，康熙朝敕修《平定罗刹方略界碑文》，言及边界，有"将流入黑龙江之额尔古纳河为界：河之南岸属于中国，河之北岸属于鄂罗斯"等语，"中国"是与"鄂罗斯"（俄罗斯）对应的国名。

　　17世纪末叶清朝与俄罗斯建立条约关系还是个别事例，此后清政府仍在"华夷秩序"框架内处理外务，如乾隆皇帝（1711—1799）八十大寿时，与英王乔治三世的往还信函中，英王国书恭称"向中国最高君主乾隆致意"，多次称清方为"中国"，而乾隆皇帝复乔治三世书从未称自国为"中国"，通篇自命"天朝"。此种情形一直延及嘉庆帝与英王的来往文件中。可见，直至第一次鸦片战争前，中国朝野只有内华外夷的"天下"观、"天朝"观，没有权利平等的国家观、国际观。

　　至19世纪中叶，西方殖民主义列强打开清朝封闭的国门，古典的"华夷秩序"被近代的"世界国家秩序"所取代，"中国"愈益普遍地作为与外国对等的国名使用，其"居四夷之中"的含义逐渐淡化。

　　第一次鸦片战争期间，中英两国来往照会公文，言及中方，有"大清""中华""中国"等多种提法，而"中国"用例较多，如林则徐（1785—1850）所拟致英吉利国王的檄文说：

　　中国所行于外国者，无一非利人之物。……中国曾有一物为害

外国否？……中国若靳其利而不恤其害，则夷人何以为生？……外来之物，皆不过以供好玩，可有可无，既非中国之需……①

林氏的对外信函，一再用"中国"与"外国"对举，以"中国"称自国。

与英方谈判的清朝全权大臣伊里布（1772—1843）给英军统帅写信，称自国为"中国"与"大英""贵国"对应，文中有"贵国所愿者通商，中国所愿者收税"之类句式②；英国钦奉全权公使璞鼎查（1789—1856）发布的告示中，将"极东之中国"与"自极西边来"的"英吉利国"相对应，文中多次出现"中国皇帝""中国官宪""中国大臣"等名目。③

汉文"中国"正式写进外交文书，首见于道光二十二年七月二十四日（1842年8月29日）签署的中英《江宁条约》（通称《南京条约》）。该条约既有"大清"与"大英"的对称，又有"中国"与"英国"的对称，并多次出现"中国官方""中国商人"的提法。④此后清朝多以"中国"名义与外国签订条约，如中美《望厦条约》以"中国"对应"合众国"，以"中国民人"对应"合众国民人"⑤。

近代中国面临西东列强侵略的威胁，经济及社会生活又日益纳入世界统一市场，那种在封闭环境中形成的虚骄的"中国者，天下之中"观念已日显其弊，具有近代意义的"民族国家"意识应运而生，以争取平等的国家关系和公正的国际秩序。而一个国家要自立于世界民族之林，拥有一个恰当的国名至关重要，"中国"作为流传久远、妇孺尽知的简练称号，当然被朝野所袭用。梁启超、汪康年（1860—1911）等力主扬弃中国为"天下之中"的妄见，

---

① （清）林则徐：《拟谕英吉利国王檄》。

② （清）伊里布：《致英帅书》。

③ 中国史学会编：《中国近代史资料丛刊·鸦片战争》，神州国光社1954年版，第445、450页。

④⑤ 王铁崖：《中外旧约章汇编》第1册，生活·读书·新知三联书店1957年版，第30—33页。

但认为"中国"这个自古相沿的名称可以继续使用，以遵从传统习惯，激发国民精神。汪康年指出，用含义虽不确切，但以已经约定俗成的专词作国名，是世界通则，西洋、东洋皆不乏其例，故"中国"之称不必革除。[①]

近代兴起的反殖民主义、反帝国主义运动，更赋予"中国"以爱国主义内涵，"中国者，中国人之中国，非外人所得而干涉也"。[②]此语1905年还被写入《同盟会方略》："中国者，中国人之中国；中国之政治，中国人任之。"[③]这便是在近代民族国家意义上呼唤的"中国"，渐成国民共识。梁启超更作《少年中国说》，高唱：

美哉，我少年中国，与天不老！壮哉，我中国少年，与国无疆！

"大清"和"中国"在清末曾并列国名，交替使用，而新锐人士更多以"中国"作自国国名。辛亥革命推翻清王朝，公元1912年元旦中华民国成立，国际通称 Republic of China，简称"中国"，英文为 China。自此，"中国"成为现代国家概念的正式名称。1949年10月1日，中华人民共和国成立，亦以"中国"为其简称。"中国人民""中国政府"等短语亦随之通用于世界。

[①] 汪康年《汪穰卿先生遗文》第13页："吾国古来自称中国，对于四夷言之也……盖名称之源于古者，或不免有所错误，而承袭既久，安能革之。即西入之各种名称，似此者多矣。安能革之乎，又如日本二字，今日核之于理，岂有当乎。"

[②]《论中国之前途及国民应尽之责任》，《湖北学生界》1903年第3期。

[③]《孙中山全集》第一卷，中华书局1981年版，第297页。

革命

去今未远的 20 世纪被称为"革命世纪",从世界范围而言,百年间不仅发生过多次政治革命,如俄国 1905 年革命,1917 年二月革命、十月革命,一战结束初期的德国革命、匈牙利革命;中国的辛亥革命、二次革命、国民革命、大革命(第一次国内革命战争)、土地革命(第二次国内革命战争)、第三次国内革命战争;东南亚的越南革命,拉丁美洲的古巴革命;等等。各个专业领域有突破性进展,亦称之革命,如科学革命、技术革命、教育革命、戏剧革命乃至厨房革命、厕所革命等。故很有必要对"革命"加以界定,明其来龙去脉,在各种语境中准确把握其意蕴。

在汉语系统内,包含急剧变革意义的概念,词化为"革命"的这一专语,已达三千年左右,以后两千多年间保持古典义,近百年引申出近代义,而外来概念对固有词语的意义渗透和改铸,是导致这种转换的重要助力。

一、"革命"初义

"革命"是由"革"与"命"组成的动宾结构名词,创制于先秦。

(一)释"革"

"革",甲骨文作𩵋,金文作𩵋,象形字,中间为被剖剥晒制的兽皮,上下为余下的兽头、身、尾。小篆作革。《说文解字》云:"革,兽皮治去其毛,革更之。象古文革之形。凡革之属皆从革。段注云:"兽皮治去其毛,曰革。革,更也。""

革之本义,为去毛之兽皮,是为名词,作部首,组成二字词多与皮革有关,如革履(皮鞋)、革囊(皮袋)、三革(甲、胄、盾,多用皮革制成)、牛革(去毛加工过的牛皮)、猪革(去毛加工过的猪皮)、书革(书写在皮革上),等等。

又衍为动词,含"变更"义,同其他字组合成一系列动宾结构词,如"革心"(改其心术)、"革情"(改变心意)、"革制"(更改制度)、"革面"(改过)、"革弊"(除去弊害)、"革序"(变革次序)、"革逐"(革除、驱逐)、"匡革"(纠正、改正)、"革凡成圣"(更除凡习,转为圣哲)、"革故鼎新"(去旧取新),等等。

(二)释"命"

"命",甲骨文与"令"同字,作𠇑,上部像大屋顶,下部是席地而坐的人,在下达命令。周金文"令"叠加"口",分化出"命",作𠇐,小篆由金文变来,作命。《说文解字》:"命,使也,从口从令。"是形声兼会意字,为单字动词。"从口从令"表示用口发布指令,本义为指派、发号,谓上级对下级的指令,组词如奉命、遵命、使命等。作为名词,指动植物的生活能力,组词如生命、性命、救命等;或迷信认为生来注定的贫富、寿数等,组词如命相、命运、宿命等。

其字形初见于西周金文,《毛公鼎》曰:"膺受大命",大命指上天赐命人间,故又称"天命"。古代天命论认为,不仅个人的生死祸福取决于天命,王朝及天子权力的获得,也来自上天的册命,臣属的官职俸禄又得自君主代表上天所作的赐命。明太祖朱元璋(1328—1398)正式规定"奉天承运"句式①，后来相沿为帝王敕命中的套语。"命"也有作合乎自然的解释，如"天命之谓性，率性之谓道，修道之谓教"。②

<h2>（三）释"革命"</h2>

中国传统话语系统中，王朝及天子的权力受命于天，而天命并非恒久不变，如周公谓"惟命不于常"③；天又是无言的，其意向须通过"民心"得到体现，所谓"天视自我民视，天听自我民听"④，民心（或曰人心）的向背，可以决定一个王朝的兴衰存亡。故违背天意民心便会发生王朝易姓，革去该王朝的天命，简称"革命"，即变更天命的赐予对象。这种"革命"古典义（革除旧君，改朝换代，实施变革以应天命）的较早表述，见于《周易》革卦的传文：

天地革而四时成，汤武革命，顺乎天而应乎人。⑤

唐人孔颖达（574—648）的《周易》疏，对"汤武革命"具体阐述道：

夏桀、殷纣凶狂无度，天既震怒，人亦叛主，殷汤、周武聪明睿智，上顺天命，下应人心，放桀鸣条，诛纣牧野，革其王命，改其恶俗，故曰"顺乎天而应乎人"。⑥

---

① （明）余继登：《典故纪闻》卷一："元时诏书，首语曰'上天眷命'，太祖谓此未尽谦卑奉顺之意，始易为'奉天承运'，见人言动皆奉天而行，非敢自专也。"

② 《礼记·中庸》。

③ 《尚书·周书·康诰》。

④ 《尚书·泰誓中》。

⑤ 《易·革卦·彖传》。

⑥ 《周易正义》卷五。

孔颖达的疏文不仅论证了商革夏命、周革殷（商都迁殷后称殷）命的正义性，还特别指出，"革命"有别于一般意义的变革，它是一种武装夺权的暴烈行为：

> 计王者相承，改正易服，皆有变革，而独举汤武者，盖舜禹禅让，犹或因循，汤武干戈，极其损益，故取相变甚者以明人革也。①

《孟子》虽未出现"革命"一词，却从"民贵君轻"论出发，视虐民、害民的君王为独夫民贼，"可伐""可诛"。齐宣王（？—前301）问：商汤放逐夏桀，周武讨伐殷纣，算不算弑君犯上？孟子（约前390—前305）毫不含糊地答曰：

> 贼仁者谓之贼；贼义者谓之残；残贼之人谓之一夫。闻诛一夫纣矣，未闻弑君也。②

孟子将武王伐纣称之诛除独夫民贼，全然不是"弑君"，并指出民众对武王的行为竭诚支持、衷心期盼，"民望之，若大旱之望云霓也"。③这可以说是关于革命"顺天应人"的注脚。

先秦儒家的另一巨匠荀子（约前313—前238）已较多地论及"尊君"，却也有"君为舟，民为水"之喻，留下"水则载舟，水则覆舟"④的名论。荀子认为君主虽然尊贵，但道义高于君主，君主背道，臣民有理由"从道不从

---

① 《周易正义》卷五。
②③ 《孟子·梁惠王下》。
④ 《荀子·王制》。

君"。他还强调君主应具备治理国家的能力，"能则天下归之，不能则天下去之"。① 荀子批驳"汤武篡夺"论，肯定汤武革命的正义性：

> 世俗之为说者曰："桀、纣有天下，汤、武篡而夺之。"是不然。以桀、纣为常有天下之籍则然，亲有天下之籍则不然，天下谓在桀、纣则不然。……诛暴国之君若诛独夫，若是，则可谓能用天下矣。②

孟、荀学术路线歧异（如孟主"性善"，荀主"性恶"），但两者赞许"汤武革命"则别无二致。

战国末期的《吕氏春秋》，更有"天下非一人之天下也，天下之天下也"③的警句，也是对"汤武革命"合理性的一种呼应。

"革命"构成古代中国政治进程的必要环节：当一个王朝的腐败达于极点，全然背弃民众，已不能通过"内改革"得以调整时，"天命"的指向便发生变化，其授予对象转移，具体表现往往是异姓（或同姓另支）起而暴力夺权，改朝换代，相应发生制度更新，以顺应时势、人心，此即所谓"革命创制"。④ 孙中山曾引述一位英国人的论说，以揭示"革命"在中国政治机制中的特殊作用：

> 中国人数千年来惯受专制君主之治，其人民无参政权，无立法权，只有革命权。他国人民遇有不善之政，可由议院立法改良之；

---

① 《荀子·儒效》。
② 《荀子·正论》。
③ 《吕氏春秋·贵公》。
④ 《汉书·叙传下》："革命创制，三章是纪，应天顺民，五星同晷。"

中国人民遇有不善之政，则必以革命更易之。[1]

需要指出的是，从《尚书》《周易》到《孟子》《荀子》所称道的"革命"，指贵族革命，是"贵戚之卿"的专利。《孟子·万章》曾对此作过论述。当然，中国历史的运行实际，还有底层民众起而"革命"的事例，如"崛起陇亩"的陈胜、吴广、张角、黄巢、朱元璋、李自成之类。

二、"革命"的褒与贬

中国古典义的"革命"既然是改朝换代的非常手段，通过"革命"夺取政权的新朝统治者，一方面就要宣扬革命的合理性，以论证自己得位之"正"；另一方面又往往心虚胆怯，唯恐别人仿此继起，来"革"自己的"命"。商朝建立后，商汤与左相仲虺的一段对话，就颇能说明新朝统治者在"革命"问题上的矛盾心理：

> 成汤放桀于南巢，惟有惭德。曰："予恐来世以台为口实。"仲虺乃作诰。曰："呜呼，惟天生民有欲，无主乃乱，惟天生聪明时乂。有夏昏德，民坠涂炭，天乃锡王勇智，表正万邦，缵禹旧服，兹率厥典，奉若天命。[2]

这番"君臣对"，流露出商汤唯恐后世人仿效自己放逐夏桀的"革命"行动，援为叛商借口；仲虺则竭力申述商革夏命的正义性，为商王提供精神

---

① 《孙中山全集》第一卷，中华书局1981年版，第442页。
② 《尚书·仲虺之诰》。

支持。仲虺还特别吁请商王"钦崇天道，永保天命"。①

（一）汉代关于"革命"的廷争

这种关于"革命合法性"的讨论，贯穿于商周、秦汉以下两三千年间。有代表性的一次，发生在西汉，今文学者、《诗》博士辕固生（前194—前104）与道家黄生在汉景帝（前188—前141）殿前争论：

> 黄生曰："汤武非受命，乃弑也。"辕固生曰："不然。夫桀纣虐乱，天下之心皆归汤武，汤武与天下之心而诛桀纣，桀纣之民不为之使而归汤武，汤武不得已而立，非受命为何？"黄生曰："冠虽敝，必加于首；履虽新，必关于足。何者，上下之分也。今桀纣虽失道，然君上也；汤武虽圣，臣下也。夫主有失行，臣下不能正言匡过以尊天子，反因过而诛之，代立践南面，非弑而何也？"②

辕固生为驳斥黄生，竭力论证革命的正义性，最后抬出汉朝开国皇帝刘邦（前256—前195）的事迹，以之质问黄生：

> 必若所云，是高帝代秦即天子之位，非耶？③

旁听的景帝见论战直逼本朝高祖得位的正否，连忙叫停：

> 食肉不食马肝，不为不知味；言学者无言汤武受命，不为愚。④

---

① 《尚书·仲虺之诰》。
②③④ 《史记·儒林列传第六十一》。

由于景帝出面制止，这场论辩"遂罢"。并且，"是后学者莫敢明受命放杀者"。①

　　　　（二）朱元璋编《孟子节文》，取缔"革命"义

更有甚者，明太祖朱元璋（1328—1398）建元洪武之后，命人删削《孟子》中肯认"革命"的言论85条，如：

　　　　"尊民抑君"之条目，

　　　　"人民批评统治者"之条目，

　　　　"与民偕乐"之条目，

　　　　"人民要求生存"之条目，

　　　　"人民批评政治"之条目，

　　　　"人民反对苛敛"之条目，

　　　　"反对内战"之条目，

　　　　"谴责官僚政治"之条目，

　　　　"标明仁政救民"之条目。②

朱洪武勒成的《孟子节文》可谓一部杜绝"革命"的奇书。因直接窜改经典，难获士众赞同，终于在明中叶以后废用，恢复《孟子》原本。

由革除元朝天命坐上龙廷的朱元璋，立即变为坚决的反"革命"论者。

───────

① 《史记·儒林列传第六十一》。
② 容肇祖：《明太祖的〈孟子节文〉》，《读书与出版》二卷四期（1947年4月），上海生活书店。

他多次历斥历代暴力夺权的"革命"，其上谕说："君则有罪，民复何辜。前代革命之际，肆行屠戮，违天虐民，朕实不忍。"① 他的这番话，意在衬托自己"伐罪安民""灭元兴明"的平和性（其实朱氏建立明朝何尝不是大动干戈，杀人无算），表明对"革命"的极大保留。可见，在古代中国，"革命"虽是一个正面词汇，获得褒扬，但因牵涉到王朝更迭，并伴随暴力夺权含义，容易使下民产生"彼可取而代之"的联想，故又是一个往往触及在位帝王忌讳的概念，以"革命"起家的汉代、明代皇帝登极之后，都厉禁革命，故在中国古代，"革命"乃士民慎用之词，在文字狱严酷的明清，人们更对此词三缄其口。

三、近代民主派对"革命"的认同与改造

时至 19、20 世纪之交，也即戊戌变法、清末新政至辛亥革命的十余年间，随着社会危机加剧，政治观念出现错综复杂的更替与重组，有些关键词更发生千载以来未曾有过的大异动，"革命"便首当其冲。

（一）"革命"近代滥觞

19 世纪中叶以降，由工业文明装备起来的西方殖民主义大举入侵东亚，中国面对"数千年来未有之强敌"，经历着"数千年来未有之变局"②，仁人志士为挽救民族危亡、推动社会进步，作过种种努力。除太平天国试图以旧式"革命"方式推翻清朝、取而代之以外，洋务运动、戊戌变法、清末新政，都是在保存清朝帝制的前提下，进行"自强"变革。这些尝试虽然

---

① 《明史·本纪第二·太祖二》。
② 李鸿章：《筹议海防折》，《李文忠公全书》奏稿卷二四。

取得不同程度的实绩，为中国近代化奠定了某些基础，但中国体制性弊端并无大的改善，积贫积弱、落后挨打的形势愈益严峻，民族危亡日甚一日。在这种情势下，一批曾经寄望于清朝"内改革"的人物（如孙中山、章太炎等），终于认定，必须突破清朝框架，发起击碎旧体制的大举动。于是，他们高扬中国古典的"革命"旗帜，倡导暴力反清；并吸纳欧美革命思想，以"万民"为主体，取代"一君"为主体，使"革命"获得近代义，汇入世界义。

以孙中山（1866—1925）为例，其少年时代即倾慕太平天国，一位常来塾中讲故事的太平天国老军以"洪秀全第二"激励孙氏，孙"得此徽号，视为无上光荣，亦慨然以洪秀全自居"。[①]而愈益紧迫的民族危亡形势，更促进孙氏反清意识的张大，孙中山撰于1923年的《中国革命史》自述"革命源起"：

> 余自乙酉中法战后，始有志于革命。

这番话是孙氏晚年对生平的追述，所称早在1884—1885年中法战争以后便"有志于革命"，只可作泛义理解。中国台湾的近代史家吴相湘（1912—2007）在《孙逸仙先生传》中指出：

> 按"革命"一词，自1895年以后，孙先生才开始使用。1885年时并没有提及这二字。《中国之革命》是民国成立以后撰写，故沿用1895年通行的名辞。[②]

---

① 胡去非：《总理事略》，商务印书馆1937年版，第5页。
② 吴相湘：《孙逸仙先生传》，（台北）远东图书公司1982年版，第46页。

吴氏的这一论说是符合历史原貌的。实际情况是，青年时代的孙中山受到郑观应（1842—1922）、何启（1859—1914）等人影响，曾试图在现存政体内部用和平方式救治中国。孙氏 1890 年的《致郑藻如书》[1]，1894 年 6 月的《上李鸿章书》[2] 都表明这种倾向。后来，因中日甲午战争中方惨败及朝廷下诏谴责议政者的刺激，而上书李鸿章（1823—1901）又遭冷遇，这一切使孙中山从"偏重于请愿上书"走向暴力反清。孙中山在撰于 1897 年的《伦敦被难记》中描述了自己组创兴中会的此一转变：

> 吾党于是怃然长叹，知和平之法无可复施。然望治之心愈坚，要求之念愈切，积渐而知和平之手段不得不稍易以强迫。[3]

与孙中山并称"革命巨擘"的章太炎（1869—1936）也有类似思想经历。他早年主张在清朝体制内变革政治，反对革命。他 1897 年 3 月在《时务报》第 19 册发表文章，对"不逞之党，假称革命以图乘衅者，蔓延于泰西"深感忧虑，认为"今之亟务，曰：以革政挽革命"。[4] 戊戌变法后章氏东渡日本，仍与"尊清者游"。1900 年义和团运动后，章氏方从改良转向革命，并以如椽巨笔，抨击康有为的反革命论，高倡"革命无罪"。其 1903 年发表的《驳康有为论革命书》力陈"排满革命"之旨，指革命"陈旧布新"功能，其文曰：

> 然则公理之未明，即以革命明之；旧俗之俱在，即以革命去之。

---

①《孙中山全集》第一卷，第 1—2 页。

②《孙中山全集》第一卷，第 8—18 页。

③《孙中山全集》第一卷，第 52 页。

④ 章炳麟：《论学会有大益于黄人亟宜保护》，《章太炎政论选集》，中华书局 1977 年版，第 13 页。

革命非天雄、大黄之猛剂，而实补泻兼备之良药矣！ ①

章氏此篇成为传诵一时的革命檄文。

（二）孙中山自认"革命党"时间考

孙中山较之章太炎，更早确立革命理念。但孙中山及其追随者究竟何时以"革命党"自任？"革命"一词何时成为孙中山等人的中坚语汇？此需考辨，以去讹传。

近几十年中国大陆、中国台湾以及海外出版的各种辛亥革命史与孙中山传记、年谱，几乎一致认定，1895 年 11 月孙中山正式以"革命"为自己领导的社会运动命名。其根据是孙中山最早的追随者之一陈少白（1869—1934）的回忆。1935 年（已在陈去世后一年）出版的陈少白口述的《兴中会革命史要》称，1895 年 10 月下旬广州起义失败后，孙中山自广州走澳门、经香港，与陈少白、郑士良（1863—1901）乘日轮"广岛丸"，于 11 月 9 日（或 10 日）抵达神户。陈少白回忆说：

到了神户，就买份日报来看看，我们那时虽然不懂日文，看了几个中国字，也略知梗概，所以一看，就看到"中国革命党孙逸仙"等字样，赫然跃在眼前，我们从前的心理，以为要做皇帝才叫"革命"，我们的行动只算造反而已，自从见了这张报纸以后，就有"革命党"三个字影像印在脑中了。

1936 年，冯自由（1882—1958）根据陈少白的上述追忆，撰《"革命"

① 章炳麟：《驳康有为论革命书》，《章太炎政论选集》，中华书局 1977 年版，第 204 页。

二字之由来》一文（后收入冯著《革命逸史》初集）。冯氏在陈氏追忆基础上，参考孙中山前前后后的思想言论，对孙中山、陈少白、郑士良三人的神户见闻、议论又有所铺陈渲染：

> 及乙未九月兴中会有广州失败，孙中山、陈少白、郑弼臣三人自香港东渡日本，舟过神户时，三人登岸购得日本报纸，中有新闻一则，题曰"支那革命党首领孙逸仙抵日"。中山语少白："'革命'二字出于《易经》'汤武革命，顺乎天而应乎人'一语，日人称吾党为革命党，意义甚佳，吾党以后即称革命党可也。"

从史源学角度看，这两条材料不是并列的、源头各异的"兄弟证"，而是同一源头的"母子证"，即单源于陈少白多年后对 1895 年 11 月神户之行的回忆，可信度有限。

日本学者安井三吉等考证，1895 年 11 月日本报纸只有关于广州起事的简短报道，并无"支那革命党首领孙逸仙抵日"的言词。如《大阪朝日新闻》11 月 3、5、14 日，《大阪每日新闻》11 月 5、9 日，《神户又新日报》11 月 6、9、10、30 日都只有广州起事未遂的消息。11 月 10 日的《神户又新日报》还称广州起事为"颠覆满清政府的阴谋"，系"暴徒巨魁"作乱，其他报纸则称其为会匪阴谋，为首者"黄"姓或"范某"。[①] 足见此时日本关于广州起义的报道多影响模糊之词，并且全然为贬斥性用语，诸报道中"孙逸仙"则全无提及，"革命党"之说更未形诸报端。从历史实态考析，当时的孙文尚为无名之辈，清政府不知其名，日本更未闻其人，故广州起事后几天内，日本报

---

① [日] 安井三吉：《"中国革命党首领孙逸仙"考》。

刊绝不可能有"支那革命党首领孙逸仙抵日"的报道。

笔者2001年2月22日到位处日本神户市垂水区东舞子町（明石跨海大桥旁）的"孙中山纪念馆（移情阁）"参观，得见馆中展出的《神户又新日报》明治二十八年（1895）十一月十日报纸原件，其上果然只有关于广州起义的简要报道，标题为"广东暴徒巨魁的经历及计划"，内中没有"支那革命党首领孙逸仙抵日"之类文字。该博物馆还专门在这一展品旁撰文说明此点。笔者与爱知大学刘柏林君几年后再访神户海边的孙中山纪念馆，并与时任馆长的安井三吉就上述问题交换意见，安井君以坚定口吻重述了神户报刊不可能有"支那革命党首领孙逸仙抵日"的报道，安井笑道："那时中日两国，除陈少白、郑士良外，不会有人了解孙逸仙其人，更不会知道孙医师领导了广州暴动。"

安井三吉等人的考证、神户孙中山纪念馆展出的《神户又新日报》等原件，动摇了孙中山以"革命党"自任来源于1895年11月10日日本报刊启示的"定说"。但这一发现能否指证陈少白的回忆全然是子虚乌有的妄言呢？恐怕也不能这样说。通观孙中山及其追随者的言论，1895年以前从未自任"革命党"，正如冯自由在《"革命"二字之由来》所指出的，在清季乙未年（清光绪二十一年即1895年）兴中会失败于广州以前，中国革命党人向未以"革命"二字自称，党人均沿用"造反"或"起义""光复"等名目。虽然孙中山在19世纪80、90年代之交经与王韬（1828—1897）等接触，已对欧洲近代革命理念有所领悟，但孙中山等人正式从自命"造反"变为自任"革命"，转折点则在乙未广州起事失败之后一段时间。一个值得注意的旁证是，直到1896年底，外界方将孙中山为首的兴中会呼之"革命派"。如1896年12月3日香港《支那邮报》评论说：

　　至革命派之缘起，虽无由追溯，而其大致要由不慊于满清之行事。近中日一战，而此派遂崭然露其头角。孙逸仙博士辈之初意，原欲以和平之手段要求立宪政体之创行而已，迨至和平无效，始不得不出于强力。①

这篇评论的可贵处在于，指出了孙中山与"中国历史中之崛起陇亩、谋覆旧朝者"的重大差别，看到孙中山兼通中西学理，可以调和中西冲突，使旧式"革命"得一飞跃。

1895 年底至 1898 年间，陈少白与孙中山先后同住横滨、东京，与宫崎弥藏和宫崎寅藏（即宫崎滔天）兄弟先后相过从，在孙、陈与宫崎兄弟间多有关于"革命""革命党"的议论。时至 1898 年，宫崎滔天（1871—1922）将孙中山 1897 年初在英国布里斯特耳初版发行的英文著作《伦敦被难记》译成日文，题目改为"清国革命党领袖孙逸仙——幽囚录"，正式将孙中山呼为"革命党领袖"，而"幽囚录"一说，显然借自日本，如日本幕末维新志士吉田松阴（1830—1859）曾撰《幽囚录》，记自己被幕府囚禁事。至于日本报刊称"清国革命党"，首见于 1898 年 2 月的《朝日新闻》关于长崎县官方与来日中国人笔谈的报道，而 1895 年 11 月的神户报刊决无称孙逸仙"革命党"的可能。

陈少白多年后回忆 1895 年 11 月与孙中山的神户行，出现"革命党"记述，很可能是将 1896 年孙中山与宫崎兄弟交谈"革命"的情节混入，以后期事实"渗入"前期记忆，是可以理解的误记。但今之研究者必须根据实证材料去修正此种记忆误植。这是史学家对待主观性颇强的"回忆录"之类二次文献理当把持的态度。

---

① 《孙中山全集》第一卷，第 81 页。

综观孙中山及其追随者的回忆，又考察 19 世纪最后几年日本的出版物，可以确认，孙中山以"革命党"自任，形成于 1895 年底至 1898 年两次逗留日本期间。参之以香港《支那邮报》1896 年 12 月 3 日的评论称孙逸仙等人为"革命派"，孙氏以"革命党"自命，可能在 1895 年底至 1896 年底的一年间，大约是在孙氏与宫崎兄弟交谈（陈少白等在场）中形成。确切时日尚待史料的发掘与辨析。至于孙中山等人此时使用"革命"一词的内涵，则不仅有中国古典的"汤武革命"义，还有来自西欧（英吉利、法兰西）的"革命"义，以及经由日本加工综合过的"革命"义。

四、日本人对"革命"（revolution）的矛盾认识

（一）"革命"一词由中国传入日本后的遭际

日本作为汉字文化圈的一员，自古即输入大量汉字及汉字词汇，这些汉字词汇在日本，或者保持中土原义，或者发生转化。"革命"一词随《周易》在 6 世纪东传，[①] 始为日本所知晓。推古朝十六年（608），僧曼奉圣德太子（574—622）之命，赴隋唐留学，旅居中土二十四年，回国后为中臣镰足（614—669）、苏我入鹿等权贵讲授《周易》，其"阴阳道"思想，连同"革命"观念自此在日本播散。至 8 世纪，《孟子》流行日本，"放桀、伐纣正义说"随之传扬，"革命"进一步汇入日本话语系统。

日本思想界一方面崇仰中国经典，对"革命"一词怀有敬意；另一方面，日本向称天皇"万世一系"，与中国频繁易姓改朝大相径庭，故日本的主流思想一直对"汤武革命"抱着既从且拒的矛盾态度。江户初期儒学家林罗

---

① 日本最早的敕修史书《日本书纪》载，继体天皇七年（513 年）七月，百济五经博士段尔被贡献给日本朝廷。《周易》是"五经"之一，五经博士的抵日，意味着《周易》一书及"革命"一词的传日。

山（1583—1657）以"汤武放伐"说为德川氏征讨丰臣氏提供理论根据，德川家康（1543—1616）对此说深为嘉许；江户中期儒学家新井白石（1657—1725）亦推崇孟子的"有德者王"说；幕末阳明学者大盐平八郎（1793—1837）更信从"革命"说，他领导的市民暴动，即高举书写"汤武革命"四字的旗帜。但总体讲来，江户时代多数儒学者和国学者都反对孟子的"放伐"说，主张臣下对将军（总领主）无条件效忠。山崎暗斋（1618—1682）曾撰《汤武革命论》，非议汤武从桀纣手中夺权的行径，其弟子更谴责汤武为"杀主之大罪人"。

（二）近代日本将"革命"泛解为改革

日本主流思想界并没有排斥"革命"一词，而是向这一中土颇具权威性的词汇注入更宽泛的制度重建、社会改良义，淡化其暴力夺权、改朝换代义。至明治维新时，"革命"已转化为"尊王变革"之义，从而成为"维新"的同义语，与"改革"也别无二致。大隈重信（1838—1922）的《开国五十年史》称，"日本人将革命与改革同视"，是颇为精要的诠说。梁启超（1873—1929）戊戌变法后流亡日本即发现，日本人所说"革命"并非指易姓改朝，而是指革新旧制，明治维新便被呼为"明治革命"。梁氏说：

> 日本以皇统绵绵万世一系自夸耀……曾亦知其所以有今日者，实食一度 revolution 之赐乎？日人今语及庆应明治之交无不指为革命时代，语及尊王讨幕废藩置县诸举动无不指为革命事业，语及藤田东湖、吉田松阴、西乡南洲诸先辈，无不指为革命人物。①

---

① 《释革》，《新民丛报》第 22 号（1902 年 2 月）。

（三）日人以"革命"对译英语 revolution、法语 révolution

正是在"革命"的这种日本化诠释的基础上，明治时代的日本人用"革命"翻译英文 revolution 一词及法语 révolution 一词。

在欧西，"革命"的含义有一个复杂的衍生过程。"英语 revolution 一词源自拉丁文 revolvere，指天体周而复始的时空运动"[①]。从 14 世纪到 18 世纪，这一英语词汇的内涵经历了从"叛乱"到政治"变革"的转变，逐步从一贬义词演为中性词或褒义词。英语 revolution 含有和平渐进与激烈颠覆两层意蕴，不过主要内涵是渐进式变革。

法语 révolution 与英语 revolution 内涵相同，并经历了类似的演化。该词在 16 世纪以前只具有天文学上的"公转""绕转"或"循环"的意思，在 16、17 世纪，转义为"命运的变化""人类事务的偶然变动""人类时间流程中突发的变故与混乱（无序状态）"。简言之，这时的"革命"（revolution）是一个贬义词，1694 年出版的《法兰西学院辞典》、1704 年出版的《特雷乌法拉辞典》都强调"革命"的消极含义。18 世纪中后叶兴起的启蒙运动，逐渐赋予"革命"以积极含义，并将"革命"的意蕴拓宽，引入人类精神领域，成为某种积极的文化转变的代名词，并且强调"革命"是一种摆脱旧事物桎梏的进步过程。[②] 而 18 世纪末叶爆发的法国大革命，则把启蒙思想家的革命观付诸实践，并赋予这样一层意蕴：革命必须由备尝专制压迫之苦的阶层来完成，革命将伴随以暴力手段推翻旧有的专制暴政，即所谓"以暴易暴"。这与英吉利的和平渐进式"革命"另成一格。

日本借用中国古典旧词，将英语 revolution、法语 révolution 译为"革

---

① 转引自陈建华:《"革命"的现代性: 中国革命话语考论》, 上海古籍出版社 2000 年版, 第 7 页。
② 高毅:《法兰西风格: 大革命的政治文化》, 浙江人民出版社 1991 年版, 第 136—162 页。

命"，兼有英吉利式的和平变革及法兰西式的暴力革命两层内蕴，即所谓"双轮革命"。法兰西暴力革命的传译，大约始于明治时期史学家冈本监辅成书于1878年的《万国史记》。该书称："法美两国有革命变，诸国之民皆知主张自由，不肯屈鞭棰之下。"又将1830年巴黎市民攻入王宫的事件译为"三日革命"。王韬（1828—1897）1890年面世的《重订法国志略》参考了《万国史记》，首次在中国引入"法国革命"概念。而《万国史记》于1895年在中国翻刻，被中国学界广为引述，"法国革命"一语在中国得以传播。而此时正值孙中山领导的革命运动发端之际。学术著作的教化之效，与革命党人实践活动（如乙未广州起义）的影响，共同促成现代义的"革命"概念在中国逐渐流行。

五、近代义"革命"入华

中国译介的"revolution"，比日本要早。1822年初"revolution"的汉字译名已出现在中国，此后半个多世纪中，它获得了诸多译名：从"周行""大变"到"国变""国乱"（参见表1）。至于译名"革命"，则由日本传来。

表1　早期英汉辞书中revolution的翻译

辞书名	编纂者	revolution 的译词	出版地	出版年、页码
《英华字典》（全1册）	[英] 马礼逊 Robert Morrison （1782—1834）	REVOLUTION，going round to the point of commencement 周行。Performing one revolution and beginning again 周而复始。Change in the state of a government 大变	澳门	1822年、第366页
《英华字典》（卷二）	[美] 麦都思 W. H. Medhurst （1796—1857）	Revolution in a state 国变、大变	上海	1848年、第1091页

辞书名	编纂者	revolution 的译词	出版地	出版年、页码
《英华字典》（卷四）	[德]罗存德 W. Lobscheid（1822—1893）	Rebellion 变，乱，反，叛，叛逆；to be in a state of revolution 乱，作乱；the revolution of state 国之乱，国之变，大变	香港	1869 年、第 1494 页
《英华萃林韵府》（卷一）	[美]卢公明 Justus Doolittle（1824—1880）	Revolution in a state 变，国变	福州	1872 年、第 411 页
《英华字典》（全 1 册）	Arnold Foster	Revolution（in a state）国变	上海	1893 年、第 110 页

将 revolution 译为"革命"，约始于明治初的日本，并于明治中晚期传到中国。关于近代义"革命"一词在中国的用例，似以王韬的《重订法国史略》（1890 年）为最早[1]，金观涛认为黄遵宪的《日本国志》（1887 年）最早。而依笔者所阅，汉字译名"革命"入华，初见于 19 世纪 70 年代末上海印行的《申报》：

日本戊辰战争之"革命"[2]

本邦自戊辰革命之后，其间才十年，前有江藤新平叛于佐贺，后有前原一诚叛于山口。如皆率党与数千人，上与官府相抗，然皇威所向，不数旬，巨魁就擒，余匪乌散，无不瓦解冰消。[3]

日本国会制度之"革命"

琴瑟不调甚者，必改而更张之；为政不治甚者，必改而更治之。《周易》离下兑上之卦，其名曰"革"。象辞曰："天地革而四时成。汤武革命，顺乎天而应乎人。革之时，大矣哉！"……吾闻日人之入会议事者，必由众人公举……如此则上无失政，下无遗贤。吾知

---

① 陈建华：《"革命"的现代性：中国革命话语考论》，上海古籍出版社 2000 年版，第 30—36 页。

② 将 1868 年（戊辰年）初日本政府军击败德川幕府军的战争称为"革命"。

③ 1879 年 5 月 15 日，《申报》（上海版）第 2167 号第 1 页《译日本人论亚细亚东部形势》。

日本必从此强矣。夫四洲诸大国，皆有尽善尽美之成法可守，故不必有所损益，而自无不国富民安。日本能善自变计，补前人之未及，为后世之楷模，与时迁移，不作胶柱之鼓。《易》曰："君子豹变。"占日本者，竟得此爻。余故乐得而书之。①

法国之"革命"

法兰西巴黎京城，拟于一千八百八十九年开设大博览会。盖以革命以来，数及百年，故设此会，以伸国人庆祝之忱，以见政府谋国之效。②

值得注意的是，1896 年，《时务报》第十册和第十四册，先后刊载《欧洲党人倡变民主》《论阿尔兰革命党人》两篇报道。前者译自《国民报》（1896年 10 月 14 日）；后者译自《东京日日报》（1896 年 11 月 19 日）。两篇报道中均有"革命党人"之用例。《欧洲党人倡变民主》云："阿尔兰革命党人，隶籍美国，恃有护符，共倡义举。"③

该文将爱尔兰革命党人的行动称为"义举"。这不独为其所译原文所限，抑或显示了当时的《时务报》对于爱尔兰民主革命所持的基本立场或态度。

六、近代中国关于"革命"的论战及概念定格

综上所述，"革命"一词，经历了"中国创制的古典词—传入日本并发

---

① 《书日本议畿国会后》（山阴述戡十稿）（1885 年 12 月 3 日），《申报》（上海版）第 4541 号第 1 页。
② 《汇译东报》（1886 年 8 月 7 日），《申报》（上海版）第 4781 号第 12 页。
③ 《欧洲党人倡变民主》，《时务报》1896 年第十册，第 29 页。

生演变—近代日本借以意译 revolution—日本译名'革命'从日本逆输入中国—'革命'义在近代中国论辩"这样一个跨国度、跨文化的迁衍过程。

（一）改良派的革命观

近代义及世界义的"革命"一词在19、20世纪之交输入中国后，迅速播散开来，但并非平和展开，围绕其词义曾发生激烈论战。如主张体制内改良的黄遵宪（1848—1905）在《水苍雁江馆主人来简》中批评激进革命论："仆以为由蛮野而文明，世界之进步，必积渐而至，实不能躐等而进，一蹴而几也。"

批评激进革命论的主将，是改良派巨子梁启超。他出于对暴力革命的防范和对维新改良的执着，大力阐扬英吉利式的"革命"（revolution），即和平的、渐进的社会变革。他反对将"革命"局限于暴力夺权一义，在《夏威夷游记》（1899年撰）中提出"文界革命""诗界革命"说，把"革命"泛解为思想及社会改良。但同文中又有对准备武装起事的"革命军"（暗指唐才常等领导的自立军）的肯认，可见，梁氏所谓"革命"，兼含英式和平变革论和中国古典革命论的双重内蕴，与革命派所论"革命"虽有歧义，但并非全然对立。

康有为1902年撰文说："夫革命之义，出于孔子之称汤武，而孟子以诛纣为诛贼，不谓之弑君。此法之杀路易，英之杀查理士，号称国之公敌者也。"对革命的本义取赞许态度。康氏与清末革命派的分歧在于对清朝统治的不同看法，他视光绪帝为有道之君，倡言"满汉不分，君民同体"，认为"君而无道，不能保民，欲革命则革命耳，何必攻满自生内乱乎"。[1] 显而易见，康氏是从保皇（光绪）出发而反对革命的。

随着改良派与革命派政见分歧的加剧，梁启超1902年12月14日发表

---

[1] 康有为：《辨革命书》，《新民丛报》第十六期，1902年9月16日。

于《新民丛报》的《释革》一文，全面阐述了他的革命观，正式展开与革命派的论战。梁氏说：

> 革也者，天演界中不可逃避之公例也。……
>
> 夫淘汰也，变革也，岂惟政治上为然耳，凡群治中一切万事万物莫不有焉。以日人之译名言之，则宗教有宗教之革命，道德有道德之革命，学术有学术之革命，文学有文学之革命，风俗有风俗之革命，产业有产业之革命。

这是以"泛革命论"修正革命派主张的"暴力革命论"。梁氏又指出，英国的 revolution 是"以仁易暴"，而中国之革命是"以暴易暴"。他认为，日本人以中国古典语"汤武革命"中之"革命"一词来翻译 revolution，并不妥当，主张以"改革"或"变革"翻译该词。但梁启超也意识到，以"革命"译 revolution 已经"深入人人之脑中而不可拔"，他固然有一支善辩的生花妙笔，也莫可奈何。后来，梁启超于 1904 年初著《中国历史上革命之研究》一文（载《新民丛报》第 46—48 合号），论述狭义革命与广义革命，持之有故。

应当说，梁氏当年关于"革命"的意义诠释，区分中国古典义与近代世界义，兼论狭义、广义，在学理层面上是比较完备的，对于国人在中国古典义的基础上接受近代义、世界义的"革命"概念功不可没。问题在于，辛亥前夜激进者正以暴力革命手段推翻不堪救药的清王朝，为中国走向独立、富强清除障碍，诚如孙中山所说"今欲求避祸之道，惟有行此迅雷不及掩耳之革命之一法"。[①] 而此时的梁启超站在一旁发表批评，不合时宜，为清末革命

---

① 《孙中山全集》第一卷，第 173 页。

派所诟病也就势在必然。

类似梁启超这种在和平变革意义上使用"革命"一词的例子，近代中国甚多。仅以佛教界而言，就承袭"释教开革命之阶"①的传统，屡用"革命"称佛教内部的改革。著名者如辛亥革命后不久，佛学大师太虚（1890—1947）于1913年在寄禅和尚[即敬安（1851—1912），太虚的老师]的追悼会上，针对当时佛教丛林的积弊，倡导"教理革命""教制革命""教产革命"的佛教三大革命。教理革命指革除愚弄世人的鬼神迷信，倡导大乘佛教自利利他精神，去改善国家社会；教制革命指改革僧众生活、组织制度，建立适应时代需要的住持僧团；教产革命指变按法派继承寺庙遗产的旧规为十方僧众公有制，以供养有德长老、培养青年僧伽，举办佛教事业。这里的"革命"显然指和平改良，决非暴力夺权。

（二）革命派高倡革命

在革命派方面，自1896年前后即以"革命"为自己的标帜。为求得民众对"革命"认同，革命派充分利用"革命"的古典义，以之调动中国士人及民众对"革命"的亲和情绪。孙中山等人在宣传"革命"时，颇倚重"革命"的中华元典义。如孙中山在驳斥檀香山保皇报刊的"民智未开，革命不可举行说"时，便以元典为据，滔滔雄辩：

> 彼曰："革命之说，原本大《易》。"又曰："中国固始终不能免于革命。"其言是矣，乃何以又曰"中国今民智为萌芽时代"？夫大《易》者，中国最古之书。孔子系辞，称汤武革命，顺乎天也。岂由汤武

---

① 《资治通鉴》卷二〇四，叙述武则天篡唐称帝，沙门怀义、法明等撰《大云经疏》，盛言女主受命之事，称此为"释教开革命之阶"。

至于今，经二十余朝之革命，而犹得谓之萌芽时代耶？①

革命派在征引古典的同时，又用力于阐发"革命"的现代精神，他们指出，今之革命，其内容与目标已非昔时可比。当年报刊文章说：

昔之所谓革命，一时表面之更革而已……旧世纪之革命，乃一时一事之革命，乃无进步之革命，乃图少数人权利之革命。若新世纪之革命则不然。凡不合于公理者皆革之，且革之不已，愈进愈归正当。②

孙中山则概括新旧"革命"的差异：

故前代为英雄革命，今日为国民革命。所谓国民革命者，一国之人皆有自由、平等、博爱之精神，即皆负革命之责任……③

这种革命观是对革命的元典义的发挥，而吸纳来自欧西及日本的新思想，是使中国固有的革命精义得以拓展的动力。

阐扬"革命"的正义性与现代性，并发生巨大影响的莫过于邹容（1885—1905）的《革命军》。邹容通过日本人栗原亮一1883年节译美国政治学家威曼的《革命新论》，了解近代西方革命论思想。邹氏的《革命军》的许多观念乃至语言，源于《革命新论》节译本。邹容一连用七个排比句界说革命：

---

① 《孙中山全集》第一卷，第234页。
② 《新世纪之革命》，《新世纪》第1期（1905年6月22日）。
③ 《孙中山全集》第一卷，第296页。

> 革命者，天演之公例也。革命者，世界之公理也。革命者，争
> 存争亡过渡时代之要义也。革命者，顺乎天而应乎人者也。革命者，
> 去腐败而存良善者也。革命者，由野蛮而进文明者也。革命者，除
> 奴隶而为主人者也。[1]

经过 19 世纪末 20 世纪初数年间的宣传，尤其是革命派革命实践的展开，革命观念渐入人心。一位保皇派在 1903 年著文称："革命之说，非自今日始。然从前持此议者，仅三数人而已，近则其数渐多，血气未定膂力方刚之少年，辄易为所惑。又从前持此议者，仅自与其徒党议之于私室而已，近乃明目张胆于稠人广众之中，公言不讳，并登诸报章，以期千人之共见。"[2] 到辛亥革命前夕，"革命"更成为国人的口头禅。不过，多数汉人所理解的"革命"，或者限于"排满革命"，即推翻异族人做皇帝的清朝；或者承袭着古老的"彼可取而代之"之义。这不仅显示在章太炎等"有学问的革命家"那里，俗众层面也颇有表现。

（三）底层民众所知"革命"

鲁迅（1881—1936）的《阿Q正传》专辟"革命"一节，生动描绘了辛亥年间下层民众的"革命观"：

> 阿Q的耳朵里，本来早听到过革命党这一句话，今年又亲眼见过杀掉革命党。但他有一种不知从哪里来的意见，以为革命党便是

---

① 邹容：《革命军》，第一章　绪论。
②《革命驳议》，《中外日报》，1903 年 3 月 8 日。

造反，造反便是与他为难，所以一向是"深恶而痛绝之"的。殊不料这却使百里闻名的举人老爷有这样怕，于是他未免也有些"神往"了，况且未庄的一群鸟男女的慌张的神情，也使阿Q更快意。

"革命也好罢，"阿Q想，"革这伙妈妈的命，太可恶！太可恨！……便是我，也要投降革命党了。"①

"革命"一词普及阿Q这样的贫民之中，可见其广及民心；而阿Q辈又把"革命"理解为从赵太爷、举人老爷那里抢些元宝、洋钱、洋纱衫和女人，"我要什么就是什么，我欢喜谁就是谁"②。这表明，那种"龙床轮换坐"的旧式革命论深植国人心灵，"革命"现代义为国人所认识与实践，尚待一个长期而艰难的过程。

（四）百年革命的实际运行

"五四"以后，中国人又吸纳苏俄的"革命"论，暴力夺权意义上的"革命"一词影响力更形张大，毛泽东（1893—1976）在《湖南农民运动考察报告》中说："革命不是请客吃饭，不是做文章，不是绘画绣花，不能那样雅致，那样从容不迫，文质彬彬，那样温良恭俭让。革命是暴动，是一个阶级推翻一个阶级的暴烈行动。"这段话曾被奉为经典革命论，覆盖了中国20世纪的半数时段。

就中国而言，20世纪堪称"革命世纪"，大的革命经历三次：辛亥革命—国民革命—共产革命。今之论者有如下评说：

---

①②《鲁迅全集》第一卷，人民文学出版社1981年版，第513页。

　　研究者习惯将三次革命切割开来，孤立地加以研究，甚至以部分否定前一次革命来论证后一次革命的合理性和必要性。其实，中国革命是一场连续的、复合的、递进的革命。前一次革命为后一次革命"预留"了空间，后一次革命在前一次革命的基础上推进。正是这三次革命的相互关联、递进，共同构建了"中国革命"这一历史事件。只有将三次革命作为一个整体综合考察，才能洞察 20 世纪中国革命的总体特征。[①]

　　20 世纪 80 年代以来，随着改革开放的拓展，"革命"一词又获得宽泛的使用，如邓小平（1904—1997）称"改革也是革命"，是"第二次革命"。显然，与之对应的"第一次革命"，是指武装夺取政权的暴力革命；而当下正在展开的"第二次革命"，则指经济、社会、观念领域发生的深刻变更。这种"革命"与"改革"大体同义，不过在语气上显得更强烈一些。

---

① 王奇生：《中国革命的连续性与中国当代史的"革命史"意义》，《社会科学》2015 年第 11 期。

科学

　　"科学"是现代通用的、具有权威性的关键词。此一术语承袭汉字古典词的词形和词义基旨，又在与英文 science 对译过程中，吸纳其现代义，得以新生并通用。

　　英文 science 源于拉丁语词 scientia。拉丁语词 scientia（scire，学或知）包含学问或知识的意思。英语词 science 则是 natural science（自然科学）的简称，不过，与之最接近的德语对应词 wissenschaft，指一切有系统的学问，不但包括所谓的 science（自然科学），而且包括历史学、语言学及哲学等人文社会科学。就 science（自然科学）狭义言之，"科学是关于自然现象的有条理的知识，可以说是对于表达自然现象的各种概念之间的关系的理性研究"。[1]

　　1907 年，鲁迅（1881—1936）撰《科学史教篇》，阐发"科学"精义——"盖科学者，以其知识，历探自然现象之深微"，并指出科学不仅通过知识观照自然规律，而且探讨求索规律的方法，如"内籀"（归纳）与"外籀"（演绎）等。既然上升到方法论高度，"科学"研究的对象就不限于自然领域，也广涉社会领域、人文领域。

　　广义的"科学"，乃自然科学、社会科学、人文学之总称。此一现代文

---

[1][英]W.C.丹皮尔著，李珩译：《科学史——及其与哲学和宗教的关系》上册，商务印书馆 1997 年版，第 9 页。

明体系中的核心概念，经历了古今演绎、中外对接的复杂过程；其内涵与外延在中国、西洋、日本三个语境之间游徙，20世纪初叶以来，方在汉字文化系统得以定格。

一、"科学"并非日源词，唐宋之际已在"分科之学"含义上使用此名

现代不少关于外来语的辞书和论著，往往把"科学"列为日源词，认为是从日本输入中国的外来语。此说似是而非，需要加以辨析。

经略考即知，"科学"乃汉字古典词，是由"科"与"学"组合而成的偏正结构名词。

（一）"科"之二义

《说文解字》"科"条称："𥝌，从禾从斗，斗者量也。"为会意字，有二义：

（1）"从禾从斗"，禾指谷物，斗指称量，故"科"有测量义。以科为学，是通过实际考查（如称量）求得知识的意思。可见，"科学"的一种本义是"测量之学问""实测之学问"，这提供了"科学"发展出现代义（实证、实验之学）的基础。

（2）"科"又有目、类之义，所谓科目、科类。孟子说，孔子教学是分科目的，"夫子之设科也，往者不追，来者不拒"。[1] 儒学课程分类、分目，古有"孔门四科"之说——德行、言语、政事、文学[2]；又谓"子有四教：文、

---

[1]《孟子·尽心下》。
[2]《论语·先进》。

行、忠、信"①，都讲学问不是笼统混一的，而是分科而教、分科而学的。这便包含着"分类而学"，这又为"科学"的另一现代义（分科之学）的形成提供了基础。

（二）释"学"

学（繁体"學"），甲骨文作 ，金文作 ，上边为两手之间有二"×"形，表示学算术、学写字；下边是一座尖顶的房屋，内为学习的士子。上下合起来表示学习和学习的处所。是一个象形兼形声字。作为名词，初义为学校，以之组词，有学校、上学、大学、学会等。作为动词的"学"，有学习、仿效义，以之组词，有学好、苦学、自学等。

（三）"科学"——"分科举人之学"

在上述两层意义上，尤其是分科之学意义上的"科学"一词，约在科举制度兴起之际便已形成。"科举"意谓"分科举人""设科取士"。唐代科举设进士、明经、明法、明字、明算等多种科目，明经、进士是常科。与科举考试相关的分科学问，便是"科学"。

"科学"作为整词，以笔者所见，较早出现在唐昭宗光化年间诗人罗衮的文章中，其《仓部柏郎中墓志铭》开篇曰：

> 近代科学之家，有柏氏仓部府君讳宗回。

以下讲柏宗回及父亲在科举制中的经历。文中"科学之家"，意谓致力科举

---

① 《论语·述而》。

之学的家庭，故"科学"意即"分科举人之学"。

科举制以公平公正的考试方式选取官员，突破了以身份任官的世袭贵族政治的藩篱，是一大进步。欧阳修（1007—1072）称："窃以国家取士之制（指科举制——引者）比之前世，最号至公。……祖宗以来不可易之制也。"①但此制也有弊端，如程式化、教条化、脱离社会实际等，且愈演愈烈，批评之声渐起。南宋经世派学者陈亮（1143—1194）是抨击科举制之健者。陈亮说：

> 自科举之兴，世之为士者往往困于一日之程文，甚至于老死而或不遇。②

宋元之际的浙东学派学者金履祥有《仁山文集》传世，其录有题跋一则云：

> 公天资超卓，未及接闻渊源之论而早孤。年长以壮，谓科学之学不足为也，而更为文章偶俪之文，又以偶俪之文不足为也，而从学于古文、诗律之学，工力所到随习辄精，今存于《长啸醉语》者，盖存而未尽去也。③

这里的"科学"便是"分科举人之学"的简称。

故"科学"本为中国固有的汉字古典词，谓分科之学、分科举人之学，但此词使用并不广泛。

---

① 《欧阳修文集》卷一一三。
② 陈亮：《送叔祖主筠州高安簿序》。
③ 金履祥：《仁山文集》卷四·鲁斋先生文集日后题。

二、"分科举人之学"在日本古已流传，明治年间
以"科学"对译 science

　　日本在奈良时代（710—794，相当于唐中期）及平安时代（794—1192，相当于唐后期至南宋），模仿隋唐的君主集权制度，强化天皇统治地位，限抑贵族权力，为此引进中国的律令制，包括科举制，大宝元年（701）颁布《大宝令》，内有贡举制之设，分为秀才、明经、进士、明法四科，又有医、针二科，其中秀才科最盛。至女天皇元正天皇的养老二年（718），颁《养老律令》，规定以科举考试选拔官员，定期分科考试，录用人才。贡举考试由式部省（平安时代八省之一，掌管文官人事和奖赏）直接主持，每年十月至十一月间进行。考生分贡人和举人两种，由诸国贡来参加科考者称贡人，由大学寮经寮试参加科考者称举人。考试内容基本类同唐朝科举考试，如明经科"试《周礼》《礼记》《毛诗》各四条，余经各三条，《孝经》《论语》共三条"。按照《选叙令》，在考试合格的考生中选拔人才叙任官位。平安时代仍实行贡举制，尤重秀才、进士二科，直至平安末期。在这一过程中，"分科举人之学"（即"科学"）概念渐传日本。

　　由于日本中世及近世贵族政治盛炽，平民与贵族有同等权利参加考试并入官的科举制度，受到贵族抵制和扭曲。10 世纪以后科举为贵族把持，录人不以才学而重资历名望，科举制流于世袭化、权贵化。至近世末期的德川时期，实行"学问吟味制"，以朱子学为正学，作为考试内容，由幕府征夷大将军的旗本、御家人子弟通过科考选取官员，部分地区恢复科举精神，"分科举人"再度实行。而在德川中后期，兰学家接触欧洲自然科学诸学科，很自然地以"分科之学"一类短语加以表述。1832 年农历冬十一月，高野长英在其所译《西说医原枢要》题言中写道：

故二或ハ責メテ曰、人身窮理ハ医家ノ一科学ニシテ、人ノ解シ難ク、訳シ難シトスル所ナリ。[①]

（故或责曰：人身穷理，乃医家之一科学，人所难解难译也。）

在日本，science 较早的汉字译名是"学问"，见于日人堀达之助（1823—1894）1862 年刊行的《英和对译袖珍辞书》[②]。高桥新吉（1843—1918）等人编的《和译英辞书》（第 516 页）[③]、荒井郁之助（1835—1909）编《英和对译辞书》[④] 等，沿用此一译名。

"学问"为古典汉字词，原兼学习、问难两义。《孟子·滕文公上》："吾他日未尝学问，好驰马试剑。"《荀子·大略》："《诗》曰：'如切如磋，如琢如磨'，谓学问也。"后指系统的知识。《世说新语·文学》："褚季野语孙安国云：'北人学问渊综广博。'孙答曰：'南人学问清通简要。'"

1873 年 8 月，堺县学校编述、刊行的《学问心得》中有"入中学、大学，就专门科学"[⑤] 之语。"学问"与"专门科学"对应。

日本人继以"文学"译 science。1870 年刊行的福泽谕吉纂辑《西洋事情》卷之一中设"文学技术"一章，文中所述乃"测量学""医学""理学""天文学""视学""化下学""机械学""经学、性理、诗歌、历史学""蒸汽机关、蒸汽船、蒸汽车、电信机"等西方科学、技术概况[⑥]，皆在"文学"总目之下。

---

① 佐藤昌介等校注：《渡边华山 高野长英 佐久间象山 横井小楠 桥本左内》（日本思想大系 55）（宫内厅书陵部藏本），岩波书店 1971 年版，第 213 页。

② 该辞书 1867 年由堀越龟之助（生卒年月不明）改正增补，出版者为东京藏田屋清右卫门，本文据此，第 359 页。

③ 1869 年正月在上海由 American Presbyterian Mission Press 出版。

④ "开拓使藏版"，1873 年 9 月在东京由小林新兵卫出版。

⑤ 堺县学校编述：《学问心得》，堺县学校，1873 年，第 9 页。

⑥ [日] 福泽谕吉：《西洋事情》卷之一，尚古堂 1870 年版，第 25—27 页。

此处"文学"显然是 science 的汉译名。

日本近代哲学家西周（1829—1897）具有较深厚的汉文基础，知晓古典汉字词"科学"的"分科之学"含义。他又是最早系统接受并译介西方哲学的日本学者，受法国实证主义哲学家孔德（1798—1857）关于知识应当分门类的观点的影响，从古代、中世纪学问科目不明的混沌状态走出，强调近代知识的特点是"一科一学"。这已逼近今义"科学"。1874 年西周又在《明六杂志》第 14、17、20、22、25 号连载《知说》一文，介绍欧洲各门学科，其中第 22 号的《知说四》论及"科学"，指出其方法是"归纳"与"演绎"的统一，如化学便是"分解法"与"总和法"（化合）二者的"总合统一"。西周还在 1870 年开讲于东京的《百学连环》中，对"学术"作了分科解析，将学术分作"普通学"与"特殊学"。普通学是基础学科，要者为历史、地理学、文章学（即文学）、数学。特殊学分为"心理上学"（即人文学）、"物理上学"（即自然科学）。这是汉字文化圈内较早关于学科分类的论说，是西周"一科一学"的科学观的具体展开。

西周以"一科一学"意译英语 science，强调的是"分科之学"义。science 源于拉丁文 scientia，意为"学问""知识"。在古代和中世纪欧洲，科学没有独立地位，或寄居于哲学的母体之中，称之"自然哲学"；或作为宗教的附庸、神学的婢女。直至近代，科学逐渐获得独立的身份，学科分野也日趋细密。19 世纪上半叶，孔德按各门科学的实证性水平进行分类，派生出天文学、物理学、化学、生物学和社会学，从而揭示 science 一词分门别类性的特征。

Science 的又一层要义是实证性。与西周一起于 1863 年赴荷兰莱顿大学留学、研习社会科学的津田真道（1829—1903）特别论述"科学"的实证性，故谓之"实学"，他 1874 年在《明六杂志》第 3 号发表《论促进开化的方法》一文说："根据实象，专论实理，如近代西洋的天文、格物、化学、医学、经济、哲学等说的是实学。"

津田真道力倡"实证"义，与前述西周强调的"分科"义二者结合，大体完整地表述了西方近代"科学"的基本内涵。1881 年出版的井上哲次郎等人编纂的《哲学字汇》，将 science 的译名厘定为"理学、科学"①。就此，日本学界把"科学"一词固定下来，其字面义为"分科之学"，内涵则是关于自然、社会、思维等的客观规律的分科知识体系。此后，冠以"科学"之名的文章及书籍在日本大量出现。

三、明末及清末，以"质测""格致"意译 science；民国初年以"赛因斯"音译之

作为近代文化核心概念的 science，在古汉语系统中找不到确切的对应词。略相接近者，有"质测"一词，此为明末清初学者方以智（1611—1671）所创用。方氏在《通雅·文章薪火》中，把知识分为"质测""宰理""通几"三大部类。"质测"指自然科学，"宰理"指政治教化一类的社会知识，"通几"指探究万物之理的学问，近于哲学。方以智对"质测"有所诠释。他在《〈物理小识〉自序》中说：

　　物有其故，实考究之，大而元会，小而草木蠹蠕，类其性情，微其好恶，推其常变，是曰"质测"。

这个具有"实验科学"意蕴的"质测"，是明清之际学者自创的词语，

---

① [日]井上哲次郎等：《哲学字汇》，东京大学三学部 1881 年版，第 82 页。

昭示了科学的实证性内涵，但此词并未普及开来。

明末西洋科技知识传入中国，与 science 对应的汉字词是"格致"——由《礼记·大学》中"致知在格物，物格而后知至"简约而成的词语。明末学者徐光启将欧洲耶稣会士带到中国来的几何学、物理学、天文历法、地理学、机械技术等统称"格物穷理之学"，认为其特征是"实心、实行、实学"，"凡世间世外，万事万物之理，叩之无不河悬响答，丝分理解"。[①] 揭示了科学的实证性和理性特征。明天启四年（1624）出版意大利入华耶稣会士高一志（1566—1640）编译的《空际格致》一书，"空际"意谓自然，"空际格致"是"自然科学"的较早表述。

晚清以降，西语 science 的汉译名，初见于早期英汉词典（见表 1）。

表 1 早期英汉词典中 science 之汉译

字典名	作者名	science 译名	出版地（者）	出版年、页码
《英华字典》（全 1 册）	[英]马礼逊 Robert Morrison（1782—1834）	SCIENCE of numbers is wholly included in lines, superficies, and solids 算术之学不外于线面体	澳门：Printed at the Honorable East India Companys Press	1822 年、第 378 页
《英华韵府历阶》（全 1 册）English and Chinese Vocabulary, In the Court Dialect	[美]卫三畏 S. Well Williams（1812—1884）	—	澳门：香山书院	1844 年
《英华字典》（全 2 册）English-Chinese Dictionary（in two volumes）	[美]麦都思 W. H. Medhurst（1796—1857）	SCIENCE（acquaintance with things, ） 智；perfection of knowledge 致知，学文，学；science of numbers 数学，算术之学；knowledge 知学	上海：墨海书馆	1848 年卷二、第 1128 页

① 《泰西水法序》，载《徐光启集》，上海古籍出版社 1984 年版，第 66 页。

字典名	作者名	science 译名	出版地（者）	出版年、页码
《英华字典》（全 4 册）*English and Chinese Dictionary*，with the Puntin and Mandarin Pronunciation	[德]罗存德 W. Lobscheid（1822—1893）	Science 学，智，知，理，智慧，学文，知学；arts and sciences，知及艺者	香港：Printed and Published at the "Daily Press" Office，Wyndham Street	1869 年卷四、第 1547 页
《上海方言词典》*A vocabulary of the Shanghai dialect*	[英]艾约瑟 J.Edkins（1823—1905）	Science 格 致 之 学，（of astronamy）天 文，（of numbers）数 学，（of light）光学	上海：Presbyterian Mission Press	1869 年、第 106 页
《英华萃林韵府》（全 2 册）*Vocabulary and Handbook of the Chinese Language, Romanized in the Mandarin Dialect*（in two volumes）	[美]卢公明 Justus Doolittle（1824—1880）	Science or literature 学 Scientific or literary 有学文的，明知的，学文过人的；knowledge 知学	福州：Rozario，Marcal and Company	1872 年卷一、第 426 页
《字语汇解》*An Anglo-Chinese vocabulary of the Ningpo dialect*	[美]睦礼逊 W. T. Morrison	Science 学问，学	上海：American Presbyterian Mission Press	1876 年、第 413 页
《英华字典》（全 1 册）*English Chinese Dictionary*	I.M.Condit	Science 艺智，学问	上海：美华书馆	1882 年、第 102 页
《华英字典集成》（全 1 册）*An English and Chinese Dictionary*	邝其照	Science 学，智，理 Scientific 智慧的，博学的，格物的	香港：循环日报承印	1887 年、第 315 页
《英华大辞典》（小字本）	颜惠庆	Science，*n.* 1. Knowledge，学，智，知，理; 2Knowledge reduced to system 专 门 学，有条理之学，科学; 3. Art，skill，or expertness，regarded as the result of knowledge of laws and principles 巧艺，学术，专门术（考求法律原理所得知技能）	上海：商务印书馆	1908 年、第 874 页

19世纪中期以后，西洋科技知识大规模涌入中国，"格物穷理"尤其是"格致学"成为清末对"科学技术"的表述语，相当普及。1857年闰五月初一,《六合丛谈》第陆号刊载英国入华传教士韦廉臣所撰《格物穷理论》一文。文章开宗明义：

> 国之强盛，由于民；民之强盛，由于心；心之强盛，由于格物穷理。①

继而，文章通过列举天文学、气象学、力学、电学等各门学问带来的实际效用，解释何以"心之强盛，由于格物穷理"：

> 精天文，则能航海通商；察风理，则能避飓；明重学，则能造一切奇器；知电气，则万里之外，音信顷刻可通。故曰：心之强盛，由于格物穷理。②

该文英文目录上题名为 Advantages of Science。亦即说，"格物穷理"与 science 对译。文中 science 也被称为"格致"和"格致之学"。韦廉臣说：

> 我观中国人之智慧，不下西士。然而制造平庸，不能出奇制胜者，不肯用心也；为民上者，不以格致之学鼓励之也。我西国百年之前，亦如中国人，但读古人书，而不肯用心探索物理，故此等奇器，一切未有。百年来，人人用心格致，偶得一理，即用法试验之。

---

①② [英] 韦廉臣:《格物穷理论》,《六合丛谈》第陆号,上海墨海书馆印,咸丰丁巳（1857）闰五月朔日,第3页。

而农者用心造农器；工者用心造制器之器。所以人日智一日，器日巧一日，至今精进未已。……而中人乃以有用之心思，埋没于无用之八股；稍有志者，但知从事于诗古文，矜才使气，空言无补。倘一旦舍彼就此，人人用心格致，取西国已知之理，用为前导，精益求精，如此名理日出，准之制器尚象，以足国强兵，其益岂浅少哉？①

1872 年 8 月，《教会新报》201 卷 "格致近闻" 栏目刊载《格致论略》一文。英文栏目名为 science；文章及作者名则标为 General View of Western Science— By a Chinese Scholar。很显然，"格致" 在此被确立为 science 的译名。文章从中国古典《大学》"格物致知" 起笔，但随即为 "格致" 注入了西方近代 science 之义：

> 《大学》言治平，而终以格致。格致之为义，大矣哉！盖人心之灵，莫不有知；而天下之物，莫不有理。惟于理有未穷，故其知有未尽也。西人学问，得力于格致为多。其大要，不外随事体验，即物以穷其理耳。由理而生法，因法而制器。理得法而理益明，法有器而法益备。即此悟彼，四通八达，遂能钩深致远……②

在此，作者揭示 science 的哲学尤其是认识论基础（"盖人心之灵，莫不有知；而天下之物，莫不有理。惟于理有未穷，故其知有未尽也"）、science 的本质内涵（"随事体验，即物以穷其理"）、science 与生产技术的互生互动关系（"由

---

① ［英］韦廉臣：《格物穷理论》，《六合丛谈》第陆号，上海墨海书馆印，咸丰丁巳（1857 年）闰五月朔日，第 4—5 页。
② Chinese Scholar：《格致论略》，《教会新报》第 201 卷，上海林华书院发售，1872 年 8 月，第 6 页。

理而生法，因法而制器。理得法而理益明，法有器而法益备”）等。

1886 年，英国人赫胥黎（Thomas Henry Huxley，1825—1895）的著作 *Science Primers. INTRODUCTORY*（《科学导论》）被译成汉语，而且有两个译本，一个是英国罗亨利、宝山瞿昂来同译，江南制造局刊行的《格致小引》，一个是英国人艾约瑟（J. Edkins）译撰、总税务司署印的《格致总学启蒙》。关于 science 的定义，英文曰：

Science: the Knowledge of the Laws of Nature obtained by Observation，Experiment，and Reasoning.

《格致小引》译曰：

格致学　观看、试验，以求物理，谓之格致学。[1]

《格致总学启蒙》译曰：

格致之学，即由各种测试辨论，得知绳束万物之条理。[2]

洋务新政的主持人恭亲王奕䜣将西方的化、电、制造之学称之“格致”，认为“中国自强之道”即在研习“推算格致之理，制器尚象之法”。[3] 冯桂芬则说：“明末意大里亚及今英吉利两国书凡数十种……此外如算学、重学、视

---

① ［英］罗亨利、瞿昂来译：《格致小引》，江南制造局 1886 年版，第 3 页。

② ［英］艾约瑟译：《格致总学启蒙》卷上，总税务司署印 1886 年，第 13 页。

③ 《筹办夷务始末》（同治朝）卷四六，第 4 页。

学、光学、化学等，皆得格物至理。"冯氏还有"格致之理"的提法。[1] 郑观应更罗列"格致"所属诸学科：

> 格致科，凡声学、光学、电学、化学之类皆属焉。[2]

在清末，"声、光、电、化"诸科技知识统称"格致"。鲁迅讲到年轻时入洋务学堂，"我才知道世上还有所谓格致，算学，地理，历史，绘图和体操"。[3] 这里的"格致"也是指的物理、化学、生物学、机械操作等科技知识。

民国初年，学界又将 science 音译作"赛因斯"，含义的重点在科学的理性精神，包括"黜伪存真"的求实精神、创造精神、自由精神等，这便是"五四"新文化运动呼唤的"德赛二先生"（民主与科学）中的"赛先生"。"科学"遂成为 20 世纪初叶以来中国最具权威的概念之一，"在国内几乎做到了无上尊严的地位；无论懂与不懂的人，无论守旧和维新的人，都不敢公然对它表示轻视或戏侮的态度"。[4]

四、清末民初从日本逆输入近代义"科学"一词

近代中国最早从日本引入并使用作为 science 意译词"科学"的，是康有为。1896 年康氏编《日本书目志》，收日译"科学"类图书目录多种。据梁启超在 1897 年 11 月 15 日的《时务报》介绍，该《志》"一册，卷二，理学门"列有：《科学入门》，普及舍译；《科学之原理》，木村骏吉著。这大

---

[1]《采西学议》，《校邠庐抗议》，上海书店出版社 2002 年版，第 55—56 页。

[2]《郑观应集》上册，上海人民出版社 1982 年版，第 299 页。

[3]《呐喊·自序》，《鲁迅全集》第 1 卷，人民文学出版社 1981 年版，第 416 页。

[4] 胡适：《科学与人生观序》，《胡适哲学思想资料选》上，华东师范大学出版社 1981 年版，第 282 页。

约是中国较早引入的近代义"科学"一词。

康有为1898年6月进呈光绪皇帝请求试士改用策论的奏折中，也多次出现"科学"：

> 假以从事科学，讲求政艺。
> 从此内讲中国文学……外求共同科学。
> 宏开校舍，教以科学。[①]

严复将"科学"一词包蕴的内容从自然科学扩大到社会科学。他在论述"群学"（即社会学）时指出：

> 群学何？用科学之律令，察民群之变端，以明既往，测方来也。[②]

这里强调"科学之律令"，也即科学方法（实证的、理性的方法），将此方法运用于社会问题，便是社会科学。严复据此将群学（社会学）与农、兵、医、化等自然科学一起纳入科学界域，统称之为"西学"。

"科学"一词在清末渐趋普及，不过"科学"与"格致"并用，"格致"的使用率更高。至20世纪初叶，随着日本科学书刊大举入华，中国一些宣传科学救国的团体纷纷标示"科学"，如"亚泉学馆"（1900）、"上海科学仪器馆"（1903）、（上海）"科学研究会"（1907）；宣传科学救国的刊物，如《亚泉杂志》（1900）、《科学世界》（1903）、《科学一斑》（1907）更高举"科学"旗帜。《科学一斑》的《发刊词》说："今日云锦灿烂之世界，夫孰不从百科

---

① 《请废八股试帖楷法试士改用策论折》，《康有为政论集》上册，中华书局1981年版，第270—271页。
② 严复：《译〈群学肄言〉自序》，《严复集》中华书局第1册，1986年版，第123页。

学家之脑，之血，之舌所致造而来者哉？"并高唤：

科学者，文明发动之原动力也。[1]

青年鲁迅撰《科学史教篇》，称科学是"神圣之光"，在其照耀下，可振作民气、育人救国。[2] 这样一些关于科学的普及工作，使"科学"一词被人们所接受和使用，"格致"逐渐被"科学"所取代。

近代日本利用中国古典词汇，译介西学术语，除"科学"外，著名者还有多例——出自《庄子·齐物论》的"宇宙"，出自《后汉书·党锢传序》的"理性"，出自《楚辞·远游》的"想像"，出自《孟子·公孙丑》的"具体"，出自《左传·昭公二十年》的"分配"，出自《史记·周本纪》的"行政"，出自《颜氏家训·勉学》的"农民"，出自《史记·李牧传》的"间谍"，出自《宣和画谱》的"布景"，等等。这些词语源于中国古典，近代日本人借以翻译西方术语时，赋予来自西学的新意义，都经历了概念在中—西—日之间的游徙，终于以现代义得以定格。当然，这种现代义与古义之间存在着某种联系性和近似性；又由于汉字具有极大的活性，可以作范围宽广的诠释和引申，从而为古义向新义转化提供可能性。这便使得译介者借用某一古典词汇翻译某一西方术语，能被使用汉字的日中两国读者所理解、所接受。

近代日本人在译介西学概念（特别是宗教、哲学、伦理概念）时，还曾大量借用汉译佛词，如"唯心""相对""绝对""真理""实体"等。再如"律师"一词借自《涅槃经·金刚身品》，佛典称善解戒律的僧人为"律师"，指善于解说法律条文者，颇为传神。其他如以"作用"译 action，以

---

①《科学一斑·发刊词》，《辛亥革命时期期刊介绍》第二集，人民出版社 1982 年版，第 545 页。
②《科学史教篇》，《鲁迅全集》第 1 卷，人民文学出版社 2005 年版，第 35 页。

"意识"译 consciousness，以"平等"译 equality，以"未来"译 future，以"观念"译 ideas，以"过去"译 past，以"现在"译 present，以"自觉"译 apperception，以"化身"译 avatar，以"功德"译 beneficence，以"世界"译 cosmos，以"魔鬼"译 demon，以"忘念"译 delusion，以"果报"译 effect，以"平等"译 equality，以"地狱"译 hell，以"外道"译 heresy，以"慈悲"译 grace，以"摩诃衍"译 mahayana，以"轮回"译 metempsychosis（或 transmigration），以"涅槃"译 nirvana，以"真如"译 reality，以"三昧"译 samadhi。以汉译佛词翻译西洋术语，可以说是"多重翻译"，词语在印—中—日—西四方传递、转换，最后定格的新义，在汉字文化圈的日中两国的语文系统中流行，渐被大众所熟用。

从"科学"到"宇宙""唯心""真理"等一类关键词，都经历了"中—西—日"或"印—中—日—西"之间的流转与变迁，古汉语义、西语义及日语义相综汇，笼统称之"日源词"是大不妥当的。

封建

在汉语系统中，“封建”是资历甚老、含义本来十分稳定的古典词，同时又是一个在近代被赋予相当复杂乃至多有抵牾内容的“新词”，而此“新词”又处于人文社会科学乃至全民性话语的关键部位，故必须加以考辨，以求得较为妥当的处置方式。

一、古典汉字词“封建”的构成与内涵

封建是由“封”与“建”组成的联合结构词。

封，甲骨文作，像树木植于土中之形。金文作，左为丰茂树木，右为人手（后写作寸），表示聚土培植。小篆作，意同金文，引申为植树土上，以明田界、疆界。《说文解字》：“封，爵诸侯之土也。从之从土，从寸。”封作动词用，衍出王者分封土地、将爵位土地赐给臣子之意。

建，甲骨文，像一人将木柱竖立于某范围内，小点表示土粒，有建筑施工意。金文作，省土粒，保留人施工状。小篆作，为会意字，从聿从廴。廴有引长意；（聿），意为律，段注曰：“律省也”。《说文解字》：“建，立朝律也。”《广雅》：“建，立也。”引申为创设，《尚书·洪范》：“皇建其有极。”《周礼·天官序》：“官惟王建国。”

封、建二字组成联合结构词“封建”，始见于《诗·商颂·殷武》：“命

于下国，封建厥福。"毛传释曰："封，大也。"故此处"封建"意谓"大立"。
在"封邦建国"义上使用"封建"一名，初现于《左传·僖公二十四年》讲
周初施政：

> 故封建亲戚，以蕃屏周。

唐人孔颖达疏曰："故封立亲戚为诸侯之君，以为藩篱，屏蔽周室。"

周代虽实行封建制，并常分用"封"与"建"二字，却很少连用"封建"，
上引《左传》语是少见之例。秦汉以后，因有郡县制与之对应，"封建—郡县"
两制的优劣每为治国者及学人所评议，故"封建"成为朝野讨论的一大题目。
秦始皇主持廷议，丞相王绾、廷尉李斯各执一词，演出"封建—郡县之辩"
的活剧（见《史记·秦始皇本纪》）。被秦始皇采纳的李斯（？—前208）之议，
指明了废封建、立郡县的理由：

> 周文武所封子弟同姓甚众，然后属疏远，相攻击如仇雠，诸侯
> 更相诛伐，周天子弗能禁止。今海内赖陛下神灵一统，皆为郡县，
> 诸子功臣以公赋税重赏赐之，甚足易制。天下无异意，则安宁之术
> 也。置诸侯不便。[1]

由秦廷之辩为端绪，自两汉、魏晋、唐宋，直至明清，"封建—郡县比
较论"此伏彼起，赞扬或贬斥"封建"的评议，不绝于史。[2] 其中最著名的
是唐人柳宗元（773—819）的《封建论》，其对周初置"封建"的前后得失

---

① 《史记·秦始皇本纪》。
② 章士钊：《柳文指要》（上卷），文汇出版社2000年版，第61—93页。

有精辟点评：

> 周有天下，裂土田而瓜分之，设五等，邦群后，布濩星罗，四周于天下，轮运而辐集；合为朝觐会同，离为守臣捍城。……余以为周之丧久矣，徒建空名于公侯之上耳。得非诸侯之盛强，末大不掉之咎欤？……则周之败端，其在乎此矣。

柳氏又具体议及唐代，指出郡县制的功效：

> 唐兴，制州邑，立守宰，此其所以为宜也，然犹桀滑时起，虐害方域者，失不在于州而在于兵，时则有叛将而无叛州，州县之设，固不可革也。

汉唐以下，追慕封建古制的论者也数不在少，魏晋间名篇迭出，至宋代，理学家常称颂封建制和宗法制，北宋张载（1020—1077）说："天子建国，诸侯建宗，亦天理也。"[1] 南宋胡宏（1106—1162）说："井田封建，仁民之要法也。"[2] 这是从道德理想主义出发的封建论。

明清鼎革之际，一批思想家从总结明亡教训出发，探讨封建、郡县两制的优劣、长短，每每发出卓异之论。黄宗羲（1610—1695）在《明夷待访录》的未刊篇《封建》中说，"自三代以后，乱天下者无如夷狄矣"，而三代时何以没有"夷狄"（指游牧民族）入侵的大害，而秦以后则屡屡发生夷狄"所割""所据"的现象呢？黄氏指出：

①《张载集》，中华书局 1978 年版，第 259 页。
②《胡宏集》，中华书局 1987 年版，第 366 页。

> 则封建不封建之故也。……盖封建之时，兵民不分，君之视民
> 犹子弟，民之视君犹父母，无事则耕，有事则战……是故废封建，
> 则兵民不得不分，分兵民，则不得不以民养兵。

黄氏也知封建古制的寓兵于农，现世已难以效法，于是他有退而求其次的设计，这便是在边境设置有封建意味的方镇，以增强抵御夷狄的边防力量。在《明夷待访录》的《方镇》中，黄氏说：

> 今封建之事远矣，因时乘势，则方镇可复也。

他进而总结"封建"与"郡县"的利弊，以引出"方镇"之说：

> 封建之弊，强弱吞并，天子之政教有所不加。
> 郡县之弊，疆场之害苦无已时。欲去两者之弊，使其并行不悖，
> 则沿边之方镇乎。

顾炎武（1613—1682）有类似看法，他认为"封建"与"郡县"各有得失，应当以"封建"弥补"郡县"之缺陷，他作《郡县论》九篇，重在对极端君主集权之下的郡县制的弊端（"其专在上"）加以揭示，认为不可一味称颂郡县制。其论曰：

> 方今郡县之敝已极，而不为之所焉，尚一一仍其故事，此民生
> 之所以日贫，中国之所以日弱而益趋于乱也。（《郡县论一》）

鉴于此，顾氏倡言：

寓封建之意于郡县之中，而二千年以来之敝，可以复振，后之君苟欲厚民生，强国势，则必用吾言矣。(《郡县论一》)

黄、顾政论中提倡"封建"，并非主张分封诸侯，其要旨在于"分权"。黄宗羲、顾炎武鉴于明清专制君主集权的弊害，试图以"封建"的某些特性（"寓兵于农""地方分权"等）作为调整、改良绝对中央集权的办法。

清人袁枚（1716—1798）则认为，封建制使人才得有生存空间、思想学术得有拓展天地，他列举孔、孟，认为圣人、亚圣不可能在郡县制下生存发展，其学说的成长与光大，得益于晚周封建制的政治多元格局，孔、孟的生平皆为：

赖有封建，然后栖栖皇皇，之卫、之齐、之陈蔡、之梁、之宋、之滕，几几乎有可行之势，而诸侯敬，子弟从，则声名愈大，千万年后，犹知遵奉为师，使圣人生于郡县之世，三试明经不第，则局促于一邦，姓氏湮沉，亦遁世无闷已耳，安见其有以自立于天下耶？然则孔、孟删六经，垂俎豆，传食诸侯，虽无以自立，而有以自显者，封建力也。

这是从思想文化史角度，论述"封建"的正面价值，批评中央集权易导致文化专制。此论亦别有见地。

黄、顾、袁等的封建—郡县之辩，发挥"封建"的正面价值，大不同于李斯、贾谊、晁错、柳宗元、苏东坡、魏默深等的称颂郡县制。两种封建论，各有华彩，皆能启人神智，此为"转换视角则价值多元"的良例。

综观先秦、汉唐以至明清，诸先哲论"封建"，虽然切入点不一、命意有别，却全都在"封爵建藩"意义（及其引申义——"分权"）上使用"封建"一词，并无异解、歪曲。因而古来的"封建"之辩，论点、论据可以异见纷呈，却做到了"封建"概念的古今贯通。

二、前近代日本的"封建"观

不仅中国古代的各种"封建论"，坚守"封建"概念的贯通性，日本前近代的"封建论"，也做到了这一点，可以作为认识"封建"古典义的又一佐证。

两千余年来，日本一直是汉字文化圈的一员，古来即从《左传》《史记》，柳宗元的《封建论》等汉籍、汉文中接受"封建"一词。《宋书·夷蛮传》载日本国君的遣宋国书，起首句为"封国偏远，作藩于外"，自称日本由中土"封国建藩"。此国书经明治时代史官久米邦武考析，文本被《宋书》主纂沈约修饰，但日本在奈良、平安时代常称自国为中土的封藩，沿用"封建"一词则是事实。丰臣秀吉时期，日本不再自认中土封国，明朝使臣递交国书中有"封日本国王"之语，丰臣秀吉（1536—1598）勃然大怒，当场撕裂明朝国书。江户后期史学家赖山阳（1780—1832）《裂封册》一诗描述其情景："史官读到日本王，相公怒裂明册书。欲王则王吾自了，朱家小儿敢爵豫。"

江户幕府承袭丰臣秀吉传统，不以明清封国自认，但其内政效法古代中国的封建制。同中国历朝一再探讨"封建"与"郡县"二者的利弊得失一样，日本也重视此一论题。德川家康（1543—1616）初创江户幕府之际，就以西周封建为理想政体，又吸取郡县制的某些办法，实行适度的中央集权。这类思考成为德川政权的"长久的御谋"。江户中期的幕府儒官、朱子学者室鸠巢（1658—1734）曾应八代将军德川吉宗（1684—1751）的谘问，就幕府的制度、政策再三上书，其中着重品评"封建"与"郡县"的长短。与中国汉代贾谊、唐代柳宗元力倡郡县制相反，室鸠巢则把封建制理想化，认为周朝享"九百年长寿"，实得诸侯的藩屏守护，此论显然是顺应江户时代的幕藩体制而发。当然，室鸠巢也决非食古不化的腐儒，他还检讨周代封建制的不足，给将军吉宗贡献了强化"参觐交代制"的办法，令诸大名"半年在江户，半年在国"，以对封建诸侯实施有效控制，这是在中央集权制与藩国封建制之间求得一种综合。①

与室鸠巢同时的古学派思想家荻生徂徕（1666—1728）更强烈地尊"封建"而斥"郡县"，他认定，"封建"与"礼乐"相表里，皆为圣人之道，三代行之，故天下太平，秦废之，故天下大乱。荻生在《萱园七笔》中说："秦郡县天下，而后有盗贼乱天下之祸也。三代时无之。"他以为，要克服幕府的危机，必须顺先王之道，复井田、封建。在《政谈》中，荻生赞扬江户设幕初期实现了"海内封建"，又严厉批评后来出台的都市聚居及参觐交代制"何异于郡县"。故荻生徂徕是比室鸠巢更彻底的"封建主义者"。②

可见，日本近世（江户时代）是以"封爵建藩"的具体表现"藩国制"为实态讨论"封建"的。与汉唐以下中国士人多赞扬"郡县制"不同的是，日本士人则多赞扬"封建制"。这当然与中日两国的国体之别、政制之异相关。江户时代具有开放眼光的经世实学家，如本多利明（1743—1821）、佐藤信渊（1769—1850）则倾向郡县制，对封建制有所批评。

时至明治维新，日本实行效法西洋的近代化改革，其三大国策之一的"废藩置县"（另二为"富国强兵""文明开化"），当然是以西欧列强建立的统一民族国家为样板，但在论证"废藩置县"的合理性时，从用语到逻辑，都沿

---

① [日]室鸠巢：《献可录》，《日本经济大典》卷六，明治文献 1966 年。
② 《日本思想大系》卷三十六，岩波书店 1973 年版。

袭汉字文化的古典形态：树立"神武创业""王政复古"旗帜，重新讨论"封建"与"郡县"的优劣。[①]

与江户时代论者多为"封建"唱赞歌相反，明治初年出现了扬郡县、抑封建的舆论，这首先在伊藤博文（1841—1909）明治元年（1868）的《版籍奉还建白》及木户孝允（1833—1877）明治二年（1869）的《版籍奉还建言》中显示出来。此外，西乡隆盛等也有类似建策。

伊藤博文于文久三年（1863）乘英国船，密航西欧，亲见欧洲近代社会，即认定废除藩国制、实行郡县制为急务。明治元年（1868）十一月，时任兵库县知事的伊藤向朝廷"建白"，对姬路藩主酒井忠邦奉还版籍深感"欣跃"，以为是"皇国之幸"，由此而统一政令兵权，可张大"皇国之威武"。[②]

作为"明治维新三杰"之一的木户孝允（另二杰为西乡隆盛、大久保利通），于明治二年（1869）提出"建言"，论及去岁德川庆喜（1837—1913）大政奉还，交纳其土地人民，却仍携兵抗拒天皇政府，故"一新之政"为着"内使普世才能登庸，亿兆安抚，外与世界各国并立"，必须"一变七百年来之积弊，三百诸侯举而其土地人民还纳，不然一新之名义不知在何"。[③] 这里所说的必须"一变"的"七百年来之积弊"，即指从镰仓幕府、室町幕府到江户幕府的七百多年间实行的武门专权、藩国林立的封建制度。

明治二年（1869）萨摩、长州、土佐、肥前四藩主上版籍奉还表文，高倡"王土王民"论（取义《诗经·小雅》的"普天之下莫非王土，率土之滨莫非王臣"），为废封建、立郡县的"王政复古"造势。

明治四年（1871）七月，木户孝允支持的《新闻杂志》6号附录刊载长

---

① [日]坂本多加雄：《明治国家的建设》，中央公论社1998年版，第79页。
② [日]伊藤博文：《建白书》，《岩仓具视关系文书》17-7-28，北泉社。
③ [日]木户孝允：《版籍奉还建言书案》，《木户孝允文书》（八），日本史籍协会，第25—26页。

三州（1833—1895）的《新封建论》，讨论封建、郡县制度的利害得失，批评封建制"诸藩其官世袭，私其士民，私其货财，私其兵力，私其政令，私其制度"，故废藩置县为"朝廷的至急"。文章还援引中国历史事例，说明封建制的弊害，而转换为郡县制则是在万国对峙下的急务。这是"郡县肯定论"的正式登场。同年七月十四日，明治政府颁布《废藩置县诏》，宣称"内以亿兆保安，外以外国对峙，宜名实相副，政令归一"，三百藩国变为三府三百零二县，四个月后，并为三府七十二县，日本从封建国家"疾风迅雷"式地一变而为近代郡县国家。明治四年九月二十七日（1871 年 10 月 14 日），横滨刊行的英文杂志发表《新封建论》的英译，题为 The Abolition of the Feudal System in Japan（意为"日本封建制度的废止"）。[①] 这也是较早以英文与汉字词组"封建制度"相对译。

总之，直至明治时期，日本在进行面向西洋的政治改革，建立近代国家体制之际，以废除封建性的幕藩制、实行中央集权的郡县制为务，"废封建"成为明治维新之要义。此间日本人所用"封建"一词，保持着与汉语古典义的联系，同时又对 feudalism 蕴含的西义趟开门户。"封建"古义与西义相通约的态势，在明治初年的日本已经形成。

三、"封建"与 feudalism 相似点之初发现

如果说，中国的中古及近古（秦汉至明清），从主流言之，是一个非封建的时代，与西欧中世纪的政制大相径庭，那么，与中国隔海相望的日本，其中世（镰仓时代、室町时代）及近世（江户时代）的国体与政制，与远在

---

① [日]松尾正人：《废藩置县研究》，吉川弘文馆 2001 年版，第 252—254 页。

亚欧大陆另一端的西欧封建制却颇有相似之处。江户幕府锁国二百年，日本人私出国门即犯死罪，故只能坐井观天，当然不会意识到自国政制与西洋中世纪类同。而最先发现这种相似之处的，是幕末进入日本的西洋人。

以 1853 年美国培理舰队撞开日本门户为端绪，日本被动"开国"，外使入驻是题中之义。安政六年（1859），英吉利外交官欧卢柯库（1809—1897，中文名"阿礼国"）来日。此前，阿礼国于 1843 年任英国驻中国厦门的领事馆一等秘书（在任四个月），1844 年任福州领事（在任一年六个月），阿礼国夫妇与时任福建布政使、《瀛环志略》作者徐继畬（1795—1873）相过从①，1846 年任驻上海领事，1856 年任驻广东领事，直至 1859 年，转任驻日本总领事兼外交代表，次年升任初代驻日公使，文久二年（1862）归国，以后又出任驻中国公使，至 1871 年引退。阿礼国是一位长期旅居中国和日本，对东亚社会有广泛了解的西方外交官。②

一个值得注意的现象是，阿礼国在中国滞留长达二十余年（1843—1859，1865—1871），对中国社会有详细了解，但他并不认为清代中国与中世纪欧洲相类同，而他的日本观察，其结论是：日本与欧洲中世纪封建制"酷似"。

1863 年，阿礼国依据自己的三年（1859—1862）在日经历，撰写了名为 *The Capital of the Tycoon：a Narrative of a Three Years Residence in Japan*，2 vols，New York 的日本滞在记③。阿礼国的日本滞在记，是他对西欧、中国、日本社会加以比较的产物，重点谈及他对江户时代日本的观察，其中卓有见地的是：这位外交官发现，当时（幕末）日本社会与数世纪前英吉利的封建

---

① 《新语探源》，中华书局 2004 年版，第 229—230 页。

② 参见山口光朔撰《大郡之都》，译者前言。

③ 1949 年山泽种树将此书大部分译为日文，题《日本滞在的三年间》。后来山口光朔以《大君之都》为题全译该书，1962 年岩波书店以上、中、下三册出版。

制度特征大体类似，故他称日本为"东洋版的封建制度"[①]。

阿礼国表示，对于研究这种制度甚有兴味。《大君之都》第十章详论日本政治，称江户幕府的最高统治者德川将军为"大君"，认为日本的大君政治与欧洲中世纪的政治相近：主权者以下是封建诸侯，封土与名号受赐于主权者，领主、大名在自己的领地享有若干独立于大君的权力，对家臣及从者操生杀予夺之权。阿礼国在长崎逗留期间得见，肥前侯属下的武士极度忠于主上，肥前侯可在大君的司法权之外，将武士斩首。这与西欧约克·卡陪王朝的法朗斯王（938—996）时期的情形相近。[②] 该书还多次将太阁样（德川将军）比之于欧洲中世纪末期的封建统治者，如第二章以德川将军类比法国中世纪晚期的封建帝王或权臣，如路易十一（1461—1483 年在位）、宰相黎赛留（1585—1642）、法王路易十四（1643—1715 年在位）。[③] 第五章再次称日本为"封建制度的东洋版"，说江户时代的日本类似英吉利的加普兰塔济内托王朝（1154—1399）。全书还一再称日本的统治者为"封建诸侯""封建领主"，又称"现在的日本"诸多本质，可比之于"数世纪前的西洋"，希望历史学家对此作"周到系统的研究"。[④] 在论及日本存在的社会弊端时，阿礼国也冠之以"封建的、武断的制度"，并认为：

> 日本的现在的社会状态，与英吉利无法制的、凶暴的时期酷似点颇多。[⑤]

---

① 《大君之都》（上），岩波书店 1962 年版，序文第 40 页。
② 《大君之都》（上），岩波书店 1962 年版，第 341—343 页。
③ 《大君之都》（上），岩波书店 1962 年版，第 115 页。
④ 《大君之都》（上），岩波书店 1962 年版，第 188 页。
⑤ 《大君之都》（下），岩波书店 1962 年版，第 367 页。

这是 19 世纪中叶，颇有史学素养和历史感觉的西欧外交官目击日本得出的结论，甚具比较史学价值。阿礼国可以说是以 feudalism 表述近世日本社会制度的第一人。

近代西方学者通过文献研究，以经济史、社会史眼光对比日本与西欧，也得出同样结论。如马克思（1818—1883）便言及日本与西欧有类似的 feudalism（封建制度），其经济及社会结构有可比性。马克思指出：

日本有纯粹封建性的土地占有组织。①

这种"封建性土地占有组织"，有别于中国土地可以自由转卖的地主制，而与西欧领主制类似：土地的领有是一种世袭的政治特权。马克思还注意到，日本有"发达的小农经济"②，但日本的小农所耕种的小片土地，不是像中国的自耕农那样属于自己，而是以自己作为"土地附属物"，从属于领主，因此同领主间保持着"人身依附关系"。③而马克思把人身依附认作封建社会的基础。总之，日本三个幕府时期的经济—社会结构，有别于宋元明清的中国，而接近西欧中世纪。

近代西欧的观察家和学者共同发现：前近代日本"酷似"西欧中世纪。明治维新后走出国门的日本学者，也悟出自国的幕藩体制与欧洲中世纪不仅政治制度相似，经济结构也颇有类同之处。日本史学家坂本太郎的《日本的修史与史学》④举出一个相当典型的事例：日本经济史家福田德三

---

① 《马克思恩格斯全集》第 23 卷，人民出版社 1961 年版，第 785 页。

② 《大君之都》，岩波书店 1962 年版，第 785 页。

③ 《大君之都》，岩波书店 1962 年版，第 94 页。

④ 《日本的修史与史学》中文本，北京大学出版社 1991 年版。

于明治年间留学德国，1900 年用德文著《日本经济史论》①，依据欧洲经济史学观点，将日本历史分为四段——原始时代（上古—644）、帝权扩张时代（645—930）、封建时代（931—1602）、专制的警察国家时代（1603—1867），具体论述了日本社会经济的发展与欧洲发展过程的一致性。福田的老师、德国的经济史教授布伦坦诺为该书作序，描述福田德三听课时的状态：

> 我在经济史的讲席上，时常看到他的微笑。有一天，我问他微笑的原故，他便答道，我听到先生所讲的欧洲经济史论，都和日本的历史一样。于是，我嘱他把日本的经济史介绍于欧洲读者。②

此一生动记述，从旅欧的日本学者眼光中，反映出日、欧封建制的近似性，这与此前旅日的欧洲目击者的观察结果彼此呼应。日本以研究封建制度著称的法学博士牧健二在比较德、法、英与日本的封建制度之后，作结语说：

> 我国的封建制度与前述欧洲诸国的制度酷似。③

经过日本学者的研究，类似欧洲中世纪制度的日本"封建社会"，其大略状况为：12—19 世纪，日本由征夷大将军的幕府与被其封予的地方上的世袭军事贵族（武士）分享权力，建立起以政治分权、领主经济为特征的封建

① 该书 1907 年译成日文，1929 年有中译本。
② 转引自《日本的修史与史学》，第 209 页。
③ 牧健二：《日本封建制度成立史》，清水弘文堂书，1969 年版，第 17 页。

制度，同中国周代封建制、9—15 世纪西欧封建制（feudalism）有着近似之处，而与中国秦汉至明清以中央集权的郡县制和地主—自耕农经济为特征的社会则区别明显。

日本的封建制与古代氏姓制度血肉相依。在氏姓制时代，朝廷的官职世袭，故"公、臣、连、造、直、首"等既是贵族姓氏，也是职官名号，世袭贵族掌有土地和人民（称"部民"）。7 至 8 世纪，日本大规模学习唐代的律令制度，公元 646 年的"大化改新"以中央集权的唐制为样板，废除氏姓制的豪族领地和部民制，建立起以天皇为中心的统一国家体制，708 年颁布的《大宝令》使这种制度法律化，将天皇掌控的朝廷垄断所有权的土地分成小片，班授给佃农，佃农为朝廷提供租庸调。在行政上，则划分国、郡、里、村，各级均受朝廷控制。然而，这一套仿自唐朝的中央集权制度，在有着顽强的氏姓制传统的日本不易推行，更难以维持，如科举制在官吏世袭的日本就行不通，一度实施的班田制、征兵制则无法久行。自 9 世纪初，天皇及摄政、关白控制的朝廷的中央集权渐趋瓦解，班田制中止，代之以各郡贵族及佛寺、神社占有领地，建立庄园。朝廷征兵制也随之止歇，与此相随，贵族领主的私家武装兴起，自 11 世纪开始，以效忠领主为"道"的武士阶层成为左右政局的力量，日本进入由武士阶层及其总头目"征夷大将军"执掌实权的幕府时代，先后出现镰仓幕府、室町幕府、江户幕府，"武门柄政"绵延 7 个世纪之久（12 世纪末叶至 19 世纪中叶）。镰仓幕府将土地封赐给部将，称之"守护"，其所属庄园置"地头"，形成一种幕府居上，掌控守护、地头的网络，社会初步封建化。至室町时期，守护把持地方政权，中高级武士的采邑遍布国中，封建制趋于成熟。江户时期则在织田信长（1534—1582）、丰臣秀吉（1536—1598）执政时的幕藩制基础上，使"在地领主"进一步封建化，由幕府与地方藩国联合治理国家，幕府则通过"参觐交代"等制度对有着独立性的藩国加以控制，形成完备的幕藩体制。

四、西欧 feudalism 概念的确立及其与东亚"封建"相遇

人类历史是一个进行式的过程，对这种过程中的诸段落命名，总是相当晚成的。就欧洲而言，罗马帝国崩溃以后、工业文明诞生之前的千年时段，当时并无专门名称，直至近代初期，西欧诸国逐渐以由拉丁文 feodum（采邑）演来的 feudalism 一词指称中世纪社会。法国史学家、年鉴学派创始人马克·布洛赫（Marc Bloch, 1886—1944）在其名著 *La Societe Feodale*[①] 的《序说探求一般的方针》中，说此一概念历经两百多年方获定型。大体言之，16 世纪法国法学家在研究中世纪波河流域的封土律时，开始接触此一论题；17 世纪英国法学家用 feudalism 指中世纪遗存的土地协约、法律习俗、政治机构。1680 年出版的辞典有 feudalite（封建制）及 gouvernement feodal（封建的统治）之类名目。18 世纪法国启蒙思想家孟德斯鸠（1689—1755）在《论法的精神》中，拟 lois feodales（封建法）一目，论及封君封臣关系、采邑制、农奴制，概括出西欧 feudalism 的基本属性。英国经济学家亚当·斯密也论及封建等级制的成因。至 19 世纪，经西欧多国史学家，尤其是德国历史学派的研究，feudalism 方正式成为表述西欧中世纪制度的专词，并以 feudalism 为基干，形成一套关于封建制度的概念及范畴系统。而马克思、恩格斯则在其唯物史观的社会形态学说框架内，界定西欧的封建制度。[②]

对照西欧中世纪社会，日本的"中世"（镰仓幕府和室町幕府时期，12 世纪末叶至 16 世纪中叶）及"近世"（江户幕府时期，17 世纪初至 19 世纪中叶）与之存在许多类似的地方，如封君封臣与封土的结合、王权旁落、主

---

① 张绪山译：《封建社会》中文本，商务印书馆 2017 年版。
② 马克垚主编：《中西封建社会比较研究》，学林出版社 1997 年版，导论部分。

权分割、职官世袭、等级制度、庄园经济、由兵农分离和对领主从属导致的武士（欧洲称"骑士"）传统，以及人身依附、复仇观念等，这些相近的社会及文化特色，不约而同地在西欧和远东的日本列岛呈现出来，时间又都在古代与近代之间的几个世纪。中国的殷周实行过"封土建藩"制度，也呈现与上列诸点相近的特色，而秦汉至明清实行郡县制度，其特点则是王权至上、中央集权、命官—流官制、官员经考选产生、土地自由买卖、人身控制相对松弛，等等，与西欧中世纪及日本中世、近世大相差异。

现代西方学者继续作欧—日历史的比较研究，又有新的认识。英国学者桑松的《西欧世界与日本》，重在发现日本明治维新前后与欧洲社会的差异，认为明治维新并不是推翻封建制、实行西欧式民主主义革命，因为日本早在元禄时期（1688—1703）封建社会已经解体，江户中后期的中央集权性大为增强。这种说法与福田德三称江户时代是"专制的警察国家"相似。此说将日本封建制解体向前推移了一百多年，但就总体而言，仍然肯认日本与西欧中古社会形态的类同性。

正因为欧洲中世纪、日本"中世"与"近世"，都是在封土授民的领主制经济基础上建立的社会制度，而日本人自古以来即从输入的汉籍中吸纳了含义为"授土授民，立藩建国"的"封建"一词，故在明治时期译介西洋历史学论著时，很自然地将欧洲中世纪的社会形态 feudalism 翻译为"封建""封建社会"。

启蒙思想家西周（1829—1897）1870 年在讲学中（该讲稿多年后由弟子整理，以"百学连环"为题出版）参考西方学者之论，将人类历史划分为三场次：古昔的"神统政治"是第一场，中古的"封建"是第二场，当今的"国君政治"是第三场。西周对此说加以修正：

方今考之，神统政治及封建政治合为第一场，国君政治为第二场，未来的第三场即至，这就趋 World Republic Eternal Peace（四海共和，无疆治体），此为世界之治的极至。[①]

须注意的是，西周所用"封建政治"一词，没有与"国君政治"（即君主专制）相联用，显然是取义"封土建国"，此制上承氏族时代的神权政治，下启君主专制政治。此一"封建"，既合汉语古典义，也切近英语 feudalism 义。

福泽谕吉（1835—1901）的《文明论概略》（1875 年出版）则将日本与欧西各国社会发展阶段划分为三：未开、封建、富国强兵。这里的"封建"仍取"封土建国"义，略指日本的中世及近世、欧西各国的中世纪。"未开"指前文明期，"富国强兵"则是近代资本主义的另一提法，而"封建"居二者之间。

永峰秀树明治八年（1875）翻译的《欧罗巴文明史》第四卷《封建政体》（奎章阁刊行），以"封建"对译 feudalism。该书第九卷《王权政体》、第十二卷《教门改革》，也多次出现"封建政体""封建政"一类短语，在日文史书中，较早使用"封建"一词表述欧洲中世纪政制，而此词又保持着与古汉语词"封建"的内在联系。

明治十年（1877）田口卯吉撰《日本开化小史》，将日本的封建制从镰仓幕府成立时说起，理由是那时具有郡县制性质的国司制度崩溃，分封性的武门政治确立。

明治初年的辞书也反映出以"封建"对译 feudalism 的过程。柴田昌吉、子安峻编的《附音插图英和字汇》（日就社 1873 年刊行）将"封建的"收在 feudal 词条下。明治中后期，日本已普遍使用对译 feudalism 的"封建"一词，并由此词根派生出"封建制度"等新语。1882 年日就社出版的《增补订正英

---

① [日]西周述：《百学连环》，太久保利谦编：《西周全集》第四卷，宗高书房 1981 年版，第 213—214 页。

和字汇》即以"封建制度"译feudalismus。

明治中期以降的各种史学论著中常见"封建制度""封建时代"等术语。如三宅米吉（1860—1929）明治十九年（1886）著《日本史学提要》（普及舍1886年刊行），论及西洋的"封建时代"，并认为东洋日本的幕府时期与之类似。日本的社会主义者在19世纪末20世纪初的论著中，也常用"封建制度"这一术语，如1893年东京民友社出版的《现时之社会主义》，《六合杂志》1901年3月第243号上发表的片山潜的论文《〈资本论〉及其著者马克思的地位》，论及欧洲中世纪和日本中世及近世，均频用"封建制度"。

20世纪20年代后半叶，日本社会科学界展开关于"亚细亚生产方式"的论战，形成劳农派与讲座派的对立，并提出天皇制与东洋专制主义、封建制的关系问题，又把封建制与亚细亚式的停滞性格联系起来考察。论战中关于"封建"的含义有所引申，主要是从社会组织、经济结构上对"封建"加以深度解释，但始终没有脱离"分封采邑""领主权力强大""公武二重政权"诸内容，与"封建"的古汉语义相通，也与西欧feudalism一词所指社会形态存在类同性。

第二次世界大战结束后，日本的中国史学界围绕中国历史分期问题展开过多次讨论，其中当然涉及"封建制度"问题。日本的历史学研究会的相关学者倾向于泛化封建论，根据斯大林及共产国际的论说，将农奴制视作封建制的主要标志，又认为中国秦汉至明清以至民国时期，广泛存在农奴制，故从经济本质言之，可称为"封建社会"。而京都学派则认为，以农奴制作为封建制的主要标志并不恰当，秦汉至明清，中国已确立为官僚制的、郡县制的统一帝国，以"封建制"冠名颇为牵强。

总之，近代以来，日本史学界主流是在"封建"本义（封土建国）的基础上发挥此一史学术语，并与英语feudalism对接的。二战后，有些日本史学家信从泛化封建论，但有京都学派拨正。纵览日本史学界近五十年关于"封建制与近代化进程"的讨论，所言"封建"均与古义和西义双通，一些学者认为，中古的封建制为近代化的生成提供了某些先决条件，因为，封建制在本质上重视法律的权利和义务，多少助长了近代法的成长。封建领主专注于土地所有与地租的征收，故商人、制造业者比在专制政治社会有更多的活动范围和保障。[①] 这里所说的"封建社会"是指欧洲中世纪、日本中世及近世的领主分封制，而"专制政治社会"则指中国秦汉至明清的社会形态，显然将秦汉至明清排除在"封建社会"之外，而另名为"专制政治社会"。

五、清末民初中国之新名"封建"

在汉字文化圈，日本率先于 19 世纪 70 年代以"封建"对译西方史学术语 feudalism，至 19 世纪 80 至 90 年代，"封建"已在日本成为一个通用的汉字史学术语，它是这一汉字词古义与 feudalism 西义相通约的产物。而恰在此时，中国人开始注目于日本的明治维新，借用包括"封建"在内的日译新名词也自此开启端绪。

中国人最先称日本社会为"封建"的，是黄遵宪（1848—1905），他的《日本杂事诗》初版于光绪五年（1879），内有"国造分司旧典刊，华花莫别进贤冠。而今指令诸台省，押印唯凭太政官"之句，讲的是明治维新重要举措"废藩置县"，大权集中到中央的太政官，黄氏作注曰：

犹变封建为郡县也。[②]

---

① [日] 谷川道雄：《中国中世社会与共同体》，中华书局 2002 年版。
② 钟叔河辑注校点：《日本杂事诗广注》，湖南人民出版社 1981 年版，第 68 页。

后来，黄氏光绪十六年（1890）在伦敦改订《日本杂事诗》，删七首，增五十三首，所增之一为：

　　呼天不见群龙首，动地齐闻万马嘶。甫变世官封建制，竞标名
字党人碑。①

更明确地指出，废藩置县的实质是改变职官世袭的封建制。黄遵宪所用"封建"，既是对日本当时流行的此一新词的采取，又是汉字古典词"封建"的袭用。黄氏在《日本国志·地理志》（该书虽1896年出版，但1887年已经撰成）中论及，日本镰仓幕府时期"地头往往世袭，国司不复赴任，于是封建之势渐成"，显然是对"封建"古义的沿袭。

1898年开始流亡日本的梁启超（1873—1929）则是中国人使用日本译词"封建"的先行者。梁启超在日本所撰论史文章，在"分封""分权"的古义上使用"封建"一词，并参考日译西方史学分期专词，运用"封建时代""封建制度""封建社会"等短语构成的新术语。梁氏1899年在《清议报》第17册（6月8日）、第26册（9月5日）连载（后又于9月在日本刊物《太阳》第5卷第20号发表）《论中国与欧洲国体异同》一文，论及中国与欧洲的国体相同之处：都依次经历了家族时代、酋长时代、封建时代。他指出：

　　中国周代国体，与欧洲希腊国体，其相同之点最多，即封建时
代与贵族政治是也。彼此皆列国并立。

―――――――

① 《日本杂事诗广注》，第38页。

梁氏明确地将秦以后的主潮排除在"封建"之外。文曰：

> 秦废封建置郡县以后，二千年循其轨而不易。中间如汉时封子
> 弟为王，功臣为侯，晋时之八王，明代之燕王、宸濠等，虽有封建
> 之举，不移时而遂灭，不成其列国之形也。

梁氏将"封建时代"的特点归之为"贵族政治、列国分立、阶级之风"，兼合"封建"古典义和西洋义。而"秦汉至今日"，梁氏则名之为"统一时代"，并认为这"是为中国国体与欧洲大异之一事"。又称秦以后为"无贵族之国"，"其民可谓无阶级之民"，"是又为中国国体与欧洲大异之一事"。

1901年，梁氏著《中国史叙论》，其"第八节 时代之区分"，参照西洋人所著世界史的"上世史、中世史、近世史"划分，将中国史分为"第一 上世史。自黄帝以迄秦之一统，是为中国之中国"，"第二 中世史。自秦一统后至清代乾隆之末年，是为亚洲之中国"，"第三 近世史。自乾隆末年以至于今日，是世界之中国"。在论及上世史时，指出此一阶段的特点：

> 是为中国之中国，即中国民族自发达、自竞争、自团结之时代
> 也。其最主要者，在战胜土著之蛮族，而有力者及其功臣子弟分据
> 各要地，由酋长而变为封建。[1]

将周人东进，实行封建制，作为中国上世史最主要的标志性内容。梁氏

---

①《梁启超全集》第一册，北京出版社1999年版，第453页。

将中国的中世史（自秦一统后至清代乾隆之末年）称"君主专制政体全盛之时代"①，而决不冠以"封建时代"。

总之，梁启超将"封建"视为中国古史的一个重要阶段，并不与他所处的时代相衔接，在"封建"与"近代"之间，有一段漫长历史，或名之"统一时代"，或名之"君主专制政体全盛之时代"。他还致力于探究中国封建制的特色，并与中国历史的走向相联系。

1902 年梁氏撰《中国专制政治进化史论》，其第二章命名为"封建制度之渐革"，论及春秋战国至秦由地方分权趋于中央集权，显然也是从"封土建国"义上谈"封建制度"的。该章"附论中国封建之制与欧洲日本比较"，提出并试图解答一个相当尖锐的问题：

> 封建之运，东西所同也。中国有之，日本有之，欧洲亦有之。然欧洲、日本，封建灭而民权兴，中国封建灭而君权强，何也？欧洲有市府而中国无有也。日本有士族，而中国无有也。②

梁氏认识到中国、欧洲、日本都有过土地、人口分封的时代，他又将中国与欧洲、日本封建社会的差别归之于市民政权、士族的有无，卓有见地，却又稍嫌简单，然所使用之"封建"一词，较好地实现了中—西—日史学术语的通约，其关于封建制历史演进路径的思考，又显示了一种政治理念的前沿性。

旅日十余年的梁启超，对明治维新的"反封建"及其艰巨性是深有领悟的，他 1910 年撰文曰：

---

① 《梁启超全集》第一册，北京出版社 1999 年版，第 453 页。
② 《梁启超全集》第二册，北京出版社 1999 年版，第 777 页。

　　日本当维新伊始，八百年封建社会，一旦破坏，而天子无尺土，

府库无一钱，其艰难为何如？ ①

　　这里的"封建社会"，既是古典词"封建"的延伸，又是日制新语的
运用。

　　1920 年 3 月至 8 月，梁启超在《晨报》副刊连载《欧游心影录》，其中
在论及欧洲近世文明的三个来源（封建制度、希腊哲学、耶稣教）时，对"封
建制度"所作界定，沿用西欧史学界的观点，也与"封建"古义保持联系。

　　从事中—英翻译的中国学者，也将 feudalism 与"封建"在"封土建国"
义上加以对接，这虽在日本以"封建"对译 feudalism 之后，但仍可视作中国
富于通识的翻译家的独立制作。

　　以严复（1854—1921）为例，他对中西"封建"义兼有认识，而且在对
译时取慎重态度。1897—1900 年间，严氏翻译亚当·斯密的《国民财富的
性质和原因的研究》（严译名《原富》），对 feudalism 取音意合译法，谓"拂
特之制"。以后，严氏 1903 年把英国学者甄克思（E. Jenks 1861—1939）的
A History of Politics（可直译为《政治学史》）译为《社会通诠》，该译本将
feudalism 意译为"封建之制"。严复在《译〈社会通诠〉自序》中介绍甄克
思的历史分期观点：社会进化之阶段为"始于图腾，继以宗法，而成于国家"，
而"由宗法以进于国家"，有一过渡形态：

　　　　二者之间，其相受而蜕化者以封建。方其封建，民业大抵犹耕

---

① 《梁启超全集》第四册，北京出版社 1999 年版，第 2071 页。

稼也。

这段文字有两点值得注意：1. 把古代宗法社会向国家社会（指统一的中央集权的国家）过渡演变的中间环节称为"封建"。2. 封建社会是定居农耕文明的产物。这是颇富洞察力的见解。严复还论及欧洲步入封建社会的时间：

其趾封建，略当中国唐宋间。及其去之也，若法若英，皆仅仅前今一二百年而已。

称唐宋之际（即公元 9 世纪左右）为欧洲迈进封建社会门槛，18 世纪前后方结束封建制度，这是遵从欧洲史学界关于中世纪的历史分期。严氏的可贵处在于，并未将中西封建社会的时间段拉扯到一起，指出中国的封建时代大大先于西欧，他说：

乃还观吾中国之历史，本诸可信之载籍，由唐虞以迄于周，中国二千余年，皆封建之时代。

严氏还特意点明："商君、始皇帝、李斯起，而郡县封域，阡陌土田。"将"封建"与"郡县"对称，其所说"封建之时代"指实行分封制的时代，在严复看来，中国的封建时代，从尧舜起，延及周代，不包含秦以后，与西欧封建制在时段上相错甚远。

可见，严复所使用的"封建"一词包蕴的概念，兼及该词的汉语古典义（封邦建藩）与 feudalism 的含义（领主、采邑制），以之表述中国、西欧历史中不同时段显示的某种近似制度，从而指示了"封建"这一史学术语健康运用的正途。

作为兼通中西之学的政治家，孙中山（1866—1925）也准确地把握了史学术语"封建"，直至晚年，他仍在"封土""贵族世袭制"意义上使用"封建"一词，并在此一含义上比较、品评中西历史。孙中山认为，秦代已结束中国的封建制度，这比欧洲直到中世纪末、近代初的"打破封建"，早了两千年。他 1924 年 1 月至 8 月在广州作"三民主义十六讲"系列演说，其中"民权主义六讲"的第三讲说：

> 欧洲两百多年以前还是在封建时代，和中国两千多年前的时代相同。……
>
> 欧洲没有革命以前的情形，和中国比较起来，欧洲的专制要比中国厉害得多。原因在什么地方呢？就是世袭制度。当时欧洲的帝王公侯那些贵族，代代都世袭贵族，不去做别种事业；人民也代代都是世袭一种事业，不能够去做别种事业。……中国自古代封建制度破坏以后，这种限制也完全打破。[①]

孙中山在这里突出地议论了"封建制度"的贵族世袭、职业世袭特征，将中国两千多年前的"封建制度"（指殷周封建制）与欧洲中世纪的"封建制度"视作同类可比的制度。

从严复、梁启超、孙中山言论观之，清末至民国初年，中国学界与政界主流所称"封建"，既吸纳西义，又与古典义保持内在张力，把中国的西周封建制与欧洲中世纪制度（feudalism）、日本中世及近世的武门柄政视作近似的政体，内容为封土建国、世袭贵族分掌权力、领主运营封地并掌控附庸、

---

① 《孙中山文集》上，团结出版社 1997 年版，第 164 页。

国家主权分散，与秦汉以降实行的土地自由买卖的经济制度大异，与官僚考选制、流官制、郡县制所确保的专制君主集权政制恰成比照。

这是史学术语"封建"在近代中国的第一阶段语用状态。

六、新名"封建"之异变

如前所述，日本史学界对史学术语"封建"的认识基本上是一以贯之的，没有发生大的波澜起伏，而中国的情形不一样。日本汉学家安藤彦太郎在《中国语与近代日本》（卞立强译，北京大学出版社 1991 年版）中说：

> "封建"这个词，在中国本来是指存在着诸侯的周代的制度，从秦始皇推翻周朝，废"封建"，置"郡县"，统一天下（公元前 221 年）一直到清末，中国基本上保持了"郡县"的中央集权制。江户时代的儒学家理解它与幕藩体制相似，在日本也使用了"封建"这个词。所以在德川幕府倒台、进入明治以后，这个词就变成了"feudalism"的译词，应该说是极其自然的。……明治以后，这个"封建"的词又通过留学生等反过来传入中国。由于中国原来就有周代的"封建"这个词，难免要产生一些混乱。

诚如安藤所说，"封建"这一表述周朝制度的词语，借作欧洲中世纪制度（feudalism）的译词，因与日本中世及近世历史实际暗合，故在日本没有出现错置，至于在"封建"一词故乡的中国，史学术语"封建"在清末民初还保持着概念的一贯性，但到五四新文化运动期间（1915—1921），"封建"的含义在某些重要论者那里发生了微妙变化：从一古史概念，演为"前近代"的同义语，成为与近代文明相对立的陈腐、落后、反动的制度及思想的代名词。这是"封建"在近代中国的第二阶段语用状况，此为"封建"概念的剧变之始，应予拈出，加以考究。

（一）陈独秀的"封建＝落后"论

将"封建"指称中国的落后属性，从而将封建概念泛化的，首推陈独秀。陈氏 1915 年 9 月 15 日发表的《敬告青年》一文[①]，以"自主的、进步的、进取的、世界的、实利的、科学的"新精神号召青年，并抨击与之背反的旧精神——"奴隶的、保守的、退隐的、锁国的、虚文的、想象的"。在"进步的而非保守的"一目，陈氏说：

> 举凡残民害理之妖言，率能征之故训，而不可谓诬，谬种流传，岂自今始！固有之伦理、法律、学术、礼俗，无一非封建制度之遗……

把各种陈腐、落后的现象都归之"封建制度之遗"，"封建"被指为陈腐、落后之渊薮。1915 年 10 月 15 日，陈氏撰《今日之教育方针》[②]，在论述教育方针之二"惟民主义"时指出：

> 封建时代，君主专制时代，人民惟统治者之命是从……

将"封建时代"与"君主专制时代"并提互用，这是前无古人的用法，不仅与周秦以降全部典籍的用例相异，也与近代诸作者的用例背反。如前所

---

① 陈独秀：《敬告青年》，《青年杂志》第 1 卷第 1 号首篇。
② 陈独秀：《今日之教育方针》，《青年杂志》1915 年第 1 卷第 2 号。

述，梁启超 1901 年还将"封建时代"（指殷周）与"君主专制政体全盛时代"（指秦汉以降）明确地区分为先、后两个历史阶段，陈氏却将这两个意蕴不同的段落归并为一。

（二）忽略中日前近代社会差异性

陈独秀何以别出心裁，将"封建"的外延作如此巨大的扩张呢？陈氏本人并未对此加以说明，这就需要我们考察陈氏生平，以略探其新说的来源。

清末民初出现留日热潮，陈独秀（1879—1942）为此一行列中人，他自 1902 年起，曾三度赴日，1915 年夏自日本返国，在上海创办《青年杂志》（从第 2 卷起更名《新青年》），成为新文化运动最重要的舆论发祥地。陈氏在该刊发表的文章常用的"封建"一词，似乎是国人熟知的古典词，其实却是从日本获悉的新名词。而陈氏旅日期间，正值明治末、大正初，日本已走出封建阶段（镰仓幕府、室町幕府、江户幕府的七百年，是日本的封建时代），进入近代，日本论者常将过往的、落后的制度及观念、习俗称之"封建的"，这在明治、大正年间的书报文字中随处可见。以福泽谕吉（1835—1901）的《福翁自传》为例，即充满了对封建制度的批判。福泽的先祖是"寒族小民"，身为中津底层藩士的父亲收入仅 13 石，一生抑郁凄苦，深受封建等级制度之苦，故福泽谕吉在《福翁自传》中反复谴责"门阀制度"，表述对"封建的门阀制度"的深切愤恨。"门阀制度者，家父之仇雠也"是福泽痛心疾首之论。[①] 在《文明论之概略》《劝学篇》中，福泽则参照英国史学家伯克尔（1821—1862）的《英国文明史》、法国史学家基佐

———
① [日]福泽谕吉：《福翁自传》，《福泽谕吉全集》第 7 卷。

（1787—1874）的《欧洲文明史》，从历史进步主义出发，将世界之进程分为"野蛮—半开—文明"三阶段，而封建制是"半开"的社会形态，要从"半开"走向"文明"，必须反封建。

另一启蒙思想家中江兆民（1847—1901）也是反封建的健将，他临终前的名篇《一年有半》的第3章，把日本封建制度的突出表现——等级制、家族制及其生活方式的刻板僵化，比喻为"全国人民几乎一概变成了化石"。

总之，在福泽、中江等明治启蒙学者那里，"封建"是陈腐、落后、非人道的集合体、代名词。这种认识和用法，是明治—大正时期的主潮。而陈独秀恰于明治末、大正初游学日本，深受此风濡染。陈氏回国后，以"封建"指称现实中国种种腐朽的制度、思想，显然是从日本借来的一种表述。然而，陈独秀"五四"时期移植日本明治—大正间的"反封建"命题时，忽略了中日历史的一个重大差异：前近代日本是"封建"的，反封建是日本近代化运动的题中之义；而前近代中国是"非封建"的，中国近代化运动的题旨另有所在。

陈独秀忽略中日历史的这一差异，把日本近代化的"反封建"任务简单移植到近代中国，这是问题的症结所在。

当然，陈独秀对中国近代化运动的革命对象（如礼教、专制、宗法、迷信等）是心知肚明的，"封建"不过是他使用的一个箩筐，里面装的是新文化运动实际要清算的诸目标。

略考陈氏"五四"前夕所论"封建"，其含义主要指"宗法的、专制的、阶级的（指等级制的）"诸意，它们都在陈氏号召新青年起来扫荡之列，而陈氏以"封建"将其统括之。这里使用的"封建"一词带有象征性，并未对其作学术性的社会形态认定。

"封建"一词被较认真地赋予历史阶段划分意义，见诸陈独秀1915年12

月 15 日刊发的《东西民族根本思想之差异》[1] 中的一段文字：

> 东洋民族，自游牧社会，进而为宗法社会，至今无以异焉；自
> 酋长政治，进而为封建政治，至今亦无以异焉。

这是把"封建政治"作为继"酋长政治"（即氏族制）之后的一个漫长历史时代看，并与"宗法社会"大体重合，这初步彰显了陈独秀的中国古史观：中国没有奴隶制时代，中国是由氏族公社制直接走向封建制的，而封建制与宗法制一起，由三代一直延续到当下。同文还指出：

> 忠孝者，宗法社会、封建时代之道德，半开化东洋民族一贯之
> 精神也。

再次把"宗法"与"封建"并用，一概列入"半开化"，也即指从不开化的氏族制时代到开化的近代社会之间的整个历史阶段。很明显，陈氏"半开化"之说受到福泽谕吉《文明论之概略》"野蛮—半开—文明"三段论的影响，而福泽此说又沿用了欧洲 19 世纪流行的文明史观。陈氏将西欧—日本的文明史观框架套用于中国精神史，并将封建时代等同于"半开化"，视为"野蛮"（即原始社会）之后、"文明"（即近代社会）之前的"一贯"时代。通观陈氏"五四"时期的多种言论，大体不出此一框架。

正因为陈独秀的"封建"指氏族制结束后的整个中国古代，所以他把孔子看作封建时代的思想家。陈氏 1916 年 12 月 1 日刊发的《孔子之道与现代

---

[1] 陈独秀：《东西民族根本思想之差异》，《青年杂志》1915 年第 1 卷第 4 号。

生活》①批评康有为提倡孔教，认为孔子之道不适用于现代生活，他说：

> 孔子生长封建时代，所提倡之道德，封建时代之道德也；所垂示之礼教，即生活状态，封建时代之礼教、封建时代之生活状态也；所主张之政治，封建时代之政治也。封建时代之道德、礼教、生活、政治，所心营目注，其范围不越少数君主、贵族之权利与名誉，于多数国民之幸福无与焉。

他还举《曲礼》"礼不下庶人，刑不上大夫"一语，指证为"孔子之道与封建时代之铁证"，这就把"封建时代"等同于产生各种专制的、非人道的制度、思想、生活方式的"旧时代"。"五四"时期的反孔批儒，其思维逻辑是：封建＝落后、反动，而孔子＝封建，故孔子＝落后、反动，应予打倒。

（三）五四新文化运动"反封建"考实

陈独秀的"反封建"新说，实开以后泛化"封建"之先河，但他尚未作系统的学理论证。陈独秀是新文化运动主帅，其"反封建"新说造成不可低估的影响，后来的论者常把"五四"称为"反封建"的文化运动，即跟随了陈氏的论说。然而，详考当时语境，"五四"时期除陈独秀外，极少有人提"反封建"。

"五四"是一个文化多元时期，且不论新文化运动之外的广大空间，尚无人认同陈氏的"封建"新说，就是新文化运动的积极参与者，或不用"封建"，或将传统义与西义相通约，使用"封建"一词。

---

① 陈独秀：《孔子之道与现代生活》，《新青年》1916 年第 2 卷第 4 号。

通观鲁迅（1881—1936）"五四"时期的小说与杂文，其谴责对象有"吃人"的"礼教"、"仁义道德"（《呐喊·狂人日记》），有"人分十等"的"阶级社会"（《坟·灯下漫笔》），有"长者本位"的"孝道"（《坟·我们现在怎样做父亲》），有力主"少读或竟不读"的"中国书"（《华盖集·青年必读书》），却从未见"反封建"一语。

《新青年》的有些作者也使用"封建"一词，但含义则各不相同。一如高一涵的《近世国家观念与古相异之概略》[1]《原国》中一节的译文，比较中古的割据主义与近世的统一主义：

　　中古封建制兴，国权分裂，递嬗递降，由神及王，由王侯而武士，而都邑，法律之制定，极其万殊。

　　近世国家，为民族所部勒，用其国权保持统一。

这里的"封建制"，指欧洲中世纪国家分裂、诸侯割据、法律多门的制度，与陈独秀所谓"封建"大异。

又如吴虞（1872—1949）的《家族制度为专制主义之根据论》[2]，开篇便说：

　　商君、李斯破坏封建之际，吾国本有由宗法社会转成军国社会之机。

这里的"封建"显然指西周的分封制，与陈独秀所反之"封建"更不相干。

————

① 高一涵：《近世国家观念与古相异之概略》，《新青年》1915 年第 1 卷第 2 号。
② 吴虞：《家族制度为专制主义之根据论》，《新青年》1917 年第 2 卷第 6 号。

吴虞所批判的，是严分尊卑贵贱的"阶级制度"，他与鲁迅同调，极言"礼教吃人"[①]，而在"礼教"之前或冠以"旧"，或冠以"宗法"，而并未冠以"封建"。

三如李大钊（1889—1927）的《我的马克思主义观》[②]说：

> 手臼产出封建诸侯的社会，蒸汽制粉机产出产业的资本家的社
> 会。

这是从生产力水平论"封建"，为一种历史唯物论的简明表述，而李氏把"封建"与"诸侯"并联使用，则表明他对"封建"古典义和西洋封建义的尊重。此外，李大钊1919年在其《物质变动与道德变动》中说：

> 中世纪的社会是分有土地的封建制度、领主制度的社会，社会
> 的阶级象梯子段一样，一层一层的互相隶属，最高的是皇帝，皇帝
> 之下有王公，王公之下有诸侯，诸侯之下有小领主，百姓农奴被践
> 踏在地底。[③]

这是从欧洲中世纪社会特征出发，概述封建制度，也与"封建"古义（封爵建藩）相通。

总之，"五四"时期陈独秀将封建等同落后，其"反封建"之论有振聋发聩之效，但更多的论者所称"封建"与古典义及西义保持着内在张力，没有将其泛化。正式把五四新文化运动称为"反封建"，是在20世纪30年代

① 吴虞：《吃人与礼教》，《吴虞集》，四川人民出版社1985年版，第167—171页。
② 李大钊：《我的马克思主义观》，《新青年》1919年第6卷第5号。
③ 李大钊：《物质变动与道德变动》，《新潮》1919年第2卷第2号。

以后。

七、"封建"概念泛化

"五四"时期陈独秀等人从日本移植了"封建＝前近代＝落后、反动"的公式，视"封建"为"野蛮"与"文明"之间的全过程，故"反封建"是进入"文明"的必由之路。不过，陈氏虽将此一命题用于其激进主义论说中，但尚未赋予新封建观以理论形态。时至20世纪20年代，中国民主革命高涨，孙中山有"以俄为师"之倡。随着苏俄影响的张大、共产国际文宣材料译介中国并得以传播，使新封建观为中共理论界和国民党左派所接受，20、30年代之交，一些学者为泛化"封建"观提供学术支撑，使之获得理论形态。这是"封建"在近代中国的第三阶段语用状况。

（一）共产国际的泛化封建观

新封建观首先由共产国际文件译介中国，而共产国际的此一论说，创发者是列宁（1870—1924）。

列宁关于封建社会的研究，与马克思、恩格斯有所不同。马克思、恩格斯立足于西欧历史实际，遵循西欧研讨封建制的史学传统，视西欧封建制为特例，不赞成以其作普世性模型套用其他地区。而列宁则立足于俄国历史实际，对西欧的封建制度论有所修改，他1894年所撰《什么是"人民之友"以及他们如何攻击社会民主主义者》提出，俄国农奴制是"封建的生产关系"，从而形成较为宽泛的封建社会概念（农业生活方式、自然经济占统治地位、农奴制等），并以此分析亚洲（包括中国）社会，认为近代前的中国处于"封建社会"，由于西方资本主义的侵入，近代中国沦为"半殖民地"，其社会制度可称之"半封建"。此一关键性论说，始于列宁1912年7月15日刊发的著名文章《中国的民主主义和民粹主义》。该文在评论孙中山所代表的中国民主派的"主观社会主义"时指出：

> 中国这个落后的、半封建的农业国家的客观条件，在将近五亿人民的生活日程上，只提出了这种压迫和这种剥削的一定的历史独特形式——封建制度。农业生活方式和自然经济占统治地位是封建制度的基础；中国农民这样或那样地受土地束缚是他们受封建剥削的根源；这种剥削的政治代表就是以皇帝为政体首脑的全体封建主和各个封建主。[①]

列宁此文奠定了新封建观的基础，以后斯大林主持的《联共（布）党史简明教程》关于封建社会的诠释，均脱胎于列宁此说。毛泽东 1939 年 12 月发表的《中国革命与中国共产党》有关"古代的封建社会"的名论，也可以见到列宁此说的身影。

不过，列宁 1912 年发表的这篇文章，当时及以后一个时期并未译介中国。列宁关于中国等东方国家处于"封建社会"及"半封建"的提法，在列宁 1920 年为共产国际第二次代表大会上所作报告草拟的文本《民族和殖民地问题提纲初稿》中再次得到阐述，该文将包括中国在内的东方国家称为"封建关系或宗法农民关系占优势的比较落后的国家和民族"，将其农民运动定位为"反对各种封建主义现象或封建主义残余"。[②] 而根据列宁思想形成的共产国际二大文件《民族和殖民地问题提纲》，将近代中国定性为"半殖民地"和"半封建"。与其一脉相承的共产国际第四次大会的《东方问题之题要》，

[①]《列宁选集》第 2 卷（上），人民出版社 1960 年版，第 426 页。
[②]《列宁选集》第 4 卷（上），人民出版社 1960 年版，第 274—275 页。

被译成中文。1923 年 6 月 15 日出版的《新青年（季刊）》第 1 期（自这一期
开始，此刊成为中共中央理论性机关刊物）登载一鸿翻译的《东方问题之题
要——共产国际第四次世界大会通过》，该刊第 77 页对东方国家的社会形态
作如此界定：

> 各殖民地的资本主义……其发生发展既在封建制度之基础上，
> 又在杂合、参半。

共产国际的这一文件称东方国家统治者为 "封建的或半封建半资产阶级
的"[①]，又称东方国家实行的是 "封建宗法制度"[②]。这就把包括中国在内的东方
国家的现存状态划入 "封建制度" 或 "殖民地、半殖民地""半封建"。

列宁及共产国际关于近代中国是 "半殖民地" 的提法，迅速被国共合作
期间的中共和国民党接受，1924 年 1 月发表的国民党一大宣言，确认中国为
"半殖民地"，而孙中山的用语为 "次殖民地"。中共文宣材料更普遍使用 "半
殖民地"。至于 "半封建" 之说，国民党基本不采用，前引孙中山 1924 年的
《民权主义六讲》，称中国封建制度早在两千多年前的秦朝已经 "打破"，表
明孙氏坚持封建古典义，不认同泛化封建观。在中共方面，陈独秀、瞿秋白
（1899—1935）等人 1923 年至 1925 年载于《新青年（季刊）》的文章，论及
现实的中国社会，交替使用 "宗法社会""农业经济宗法社会""封建制度" 等，
可见泛化封建观的痕迹，却并未定型。担任国共合作时期国民党宣传部长的
毛泽东（1893—1976）此间论及的革命对象，有帝国主义、贵族、军阀，却
没有提到 "封建"。

---

① 《新青年（季刊）》1923 年第一期，第 77 页。
② 《新青年（季刊）》1923 年第一期，第 78 页。

将中国社会联称"半殖民地半封建",初现于 1926 年 9 月 23 日莫斯科中山大学国际评论社编译的中文周刊《国际评论》创刊号发刊词。[①] 这可能是从当时苏联文宣材料中翻译过来的短语。1928 年 7 月在莫斯科举行的中共六大,其决议案称"现在中国的地位是半殖民地","现在中国的经济制度,的确应当规定为半封建制度",而中国革命,"是资产阶级民主革命,反帝反封建是现时革命的根本任务"。这是"半封建"与"半殖民地"并用的提法,正式形诸中共中央文件。

如前所述,由于东西方中古社会形态存在重大差异,指称欧洲中世纪制度的"封建",不一定能套用于东方诸国的中古制度。承袭西欧史学传统的马克思对此十分谨慎(下文详论),而介于东西方之间的俄国思想家列宁以及下文将提及的俄国学者柯瓦列夫斯基等,则较为忽略此一东西方中古史的差异,至于中国后"五四"的左派社会科学家,更多为"共性"论者,信奉放之四海皆准的"普遍真理"和"共通模式",当然也没有顾及中西历史的这一重大区别。封建概念的泛化正是这种共性论历史观的产物。

(二)社会史论战推介泛化封建观

时至 20 世纪 20 年代末 30 年代初,中国社会科学界展开的"中国社会史论战",将这种共性论历史观发挥到极致,使"封建"一词正式泛化,并被赋予学术形态。关于这场论战两派对"封建"概念的诠释,拙文《史学术语"封建"误植考辨》有所论列,此不赘。这里仅就论战两派的一个共同特征——以欧洲模式裁量中国历史——略作辨析。

中国社会史论战中主张泛化封建的一派,其共性论十分明显,如郭沫若

---

① 李红岩:《半殖民地半封建理论的来龙去脉》,《北京日报》2004 年 3 月 8 日。

（1892—1978）1929 年 9 月 21 日所撰《中国古代社会研究》的"自序"，可以说是一篇历史共性论的宣言书。其中有一段散文诗式的文句：

> 只要是一个人体，他的发展无论是红黄黑白，大抵相同。
>
> 由人所组织成的社会也正是一样。
>
> 中国人有一句口头禅，说是"我们的国情不同"，这种民族的偏见差不多各个民族都有。然而中国人不是神，也不是猴子，中国人所组成的社会不应该有甚么不同。①

正是在这种将"国情不同"之说视作"民族偏见"的观念指导下，郭氏以欧洲史为范本，划分"中国社会的历史的发展阶段"：

> 西周以前，原始共产制；西周时代，奴隶制；春秋以后，封建制；最近百年，资本制。②

又对"中国的社会革命"作三段划分：第一次　奴隶制的革命 殷周之际；第二次　封建制的革命 周秦之际；第三次　资本制的革命 满清末年。③

其中的"封建制"时段划定，完全背离了传统说法，将废除封建制、推行郡县制的秦始皇称为"中国社会史上完成了封建制的元勋"④。这种改变，显然是以欧洲史作型范，套用中国史的结果：欧洲中古为"封建"，中国中古（秦汉至明清）也为"封建"。这是因为"中国人所组成的社会不应该有

---

① 郭沫若：《中国古代社会研究》，群益出版社 1947 年版，第 1 页。
②③ 郭沫若：《中国古代社会研究》，群益出版社 1947 年版，第 24 页。
④ 郭沫若：《中国古代社会研究》，群益出版社 1947 年版，第 21 页。

甚么不同"。

社会史论战的对立一派，对泛化封建观有所批评，大体主张西周为封建社会，封建制在秦代已经瓦解，此后进入以士大夫阶级为中坚的"官僚政治时期"。[①] 但陶希圣（1899 —1988）论著自相矛盾的说法甚多。其所著《中国社会之史的分析》说："秦汉以后的中国，还是在前资本主义时期。"同书又说："八十年前的中国社会是前资本主义的封建社会。""中国社会，从最下层的农户起到最上层的军阀止，是一个宗法封建社会……可以叫中国社会做封建社会。"同书还说："如果照确定的封建制度来寻求中国可以说从没有封建制度存在。"《中国社会与中国革命》则认为："此二千五百年的中国，由封建制度而言，是后封建制度时期；由资本主义言，是前资本主义社会。"

陶氏何以出现如此互相抵牾的说法？原因盖在于逃不出欧洲模式，他对自己关于秦以后是"非封建社会"的论断并无自信，因为那不符合"历史共性"，于是百般变换提法，要将中国史的叙述，纳入一个与西欧模型靠近的普遍性的历史框架之中。

可见，中国社会史论战之两派，虽然观点对立，政见更水火不相容，然而有一个相通之处：双方都不同程度地以来自西方的历史分期框架为准绳，即都试图按照"原始社会—奴隶社会—封建社会—资本主义社会"这一模式裁量中国历史。当然，两派裁出的衣裳不尽相同：对当下的中国，有的称封建或半封建，有的称前资本主义，有的称资本主义。

社会史论战双方在阐述自己的共性论中国史观时，都面对概念与史实的矛盾问题。以泛化封建论者而言，要证明秦汉以后的中国为封建社会，

---

① 陶希圣：《中国封建社会史》，上海南强书局 1930 年版。

一个难以逾越的障碍，就是表述周代制度的"封建"这个古典词。精通中国古文化的郭沫若当然深知，"封建"的本义为"封爵建藩"，指的是殷周制度，尤其是西周分封制，而现在要将此词转用于实行郡县制的秦汉以降的专制帝国时期，必须对"封建"的古义另加诠释。郭氏为此颇费心力，他的《中国古代社会研究》对"封""建"二字重作古文字解说："封"指"境界林"（在边境植树林），"建"指"立社稷"（生殖器崇拜）[1]，由此得出的结论是："故古人之所谓'封建'，和我们现在所用的'封建'，字义上正大有径庭。"[2] 这一阐释取其一点不及其余，十分牵强，凡熟悉先秦古籍者皆不能接受，故在该书1947年版将这段话删去。但郭氏为否定西周封建说，仍坚持化解"封建"的封土建国本义，称"周初之所谓封建实无殊于今之所谓殖民。……均略取敌人之土地而另成一新国。然其经济基础……固纯然为奴隶制度"。[3]

郭沫若虽然试图重新界定"封建"，但他也无法同"封建"古典义脱钩，《中国古代社会研究》的第一章论及奴隶制向封建制转化（他称为"第二次社会变革"）时，有这样的文字：

> 第二次的社会变革，便是贵族的倒溃，奴隶阶级中的狡黠者的抬头，这自然会成为一种分拆的地方割据的形式。在农业上便有庄园制的产生，在工商业上便有行帮制的出现，在政治的反映上便成为封建诸侯，于是奴隶制的社会又一变而为封建制的社会。[4]

---

[1] 郭沫若：《中国古代社会研究》，联合书店1930年版，第309—310页。

[2] 郭沫若：《中国古代社会研究》，联合书店1930年版，第310页。

[3] 郭沫若：《中国古代社会研究》，联合书店1947年版，第318—319页。

[4] 郭沫若：《中国古代社会研究》，联合书店1947年版，第7页。

这里所表述的"封建制",与古典义的"封建"大体相通,而与郭氏同书中泛化了的封建大不一样。

同书中还有两段值得玩味的文字:"周室东迁以后,中国的社会才由奴隶制转入了真正的封建制度。"①把实行"封国建藩"的西周划入奴隶制,而所说东周(春秋、战国)转入的"封建制度"又是从诸侯割据意义上论说的,仍未脱离"封建"古义。郭氏下面接着讲:

> 秦以后虽然号称为郡县制,但汉有诸王、唐有藩镇、明末有三藩(此处有误,三藩在清初——引者),清初有年羹尧,就是一般的行省总督都号称为"封疆天子",并不是就不是封建制度。②

这里所说的"封建制度"更明指"封爵建藩",郭氏是用秦以后的封建余迹事例证明秦以后还是封建制度,这与其泛化的"封建",在概念上也是彼此冲突的。可见,同陶希圣一样,郭沫若也未能将"封建"所寓概念的义项确定,时而泛化,时而古典。故从核心术语的厘定及运用来看,社会史论战对立双方的郭、陶两位主将,都处在不稳定的状态之中。

郭、陶二位在论战中使用"封建"一词,内涵忽大忽小,外延更变幻莫测,时段伸缩动辄千载,此点每为评论者所诟病。1932 年,主张"亚细亚生产方式"的李季(1894—1967)著文,将郭、陶二位论说的矛盾处一一拈出,揭示其后语否定前言的情形。③李季对郭、陶的批评尖刻有余,而有一要害似乎未能充分揭示:郭、陶二位所用"封建"一词,其概念的多歧、用

① 郭沫若:《中国古代社会研究》,联合书店 1947 年版,第 20 页。
② 郭沫若:《中国古代社会研究》,联合书店 1947 年版,第 21 页。
③ 李季在《中国社会史论战批判》中介绍并批判各种划分中国经济时期的说法,《民国丛书》第五编 61,神州国光社民国二十三年版,第 109—447 页。

例的前后矛盾，正是他们套用的外来模型与中国历史实际之间无法协调的必然反映。

20世纪20年代及30年代初，为"封建"语用第三期，其间泛化封建观获得理论形态。泛化封建观在20世纪中后期的大半个世纪，特别是经由斯大林主持的《联共（布）党史简明教程》的威权式宣示，被视作马克思主义史学果实，进入中国的主流用语，此为"封建"一词的语用第四期，延及现当代，因今人熟知，本文不赘。

八、马克思反对"封建"概念滥用

（一）中国社会史论战参论者对马克思社会形态学说的表浅认识

大革命失败后展开的中国社会史论战，参论者多为曾留学东西洋的20多岁的青年社会科学工作者（据统计，平均年龄26岁），其政治派别复杂（有中共主流派、脱离中共的托陈派、国民党左派、国民党当权派、无党派），学术理路各相差异，但有一个共同之处：论者大都在不同程度上接受马克思主义影响，竞相以唯物史观信奉者自命，试图以马克思的社会形态学说把握中国历史，运用经济基础决定上层建筑的逻辑解说中国社会。故同"科玄之争"不同的是，"中国社会史论战"大体是在马克思主义的话语系统内展开的，论战双方使用从日本传入的马克思主义语汇，有的则直接从英、德文翻译马克思主义相关论述，以之作为理论依据。即使身为国民党理论家的陶希圣，也喜欢"大谈其马克思主义"，其论著常常"从《资本论》中东抄一段，西抄一段（大半都是间接抄来的），拿来当作武器"（李季语）。至于代表中共观点的"新思潮派"，更高张马克思主义旗帜。郭沫若则明确宣布以马克思的《资本论》为指针，并说自己的《中国古代社会研究》志在作昂格斯《家庭私产和国家的起源》（今译恩格斯《家庭、私有制和国家的起源》）的"续篇"。

中国社会史论战双方竞相援引马、恩，表明从"五四"至大革命的十余年间马克思主义在中国知识界传播的功效，而此一论战又使马克思主义——尤其是历史唯物主义——得以普及，并对中国史研究有所推进。但论战诸方对历史唯物主义的学习和运用，尚处在起步阶段，幼稚在所难免，而来自苏俄的教条主义影响，尤其是将学术问题政治化的倾向，制约着这场论战。当时，苏共正进行以斯大林为首的多数派与以托洛茨基为首的少数派的激烈斗争，两派关于中国社会及历史各有论说（斯大林派称中国社会为"封建""半封建"，托洛茨基派称中国社会为"资本主义"），两派之说分别为中国社会史论战双方引作依据。论战的结果之一——"泛化封建观"，基本上是苏共以斯大林、布哈林为首的多数派关于中国社会论说的演绎。故"泛化封建观"虽冠以马克思主义名目，其实主要反映了以斯大林为首的苏共观点，并不符合马克思的原论。

（二）马克思反对将"封建"泛化，认为中国、印度等
东方国家的前近代社会是"非封建"的

人所共知，马克思致力于人类历史普遍规律的探讨，他 1859 年在《政治经济学批判·序言》中的一段话"大体说来，亚细亚的、古代的、封建的和现代资产阶级的生产方式可以看作是社会经济形态演进的几个时代"[1]，被视作人类历史的普世性阶段划分。然而，马克思并未明确规定社会形态诸阶段，更没有像斯大林后来所做的那样给定一种广泛套用的公式。在相当多的场合，马克思强调的是各地区、各民族历史发展的多样性，他对于

---

① 《马克思恩格斯全集》第 13 卷，人民出版社 1965 年版，第 9 页。

将欧洲史的发展逻辑泛化为普世性规律，持批评态度，并多次尖锐谴责那种随意将个别推及一般的论者。1877 年 11 月，马克思在《给〈祖国纪事〉编辑部的信》中，针对俄国民粹主义者米海洛夫斯基对《资本论》的曲解，讲了这样一段话：

> 他一定要把我关于西欧资本主义起源的历史概述彻底变成一般发展道路的历史哲学理论，一切民族，不管它所处的历史环境如何，都注定要走这条道路——以便最后都达到在保证社会劳动力极高发展的同时又保证人类最全面的发展这样一种经济形态。但是我要请他原谅，他这样做会给我过多的荣誉，也会给我过多的污辱。

马克思在这里明白昭示了自己与共性论者（或曰历史发展单线论者）的原则区别。在讨论包括中国在内的东方民族的历史进程时，我们尤须充分重视马克思的这一观点与态度。

就封建社会的辨析而论，马克思特别注意于对不同地区、不同民族的历史个性的具体考察。马克思的这一努力，从他 19 世纪 50 年代提出"亚细亚生产方式"中已经显示出来。马克思的这一重要提法虽然比较模糊，导致后之论者的聚讼不决，然而其昭示的一个意向则是十分清楚的：东方诸国的历史进程不同于西欧，应当另作界说。19 世纪 70 年代以降，马克思更花费巨大精力从事东方诸民族的古史研究，为此做了大量读书笔记，附以若干评述。从马克思的这些笔记中，可以得见这位哲人对中古世界多线进展的深刻思考。

马克思晚年的这些民族学笔记公之于世是晚近的事①，而时值 20 世纪

---

① 中文本由 1985 年出版的《马克思恩格斯全集》第 45 卷完整刊出。

20、30 年代之交的中国社会史论战各派诸公，当然不可能读到这些以研讨历史多途演进为重心的笔记，他们将社会发展共性论（或曰历史单线进步论）视作马克思主义的历史观加以信从。就苏俄方面而言，对马克思的民族学笔记发现较早，1920 年，列宁曾派梁赞诺夫到西欧调查马、恩未刊文稿，调查者 1923 年 11 月报告调查结果，此时离列宁逝世仅两个月，身患绝症的列宁显然未及研读这批文稿，而梁赞诺夫得见这批笔记有若干与《联共（布）党史简明教程》观点相异的论述，不仅没有据以重新研讨《联共（布）党史简明教程》的观点，反而责备马克思晚年做古代社会史笔记表现了"不可饶恕的学究气"[1]，这显然反映了联共（布）的态度，其将马克思晚年的卓越思想埋没下来，也就不足为奇了。

今天，当我们完整地把握马克思关于封建社会的论说，即会发现，这位哲人十分重视各地区、各民族历史演进的特殊性，并未将印度、中国等大多数东方国家冠以"封建制度"。马克思从来都是立足于对西欧中世纪特定的社会、经济、政治状况（如封君封臣，农奴制，庄园采邑制，领主垄断土地，土地不能自由买卖，与人身依附并存的领主与附庸间的契约关系等）来论说 feudalismus 的。他指出：

在欧洲一切国家中，封建生产的特点是把土地分给尽可能多的臣属。同一切君主的权力一样，封建主的权力不是由他的地租的多少，而是由他的臣民的人数决定的……[2]

这里强调的是封建主控制臣民，因为人身依附是封建制度的基础。

---

[1]《马列主义研究资料》，1987 年第 1 期，第 159—160 页。
[2]《马克思恩格斯选集》第 2 卷，人民出版社 1965 年版，第 223 页。

前文已引述，马克思在研究日本社会史材料后，发现日本的中古时代存在深重的人身依附，存在与西欧中世纪类似的庄园，它们是自给自足和闭关自守的整体，封建庄园主对农奴化的庄民实行超经济剥夺，因而他对日本以feudalismus 相称。形成对照的是，马克思认为印度的情形另具一格。马克思的朋友、俄国学者马·柯瓦列夫斯基（1851—1916）的《公社土地占有制》一书论及印度封建化问题，马克思在摘要该书时指出，农奴制和土地不得买卖等特点均不存在于印度，故古代印度不是封建社会。马克思在按语中说：

> 由于在印度有"采邑制""公职承包制"（后者根本不是封建主义的，罗马就是证明）和荫庇制，所以柯瓦列夫斯基就认为这是西欧意义上的封建主义。别的不说，柯瓦列夫斯基忘记了农奴制，这种制度并不存在于印度，而且它是一个基本因素。……土地在印度的任何地方都不是贵族性的，就是说，土地并非不是出让给平民！ [1]

马克思又指出，印度存在集权君主制，阻碍了印度社会向西欧式的封建制演化。[2] 他还说：

> 根据印度的法律，统治者的权力不得在诸子中分配，这样一来，欧洲封建主义的主要源泉之一便被堵塞了。[3]

马克思更尖锐地抨击英国人约翰·菲尔对孟加拉和锡兰社会的性质的错

---

[1]《马·柯瓦列夫斯基〈公社土地占有制，其解体的原因、进程和结果〉》，《马克思古代社会史笔记》，人民出版社 1996 年版，第 78 页。
[2][3]《马克思古代社会史笔记》，人民出版社 1996 年版，第 68 页。

误判断，他在《约翰·菲尔爵士〈印度和锡兰的雅利安人村社〉一书摘要》中说："菲尔这个蠢驴把村社的结构叫做封建的结构。"①

可见，在马克思看来，"封建"（feudalism）是不得滥用的。这大体继承了 19 世纪西欧史学界的主流观点：西欧中世纪的封建制是一种特例，其他地区不能随意类比。前引英国派往中国和日本的外家官阿礼国决不说中国社会类似西欧中世纪，便是西欧史学观的一种反映。至于马克思，他对封建社会更有明确界定，从未将其泛化为一种普世性的社会发展阶段，明确地反对以西欧中世纪的 feudalism 套用东方国家，并严厉批评机械类比者。

依照马克思对柯瓦列夫斯基和菲尔著作的评论逻辑来分析，中国秦汉至明清显然不属于封建社会，因为秦汉至明清，农业生产者的主体是人身自由的农民而并非有深重人身依附的农奴，不存在占主导地位的农奴制；自战国以降，土地可以自由买卖，贵族世袭土地制不占主导；中国又有着比印度更加完备、更加强势的中央集权君主制度，阻止向西欧封建制那样的社会形态发展。因此，将秦汉至明清称"封建社会"，显然与马克思的观点直接背反。

单线历史观试图将原始社会与资本主义社会之间世界各地的多种社会形态，如亚细亚形态、斯拉夫形态、日耳曼形态、古典古代形态（还有未能一一列举的多种形态）塞进一种模型内，一概冠以"封建社会"，显然是不妥当的。而且，在亚细亚形态内，印度、日本与中国又各有特色，亦无法置于一个模式之内。如前所述，日本与西欧存在类同性，中国则另有特色，把秦汉至明清的"中古中国"说成与西欧中世纪同类的封建社会，其错置自见。而以唯物史观的社会形态学说为指针，按照中国历史的自身轨迹，如实归纳中国历史的分期，概括各阶段中国社会的性质，并慎选中义与西义彼此通约

①《马克思古代社会史笔记》，人民出版社 1996 年版，第 385 页。

的汉字语汇加以表述，方为求得真解的正途。而从事这项工作的先行者，已为我们留下宝贵遗产。

九、中国学人对"泛化封建"的批评

如前所述，参加中国社会史论战的多为共性论者，不同程度地以欧洲模式裁量中国历史，导致泛化封建观的形成。但论战中及论战后，也不乏抵制此泛化封建观的史学工作者，他们注目于中国历史自身实际，对封建制度另有释说。以相关论著出版先后，这些历史学家主要有：

周谷城（1930 年出版《中国社会之结构》）

瞿同祖（1937 年出版《中国封建社会》）

钱穆（1939 年出版《国史大纲》）

张荫麟（1941 年出版《中国史纲》上古篇）

李剑农（1943 年出版《中国经济史讲稿》）

周谷城以无党派身份参加中国社会史论战，20 世纪 30 年代初在新生命书局出版《中国社会之结构》（1930）、《中国社会之变化》（1931），其第一本书将中国政治制度史分为三期，"一曰无政治制度的时代"，"包括自邃古以至黄帝时为止的一个长时期"[①]；"二曰完全的贵族政治时代"，"系指由黄帝至周武王十三年商纣灭亡时为止……封建制度，尚在酝酿"；"三曰封建时代"，其界定为：

> 这个时代，系指由周武王灭纣，直到秦始皇实行完全专制一尊

[①] 周谷城：《中国社会之结构》，新生命书局 1930 年版，第 30 页。

时为止的一个长时期而言（西历纪元前一一二二年至二四六年）。在这时期之内，政治制度，就是封建制度。自周武王至周平王时，封建制度最是完全。自周平王至秦始皇时，封建制度乃渐衰落。[①]

"四曰封建一尊交替时代"，"指秦始皇到汉高祖的这个短时期言……所谓封建制度，便一变而为统治于一尊的郡县制度了"；"五曰自秦至于最近之政治"。[②]周氏此说，从政治制度史角度，十分明晰地论述了中国封建制度从酝酿、鼎盛到废止的过程，与泛化封建观明显不同。

参加社会史论战的多为泛社会科学学者，严格意义上的以中国古史研究为专业的并不多，而侧身于此一论战，并激发系统研究中国封建社会志愿的史学家，瞿同祖算得一位。他于1936年撰《中国封建社会》一书（1937年由商务印书馆出版），其自序曰：

> 因对于封建社会含义及内容有不同看法，中国封建社会的时代问题便成了论战的中心。我从开始动笔以至写成付印，始终持着不强我同于人，也不强人同于我的态度。我认为社会科学家对于一种社会制度的研究，最要紧的是制度本身的了解，次要的才是时代的问题。制度本身如果能彻底了解，起讫于何时代的问题，是比较容易解决的。[③]

不同于论战双方多情绪激昂，瞿氏以一种平和的态度致力于封建制度本身的考释。他在该书导论中设问并解答道：

---

①② 周谷城：《中国社会之结构》，新生命书局1930年版，第31页。
③ 瞿同祖：《中国封建社会》，商务印书馆1937年版，第1页。

　　　封建社会的意义是什么？……我们晓得"封建"一名词含意极
其含混。英文的名词为 feudalism 是封土（fief）的意思。和我国封建
子弟受疆土地的意义相仿佛。但内容如何，却极难说。①

以下他广引欧美诸史学家关于封建社会的界说②，然后总括道：

　　　封建社会只是以土地组织为中心而确定权利义务关系的阶级社
会而已。③

瞿氏与周氏都认为周代是封建社会，但二人的论证有广狭之别。如果说
周谷城侧重从政治制度确认周代为封建社会，那么瞿同祖则从分封制、宗法
制到经济生活、土地制度、社会阶级，全面论述中国封建社会：

　　　以经济制度而言，周代已经完全进到农业经济，土地关系成
了一切组织的中心。以政治制度而言，周初才举行大规模的封建制
度。……
　　　诸侯以下又有卿大夫，是受诸侯之封而有封邑的。这种层层分
封以相统属的关系，是封建政治的特点。
　　　以社会制度而言，阶级和宗法是两个极重要的组织。④

----

① 瞿同祖：《中国封建社会》，商务印书馆 1937 年版，第 1—2 页。
② 瞿同祖：《中国封建社会》，商务印书馆 1937 年版，第 2—4 页。
③ 瞿同祖：《中国封建社会》，商务印书馆 1937 年版，第 4 页。
④ 瞿同祖：《中国封建社会》，商务印书馆 1937 年版，第 355—356 页。

应当说，瞿氏的封建社会概念大体实现了古典义与西义的通约，平实而可信，其结论与周谷城大体一致：

> 认为周代以前，虽有封建的传说，但只是传说而已，决不可靠。封建时代，应当从周代起。
>
> 我国在周代以前，也已然有了封建的事实，但从周武王以政治的力量使全王国普遍的实行有系统的具体而严密的封建组织后，才入于封建社会完成时期。[①]

瞿同祖的《中国封建社会》一书并无论战色彩，通篇正面陈述。稍晚于瞿书，国学家钱穆（1895—1990）1939 年著《国史大纲》，对泛化封建观作了相当尖锐的抨击。钱氏从政制、学术、经济、国家法律、土地制度等方面论证周秦以下的中国社会"不足以言'封建'"，颇富辩才：

> 近人率好言中国为封建社会，不知其意何居。以政制言，中国自秦以下，即为中央统一之局，其下郡县相递辖，更无世袭之封君，此不足以言封建。以学术言，自先秦儒墨唱始，学术流于民间，既不为贵族世家所独擅，又不为宗教寺庙所专有。平民社会传播学术之机会，既易且广，而学业即为从政之阶梯，白衣卿相，自秦以来即尔，既无特殊之贵族阶级，是亦不足以言封建。[②]

---

① 瞿同祖：《中国封建社会》，商务印书馆 1937 年版，第 5、7 页。
② 钱穆：《国史大纲》，商务印书馆 1948 年版，第 18 页。

钱氏还从经济生活、土地制度方面论说秦汉以降社会的非封建性：

> 井田制度既废，民间田亩得自由买卖于是而有兼并。……土地
> 既非采邑，即难以封建相拟。①

钱氏也不赞成将汉以后称资本主义社会：

> 然若谓中国乃资本主义之社会，则又未是。以中国传统政治观
> 念，即不许资本势力之成长也。②

在驳斥泛化封建观之后，钱氏还上升到方法论，揭示泛化封建观的症结
所在——以欧洲模式套用中国历史：

> 西洋史家有谓其历史演变，乃自封建贵族之社会，转而为工商
> 资本之社会者。治中国史者，以为中国社会必居此二之一。既不为
> 工商资本之社会，是必为贵族封建之社会无疑。③

钱氏质疑西方历史分期的普世性。西洋史家谓历史演变，自"封建贵族"
社会转而为"工商资本"社会，社会史论战中对立两派都接受此说，力图按
此模式描述中国历史，而钱氏认为：

> 中国以往社会，亦尽可非封建，非工商，而自成一格。④

––––––––

①②③④ 钱穆：《国史大纲》，商务印书馆 1948 年版，第 19 页。

这便是他在《国史大纲》中所列述的：由西周的"宗法封建"到战国的"新军国"，进而到秦汉的"大一统政府创建"，至魏晋南北朝则为"变相的封建"……总之，按中国历史的实际作分段概括，不以西欧模式硬套。钱氏特别指出：

> 何以必削足适履，谓人类历史演变，万逃不出西方学者此等分
> 类之外？①

钱氏《国史大纲》的历史分期尚有推敲余地，但他从中国历史实际出发的思路，闪耀着学理光辉，他对泛化封建论者"懒于寻国史之真，勇于据他人之说"（同上）的批评，值得认真体味。

紧随瞿、钱论著之后，张荫麟（1905—1942）1941年所撰《中国史纲》（上古篇），也是正面陈述之作，其书第二章这样界说封建社会与郡县社会：

> 武王所肇创周公所奠定的"封建帝国"，维持了约莫七百年……
> 从这散漫的封建的帝国到汉以后统一的郡县的帝国；从这阶级判分，
> 特权固定的社会到汉以后政治上和法律上比较平等的社会，这其间
> 的历程，是我国社会史的中心问题之一。②

在这一意义上，张氏对泛化封建观略加点评：

> 上面所提到的"封建"一词常被滥用。③

---

① 钱穆：《国史大纲》，商务印书馆1948年版，第19页。
②③ 张荫麟：《中国史纲》（上古篇），正中书局1948年版，第27页。

张氏接着正面立论曰：

> 严格地说封建的社会的要素是这样：在一个王室的属下，有
> 宝塔式的几级封君；每一个封君，虽然对于上级称臣，事实上是
> 一个区域的世袭的统治者而兼地主；在这社会里，凡统治者皆是
> 地主，凡地主皆是统治者，同时各级统治者属下的一切农民非农
> 奴即佃客，他们不能私有或转卖所耕的土地。照这界说，周代的
> 社会无疑地是封建社会。而且在中国史里只有周代的社会可以说
> 是封建的社会。[①]

张氏的这一定义，切合"封建"的固有古义，又与西欧中世纪列国的政
治形态 feudalism 大体相符，并注意了对此一政治形态作经济上的和社会结构
上的说明，可以视为一种涵盖东西方诸国封建社会的界说。

以治中国经济史和近代史名世的李剑农（1880—1963），1943 年在中
国书局出版的《中国经济史讲稿》，从中国历史的实态出发，对"封建社会"
作了精当的诠释。他没有照套"五种社会形态"公式，在该书第三章说：

> 封建为立于氏族共产制与个人土地自由制中间的一种制度。[②]

"氏族共产制"便是原始社会的公有制，"个人土地自由制"便是秦汉以

---

① 张荫麟：《中国史纲》（上古篇），正中书局 1948 年版，第 27—28 页。

② 李剑农：《中国经济史讲稿》，中国书局 1943 年版，第 17 页。

降土地自由买卖的制度，李氏指出，封建制存在于两者之间，是两者的"过渡期"[①]。

李氏认为西周是典型的封建社会，封建制度"春秋时已达于发展成熟之期，然其崩溃之形势已显然可见"。他指出，腐蚀封建制的势力有经济的和政治的两方面，经济的指生产力进步，以农奴为生产手段的农业起变化，封建基础破坏。政治的指集权国家形成，封建之上层结构破毁。李氏的结论是：

中国封建制度之动摇，从春秋初年起，渐次进展，至战国末年，形式虽尚遗留，实质已不存在；秦始皇不过对于已死之封建制，加以正式的死亡公布而已。[②]

这一论说切合周秦之际的历史实际。

概言之，泛化封建观虽然在 20 世纪中后叶占据主导，但与此相对应的言说也不绝如缕，以上所列仅为部分。这些论著试图将"封建"的古义与西义相通约，从世界中古历史多元进展的视角，观察中国古史，虽然其深浅精粗均在可议之列，却是一份值得重新开掘与研讨的遗产，以之与泛化封建观相比照，或许有助于我们认识中国古史进程的真实状貌。

十、"宗法专制地主社会"之议

秦汉以降的中国社会（实际上从晚周已开启端绪），显著特征之一是土

---

① 李剑农：《中国经济史讲稿》，中国书局 1943 年版，第 18 页。
② 李剑农：《中国经济史讲稿》，中国书局 1943 年版，第 31 页。

地可以自由买卖，地主—自耕农经济占据主导；显著特征之二是专制主义的君主集权政制覆盖全社会。这与古称"封建"的西周的领主经济和封邦政治大相径庭；与西欧中世纪庄园采邑制经济，封君封臣、主权分裂的封建制度差异巨大；同日本中世及近世的公武二元制度也明显有别。故无论从"封建"的古义还是西义论之，秦汉至明清的两千余年以"封建社会"表述，十分牵强。因其涉及中国历史的框架构筑，兹事体大，不得不沿《春秋》责备贤者"故例，作文以辩之。

一个概念的内涵与外延，古今有沿有革，本是正常现象。为旧概念赋予新含义，既是允许的，也是必要的，但这种新义应当以古义为基点加以引申，并尽可能与国际通用义接轨，起码要顾及古义或国际通用义两者中的一个方面。如果与古义、国际义两不搭界，又脱离了汉字词形提供的词义展开空间，这种"新义"便是无源之水、无本之木；负荷这种"新义"的新语，便是误植词。十分遗憾，今天在中国大陆通用的表述秦以下两千余年社会形态的"封建"及"封建制度、封建社会、封建时代"，就是这样的误植词。

如果本文前述可以成立，下面的问题便是：中国历史诸段落应当如何命名？特别是曾经冠以"封建社会"的秦汉至明清这两千多年历史应当如何命名？这首先是一个历史学的大论题，全面解答当然不是本章所能完成的，笔者只能对此一需要作宏大述事的论题从语义学与历史学的接合部发表意见。

事物命名的法则，最基本的一条是"循名责实""名副其实"。中国历史发展诸段落的命名，必须符合各段落的历史实际。在西方史学（包括其术语）传入中国之前，中国史学主要以王朝断代，注重王者世系、统纪。西汉今文家治《春秋》，将两百余年的春秋分作"据乱世、升平世、太平世"，此为治乱观的分期法，为盛行王朝分期法时代的历史期分异类，偶为后世今文家所用。至近代，西方史学传入中国，参照其线性进化史观，中国也出现"上古、中古、近古、近代、现代"的历史分期法（梁启超、夏曾佑等用过此类分期法），这种分期当然是名实相符的，但只标示了时间次序，而未指明各段落的社会历史性状。后来梁启超创"中国之中国、亚洲之中国、世界之中国"的时代划分，符合中国与外域文化关系发展历程的实际，却未指明三阶段中国历史的内在社会及文化属性。20世纪20年代唯物史观的社会形态学说传入中国，使历史分期获得强劲的理论支柱，但在西方中心论影响下，出现以五种社会形态（原始社会、奴隶社会、封建社会、资本主义社会、社会主义社会）套用中国史分期的做法，将过往的中国历史排序为：原始社会、奴隶社会、封建社会、半殖民地半封建社会，这种分期法曾通用于新中国成立后的中国大陆，但如本文前述，此种分期法虽有较强的概括力，但它的某些环节是"泛化封建观"的产物，有名实不符之弊。

跨入文明门槛之前的段落称原始社会，是不成问题的，若以生产工具标示，则分旧石器时代和新石器时代；若以社会组织标示，则分母系氏族时代和父系氏族时代。跨入文明门槛（以使用金属工具及文字，出现城市为标志）以后，情形渐趋复杂。夏代多有城址及金属器具出土，却因未发现成熟文字，史家多不深论。而商代则有"原始共同体"及"奴隶社会"两说，郭沫若《中国古代社会研究》持前说，吕振羽《殷周时代的中国社会》持后说，郭氏后来也改从吕说。西周有"奴隶社会说"（见郭沫若《中国古代社会研究》），"初期封建社会说"（见吕振羽《殷周时代的中国社会》）。此外，郭沫若从生产工具特点出发，将商周称为"青铜时代"。至于秦汉至明清的中国社会，因时间跨度长达两千余年，其间起伏变化甚多，宜分段命名，若需要冠以总名，"封建社会"不妥，已如前述，重新命名则颇费斟酌。

与泛化封建论者将秦汉至明清称"封建社会"相区别，曾有中国学人将其名之曰"专制社会""专制一尊社会""中央集权社会""个人土地自由制社会"等；西方学者则将其称为"亚细亚社会""东方专制社会""专制政治社会""官僚主义社会"或"传统社会"等。20世纪80年代末，笔者曾尝试将秦汉至明清的两千余年以"宗法专制社会"名之①，考虑到该名目尚未指明经济制度，而经济层面是社会形态的基石，现在笔者又修订为"宗法专制地主社会"。以下略陈理由——

在秦汉至明清的两千余年间，社会制度起伏跌宕，多有变更，但"宗法制""地主制"与"专制帝制"三者则大体一以贯之。上述"宗法专制地主社会"系为这三要素的并列式一体表述，而土地私有的"地主—自耕农制"（简称"地主制"，与封建领主制相对应）、"专制帝制"（与封土建藩的贵族政制相对应）的强势存在，使得秦汉以下两千余载与"封建"告别，故不可称作"封建社会"。

"宗法"成词较晚，宋人张载《经学理窟》中的一篇《宗法》，为此词之首出。这里的"宗法"是"宗子之法"的简称。所谓"宗子"，指宗族的嫡长子，因被认作宗族始祖的直系继承人，故称"宗子"，即族长。宗子之法（宗法）讲的是族长的确立、继承、权力的行使等，其要领在于规范嫡庶系统，实行嫡长子继承制，以定亲疏、别统绪。宗法制由父系氏族制演化而来，初奠于殷商，成形于西周，此制与封建制、等级制互为表里，共同构成那一时代的基本制度。时至晚周以降，郡县制取代封建制，命官、流官制取代世卿世禄制，宗法制也呈解体之势，但宗法制的某些继承规则与礼制，尤其是它的宗族精神（即宗法观念），一直绵延下来，这与自然经济及宗族组织长期持续相关。宗法制度是秦汉至明清列朝皇统及贵胄继承的必遵之制，此制在民间也保有物质形态（如祠堂、宗谱、族田等），直至近代仍发挥重要作用；至于宗法观念，既流衍民间，又加工为国家观念，如宋代皇帝诏曰"原人伦者，莫大于孝慈，正家道者，无先乎敦睦"②，即为典型表述。宗法伦理自庙堂之高，

---

① 冯天瑜：《中华文化史》上篇之一节"中国'封建'制度辨析"，上海人民出版社 1990 年版。

② 《宋会要辑稿》165 册，《刑法二》。

至江湖之远，莫不奉作圭臬，试看一部《水浒传》，那些造反的好汉，也无不服膺宗法伦理。

严复在《译社会通诠自序》中论列了中国的宗法制延传数千年的情形。他将人类社会的进程分为三大段落："始于图腾，继以宗法，而成于国家。"又指出，图腾（即氏族社会）是渔猎经济的产物，宗法是农耕经济的产物。就中国言之，宗法制特别绵长。严氏说：

> 由唐虞以迄于周，中间二千余年，皆封建之时代。而所诵宗法，亦于此时最备。其圣人，宗法社会之圣人也，其制度典籍，宗法社会之制度典籍也。

秦废封建、立郡县以后，"又二千余岁矣，君此土者不一家，其中之一治一乱常自若"，而其间中国人的风俗习惯、言论与思维，皆不出宗法轨范。故严氏称，从古至今的中国人"则犹然一宗法之民而已矣"。严氏总括道：三代的封建制行之两千年，秦以下被郡县制取代，然而宗法制、宗法观念却自三代以迄于今延绵不辍，"存于此土者，盖四千数百载而有余也"。考之以中国历史，严复此说实为不刊之论。

地主制，可以完整表述为"土地私有的地主—自耕农制"，这是秦汉至明清间占主导地位的土地制度（皇家及贵胄也占有土地，但非主要）。在农业文明时代，土地是财富的主要基石，所谓"有土地有财"，故田土私有、可以自由买卖的土地制度，构成秦汉以下两千余年经济制度的基石。此制初萌于春秋，其时出现向国家缴税后垦殖者可以自耕、自获的"私田"，从而在封建领主制的"公田"之外，别开一种格局。战国时，鼓励垦殖私田是列国变法的题中之义，如秦国商鞅变法的内容之一，便是提倡土地私有制，《商君书·徕民篇》力主招徕三晋之民开发秦国荒地，使私田大增，地主—自耕农经济长足进展，秦的国力强盛，得益于此者不少。秦汉以下，土地制多有变化，东汉、魏晋南北朝领主庄园制有所抬头，隋唐以后地主制恢复并发展，土地私有的地主—自耕农经济构成秦汉至明清的大势。列朝都发生过贵胄甚至皇帝的超经济土地兼并（如明代万历帝广占民田为皇庄，福王则领地数万顷），但并未扭转土地私有的地主—自耕农制大格局。

"领主制"与"地主制"是两种不同的土地占有方式。"领主"的土地得自天子或上级领主的封赐，称"封地"。占有土地是一种政治特权，不得转让与买卖。领主在领地享有行政权、司法权，所辖庶众对领主有着深重的人身依附。领主制即准确意义上的封建制度，"封建领主制"是其完整的命名。与拥有政治特权的世袭领主相比照，"地主"则指拥有田产的平民，田土并非由封赐所得，而是可以自经营、自买卖的私产。广义的地主，指一切拥有私田者；狭义的地主，指拥有较多私田者，他们将一部或全部田土租佃给农民，或雇佣农民耕种，与拥有少量田产的自耕农有别。农民向地主交租，却没有人身依附。

地主—自耕农制的基础，是小农业与家庭手工业相结合的自然经济。自然经济是高度分散的、封闭的，需要一种统合机制，去实现某些大目标（如兴修水利、开辟道路交通、抵御异族入侵、维持社会秩序等），于是君临一切的、强势的专制国家在分散的小农经济的广阔地基上巍然矗立。

中央集权的专制帝制，自战国初兴，秦汉定型，此后多有起伏，而总的趋势是君主集权的专制帝制逐步加强。对此史学界多有共识。不过，也有学者（如钱穆）认为中国的帝制不一定专制，故需略加辨析。

"专制政体"是法国18世纪启蒙思想家孟德斯鸠在《论法的精神》（中文本，商务印书馆1978年版）中提出的政体形式（孟德斯鸠有"君主政体、贵族政体、民主政体或曰共和政体"三分法，专制政体是君主政体的表现形态之一）。孟德斯鸠在古希腊亚里士多德的三政体说（君主政体、贵族政体、民主政体）基础上，将"主权者以胁吓为主义"的政体称"专制政体"，以与"主权者以温和为主义"的"贵族政体"相区别。一些西方学者认为，中国是专制政体的典型，而且与君主制结合在一起，可合称"专制君主政体"。西欧中世纪晚期亦出现君主专制，宣称"朕即国家"的法王路易十四便是典型。

中国自秦以下，皇权至尊、至大，为一贯之制，诚如谭嗣同所说："两千年之政皆秦政也。"这种"秦政"式的专制君主制度在中国愈演愈烈，明清达于极致，废除丞相，并相权入君权为突出表现。如果说，西欧中世纪末期形成的专制王权，要受到教会、贵族、领主、市民的制约，那么，中国的专制皇帝却总揽政治、军事、财经、文教大权，除冥冥上苍（天）、圣人的教言、祖宗传下的礼制以外，几乎没有约束帝王的力量。当然，人民暴动，可以推翻旧王朝，另建新王朝（谓之"易姓革命"），此为专制帝王的一大隐忧，故施行"仁政"以抚慰庶众、强化镇压机制以摄制庶众，成为专制皇权"王霸道杂之"的因由。

秦汉以下，中国的王朝频繁更迭，但专制君主制传承不辍，而且中国的专制君主既掌政权，又兼控神权，这与欧洲中世纪神权与王权分离的情形大不相同，故欧洲帝王需要执掌神权的教会为之加冕，中国则是皇帝册封宗教领袖（如清帝赐达赖喇嘛以金册）。中国一元化的君主专制也与日本天皇掌神权而不理庶政的传统颇相径庭，福泽谕吉曾比较中日两国制度说：

中国是一个把专制神权政府传之于万世的国家，日本则是在神权政府的基础上配合以武力的国家。中国是一个因素，日本则包括两个因素。[1]

---

[1] ［日］福泽谕吉：《文明论概略》，商务印书馆 1992 年版，第 18 页。

福泽所说"中国是一个因素",指"至尊"而又"至强"的专制君主统治一切;"日本是两个因素",指"至尊"而无实际政权的天皇与"至强"而无精神最高权威的幕府将军并列统治日本。福泽此一论说,切中了中国专制君主制度的一元化特色。

总之,在秦汉至明清的两千余年间,社会制度层面虽有起伏跌宕,但"宗法制""地主制"与"专制帝制"三项要素则贯穿始终。

"宗法制"是历朝皇统及贵族继承所遵之制,此制在民间也保有相关形态(如祠堂、宗谱、族田等),直至近现代仍起作用;宗法观念被加工为官方哲学和普世伦常,由"忠、孝、节、义"等德目构成的宗法伦理,为朝野所共认。

"地主制"以土地私有为特征,是秦汉至明清间小农经济的常态性制度,也是庶族士人登仕参政的物质基础,选举、科举制的取代世卿世禄制,官僚政治的取代贵族政治,其根蒂均深植于地主—自耕农经济的土壤之中。秦以下两千余年的非封建性,盖由地主制所决定。

"专制帝制"自秦汉以下延传不辍,改朝换代而此制的神髓不变,"汉承秦制、宋承唐制、清承明制",即是最好的说明。此制通过选举、科举而获得广泛的社会基础,又以郡县制、流官制大大强化中央对广土众民的掌控,使高度分散的农业社会得以整合。

"宗法制""地主制"与"专制帝制"三者又互为表里,彼此补充,相与共生,浑然一体。男耕女织的自然经济,城、乡一元的社会结构,集权而又流动的命官制度,官学、私学并存的文化教育,儒释道三教共弘的信仰格局,都在此一体制内共生,形成有机整体。故以"宗法专制地主社会"名秦汉至明清的中国社会,昭示两千余年间社会、经济、政治诸层面的基本特征,庶几切合实情。然作为术语,此名亦并不理想,千虑而难获全解,还须质之高明,深入探讨。

与三先生议"封建"①

　　"封建"本为表述中国古代政制的旧词，意谓"封土建国""封爵建藩"，近代以前在汉字文化圈诸国（中、越、朝、日）通用，未生异议。19世纪中叶西学东渐以降，中日两国用"封建"一词翻译西洋史学术语 feudalism（封土封臣、采邑领主制），衍为一个表述社会形态的新名（时间上中西并不对应，中国封建在殷周，西欧封建在中世纪，时差千余年），此新名的基本内涵仍然与"封建"原义相通。

　　20世纪20年代开始，来自苏俄的"泛化封建"观强势降临，把"以农业为基础的"从秦汉至明清的中国社会视为"封建社会"。郭沫若先生是此说的力推者，他在1930年出版的《中国古代社会研究》中称："中国的社会固定在封建制度之下已经二千多年"，还将"废封建、立郡县"的秦始皇称为"中国社会史上完成了封建制的元勋"。这种说法，是在斯大林及共产国际影响下应运而生的，但在30年代还仅是一家之言，学界很少顺应。至延安整风时期，《联共（布）党史简明教程》立为干部必读书和述史经典，中国的历史进程纳入该《简明教程》规定的模式——原始社会—奴隶社会—封建社会—资本主义社会—共产主义（其初级阶段为社会主义社会），且在时段划分上也必须与西欧史对应。自1949年以降，正式出版的历史学教科书

---

① 此文由冯天瑜口述，姚彬彬笔录，2020年6月发表于《人文论丛》辑刊。

和大多数社会科学论著及整个文宣系统皆沿袭此说。

我们这一代及下代中国人，受教的是"五种社会形态单线直进"论，将商周归入奴隶社会，秦汉至明清是一以贯之的封建社会。1978 年至 20 世纪 80 年代中期，我步入学术研究领域，不假思索地运用这种论式。转机发端于 20 世纪 80 年代中期以后，我在撰写《明清文化史散论》及稍晚的《中华元典精神》之际，较系统地阅读《左传》《史记》《明史》《清史稿》以及柳宗元、马端临、黄宗羲、顾炎武、王夫之的史论，又从梁启超、章太炎、钱穆等近代学者的讲论中得到启示，并于 20 世纪 80 年代末读到刚翻译出版的马克思晚年的《人类学笔记》，对"泛化封建观"渐生疑窦，不再将"秦汉—明清封建时代说"视为确论。这些思考，初步反映在 1989 年前后与何晓明、周积明二君合著的《中华文化史》（上海人民出版社 1990 年）中。吾撰之上篇探讨中国历史分期问题，并专立一目《中国"封建制度"辨析》云：

> 中国古来即用的专词"封建"，是"封土建国"的简称。……西方的"封建制度"（feudalism）与中国古来的"封建"在概念上比较切近。……自 20 世纪 40 年代以来，我国史学界所通用的"封建制度""封建社会"，则是从"五种社会形态"角度确定其含义的，用所有制和阶级关系作为判定标准，指由地主阶级占有土地等生产资料的主要份额，以剥削农民（或农奴）剩余劳动为基础的社会制度；自然经济是这一制度的特征，农民和地主构成这一制度的基本成员，农民与地主的阶级矛盾是这一制度的主要社会矛盾。这里所使用的"封建"一词，已与"封建"的古义和西义均不搭界。

该目提出，"秦汉至明清两千年间社会形态较确切的表述，应是'宗法君主专制社会'"，其制度主体已不是"封建"的。1989 年的此种看法，是我

2005 年前后撰写《"封建"考论》（中国社会科学出版社）的基点。

上述思路的整理及明晰化和渐趋深入，得益于与师友的切磋，特别值得纪念的是与三位年长我 20 岁左右的学界先哲——李慎之（1923—2003）、唐德刚（1920—2009）、谷川道雄（1925—2013）——的研讨。

一、与李慎之议

李慎之先生 20 世纪 80 年代中后期是中国社会科学院副院长，主管外事工作，同时也是社科院美国所所长，以博通中西著称。

1988 年，李慎之副院长受上级命，组建一个小型人文学者代表团，赴美国与华裔人文学者建立联系。当时台湾刚刚"解严"，海峡两岸人员交流渠道尚未开通，大陆方面试图通过在美华裔学者（如历史学家唐德刚、哲学史家成中英、政治学者熊玠等，他们与台湾关系密切），搭建海峡两岸学术沟通桥梁。

那个人文学者代表团由四人组成，中国社科院两位:《历史研究》主编庞朴、政治所所长严家其；院外两位：社会学家郑杭生（时任中国人民大学副校长）、文化史学者冯天瑜（时为湖北大学教授）。四人到社科院汇合后，由李慎之交代任务。这是我第一次见到李氏，即为其博学和率真所吸引。之后代表团一行到美国夏威夷，在东西方中心（East-West Center）和夏威夷大学与美籍华裔学者晤谈甚欢，达到预期目的。回国后到社科院向李氏汇报，他很高兴，说以后每年举行一次这样的会议，并把台湾学者吸纳进来。后来由于情势变化，李氏的这一设想未能实现。

李氏 1989 年秋辞去中国社科院副院长职，次年拙著《中华文化史》出版，我往外寄送的第一位便是李氏。以后几年间，在北京的学术会议上曾两三次见到李氏，他说，收阅《中华文化史》，特别称赞其中论封建一节"甚精当"。然见面匆匆，未及详述。后来我获悉，李氏在文章中多次论及"封建"问题。

李氏 1993 年 10 月发表《"封建"二字不可滥用》，指出中国学术必须保持"自性"，不可乱套外来模式，由此论及"封建"概念和历史分期问题：

> 时下所说的"封建"以及由此而派生的"封建迷信""封建落后""封建反动""封建顽固"并不合乎中国历史上"封建"的本义，不合乎从 feudal, feudalism 这样的西方文字翻译过来的"封建主义"的本义，也不合乎马克思、恩格斯所说的"封建主义"的本义，它完全是中国近代政治中为宣传方便而无限扩大使用的一个政治术语。

李氏坦陈："这个错误是我代人所犯下的"，显示了老辈学人的历史担当精神。他指出：

> 循名责实，正本清源，是所望于后生。所幸的是青年一代史学家已经有人注意到了这个问题。两年多前，我收到湖北大学冯天瑜教授寄给我的《中华文化史》，书中即已专列《中国"封建制度"辨析》一节，可说已经开始了这一工程。

1993 年我已年过天命，慎之先生称之"青年一代史学家"，这是老辈寄语，我只能勉为认领了。（一笑）

近年我又读到李氏 1998 年撰写的《发现另一个中国》，文章在批评"封建"滥用后指出："把中国自秦始皇起的社会制度称为封建主义实在是近几十年才大行其道（在此以前的名家，如陈寅恪、冯友兰都是压根儿不用这个名词的，西方研究中国历史的学者也不用这个词儿）。然而究其实际，则与中国原来所说的封建与日本、西洋的封建（feudalism）大不相同，当然也与马克思所说的封建不同（他心目中封建主义本来就是西方通用的封建主义概念），因此名实不符，只能乱人视听。"愚见与李氏所议一致。惜乎1993年以后，我们没有交流机会，拙著《"封建"考论》2006年出版时，先生已辞世三载，只能献之于灵前。

二、与唐德刚议

与唐德刚先生相识，恰在前述1988年夏威夷大学交流之际。会议期间我与夏威夷大学成中英、纽约州立大学熊玠及唐德刚互动较多。唐氏时任纽约市立大学教授、亚洲研究系系主任，他的学术贡献，最为人熟知的是口述史。唐氏擅长采访，又有一支生花妙笔，李宗仁、胡适、张国焘、张学良的口述传记出自他的手笔。我读过精彩纷呈的《李宗仁回忆录》，对他十分心仪。因为神交已久，故与唐氏一见如故，两个人在会议休息期间交谈，晚饭后到海边散步，指天画地，渐渐集中到封建辨析问题。我陈述对"封建"滥用的反拨之议，唐氏连称"难得"，因为在他的印象中，大陆学者普遍持五种社会形态单线直进说，认定秦汉至明清是封建社会。唐氏听罢我的陈述，立即操着浓重的安徽乡音，介绍他撰写的《论中国大陆落后问题的秦汉根源》中的观点。唐氏的这篇文章是1987年在西安一个会议上宣读的论文，我们1988年交谈时，该文尚未正式发表，我当时听来颇觉新颖。（该文于20世纪90年代后收入他的《史学与红学》等文集中）

唐氏说，中古欧洲式的封建制，政治属从的关系只是皇帝与诸侯、诸侯与附庸的关系，政府与人民之间无直接关系。农民只附属于土地，而土地则是附庸诸侯或（直属于）皇帝的私产。欧洲史家十七八世纪把这种管辖制度称为 feudalism。近代中国知识分子读欧洲历史，发现中国古代亦有类似的制度，这个制度并且有个古老的名字叫作"封建"。封建者，封君建国也。唐氏讲到这里兴奋起来，提高声调说，20 世纪二三十年代，"封建"一词便逐渐变质了，最后它竟变成了所有古老而落伍的一切坏的风俗习惯的总代名词。唐氏强调："时至今日，在中国马克思史学派的词汇中，所谓'封建'显然既非中古欧洲的 feudalism，也不是中国古代封君建国的'封建'了，它变成中国马克思主义者受苏联影响而特创的一个新名词。"

唐氏这一评论基本符合实际，但有需加修正的地方。我插言："大陆流行的泛化封建观，并非'马克思史学'，实则与马克思封建社会原论相悖。"

唐氏闻言有些诧异，连问："这是什么意思？"我解释道："泛化封建观是在苏俄及共产国际影响下、中国初学唯物史观的学者形成的一种偏失判断。"

唐氏可能没有读过马克思关于"封建"的论说，误以为那种泛化封建观出自马克思，我特别指出："马克思认为，非欧国家只有日本的前近代是封建社会，中国、印度等绝大多数东方国家的前近代皆非封建社会。中国一些熟悉马克思原著的史学家并不赞成秦汉—明清封建社会说。"唐氏听到介绍后，连连点头说："可能是你讲的这种情况"，并连连拍我的肩膀，说："看来你读了不少原著，所以不人云亦云。"唐氏的虚心态度和敏锐判断力令人钦佩。

1998 年以后的几年我在日本讲学，1999 年 5 月初专程回国参加在北京大学举办的纪念五四运动八十周年国际学术研讨，会上重逢唐先生，我们不约而同地谈到不能把五四运动的题旨概括为"反封建"，而应称为"反君主专制"，如辛亥革命诸人从未"反封建"，而是"反帝制，争共和"。由此我们在会上、会下继续讨论"封建"所涉诸题。住在同一宾馆的王元化先生也曾参与交谈，三人所见一致。

在这次北大会议期间，爱知大学绪形康教授邀中国的王元化、冯天瑜，美国的周策纵、唐德刚，新加坡的王赓武座谈 ①，王元化讲到，“五四”“反封建”一说应当重估，因为秦始皇统一中国后，就不再是封建制了。绪形康接着说：“冯天瑜先生发表过《厘清概念——以“封建”与“形而上学”为例》，与王元化先生观点相近。看来我们对五四运动的再认识，有一个重新厘定概念的任务。”

这次北大重晤，我与唐德刚讨论封建问题较夏威夷那次深入。我把 1988 年以后十年间自己对“封建”问题的进一步思考告诉唐氏，他深表赞许，并阐述己见。

唐氏指出：“中国社会历史可划分为三个阶段，即封建、帝制、民治。帝制就是君主专制，民治就是进入民主制度的实践阶段。”

唐氏这种划分与吾见相似。我补充道：“封建的基旨是宗法，宗法封建制初现于殷商，西周得以完备。从春秋战国到秦汉，发生从分权的封建到中央集权的君主专制的转变（史书称‘废封建，立郡县’），但周代确立的宗法观念和宗法制度秦汉以后承袭下来，用严复的话来说，直到今天，中国人‘犹然一宗法之民’。封建制解体，宗法制保留下来，周代是宗法封建，秦汉后是宗法君主集权制，这是中国史的一个特点。”唐氏赞成此说。

我们还讨论到中唐前后的中国社会形态，颇有差异。从秦汉到中唐以前，进入皇权专制社会，但封建性要素还多有遗留，从两汉到魏晋南北朝，一直发生封建制与郡县制的博弈。

两个人有一共识：因为秦汉到明清时间跨度长，应作阶段性划分，这两千年间，各种典制、习俗、思想多有迁衍变化，秦至中唐为“皇权时代前期”，其地主经济、官僚政治粗具规模，却又保留领主经济、贵族政治的若干要素，

---

① 座谈纪要载于爱知大学《中国 21》1999 年卷，中国社会科学出版社 2001 年版。

某些时段（如两晋南北朝）封建制更有张大之势（可称"亚封建"）；中唐至明清为"皇权时代后期"，领主经济、贵族政治淡出社会舞台，地主经济、官僚政治成熟，专制君主集权迈向极峰，但封建性要素仍有遗存。

唐德刚先生的封建、帝制、民治的三段分期法，胜在简明。他有一个形象的比喻，叫作"历史三峡"。他说："历史的潮流中，前后两个社会政治形态的转换，其间必然有个转型期，此转型期就是个"三峡"，跨过这个转型期，就像江水经过瞿塘峡、巫峡、西陵峡之后便一泻千里。他认为，第一个"历史三峡"，是自公元前 4 世纪"商鞅变法"起至秦皇汉武之间，实现了从封建转帝制，历时约三百年。此次转型是自动的，内部矛盾运行的结果。"

我续接道：从宗法封建向皇权社会的过渡，直至西汉的中期，也就是在汉武帝时，才算真正克服了贵族政治的遗留，当然其后还有反复。

唐氏说："第二个"历史三峡"，发端于鸦片战争之后，时间应该也是二三百年，此次转型是受外来刺激而行，是被迫的，我们至今仍处于这个转型期之中。民国以来一直没有彻底消除的出身论、阶级固化等社会现象，可以看作是宗法专制甚至是封建制的历史遗留物，彻底克服尚需时日。"

我赞同唐氏此议，又补充道，第二个"历史三峡"，并非全是外力所致，内在动力也十分重要，而且愈到后来愈重要。

我在笔记本有简要记载。

李慎之、唐德刚二位先生与我议"封建"，发生在 20 世纪 80 年代末，延及 90 年代初。三人原未谋面，事先彼此没有任何沟通，相逢一叙，即不谋而合，可谓"心有灵犀一点通"。

三、与谷川道雄议

1998—2001 年我应聘日本名古屋爱知大学专任教授；2004—2005 年在京

都的国际日本文化研究中心（简称"日文研"）做访问学者，这两个时段与沟口雄三、中岛敏夫、加加美光行、梅原猛等日本学者切磋"封建"议题，更多次与谷川道雄先生深度研讨。

谷川道雄被称为日本京都学派第三代"祭酒"，在中国六朝隋唐史研究方面贡献卓著。我在爱知大学任教时，已经结识谷川氏，他在京都主持的学术会常邀我参加，他到名古屋这边也多来晤谈。2004—2005年我到京都"日文研"以后，见面就更方便了，经常一起畅谈。他持非常明确的中国秦汉后"非封建"观点，所撰《中国中世社会与共同体》等书多有阐发。当时我正撰写《"封建"考论》，曾持文稿向谷川先生请益，他极表赞赏，并以蝇头小楷写意见书数页。2006年《"封建"考论》出版，他收到赠书后第一时间即细致阅读，并用红笔作了密密麻麻的批记圈点，后来见面他专门翻给我看。

2008年我赴京都参加学术会议，期间谷川先生邀我到他府上，同去的还有聂长顺和牟发松二君，长顺是我的学生，日语很好，时任武汉大学中国传统文化研究中心副教授（现在已是教授了），发松是唐长孺先生及门弟子（唐先生与谷川先生友谊甚深，谷川书房悬挂的唯一条幅便是唐先生所书），与我在武汉大学历史系同事，后任华东师范大学教授，时在京都访学。我们在谷川先生书房畅谈一整天（中餐由谷川夫人主厨），四人的议题是"封建"问题。后来聂长顺把谈话内容整理成文，题为"关于中国前近代社会'非封建'的对话"，发表于《史学月刊》。

谷川氏服膺唯物史观，对中国史学界一些学者（有的是谷川的老朋友）至今抱持"泛化封建论"表示非常不理解。他说，这些老友以为是在坚持马克思主义，实则非也。将秦至清中国社会称为"封建社会"，是斯大林教条的产物，与马克思主义史学相悖。他说："真正的马克思主义是发展的。而发展必须首先探究她的本来面目，找到她的基本理念、逻辑原点和逻辑结构。

斯大林把'五种生产方式形态'模式化，是机械的、专断的，并不尊重马克思的本来面目和根本原则，并不是对马克思学说的发展。像冯先生的《"封建"考论》那样，才是发展马克思主义。"

我表示，自己并不肯认马克思的全部观点，更不敢自命发展马克思主义，但认为马克思在"封建"问题上的阐述，是准确而深刻的。

《"封建"考论》出版以后，我遭到措辞严厉的批评，获得三顶帽子：一是"反马克思主义"。二是"否定中国民主革命"（中国民主革命是"反帝反封建"，你说中国前近代不是封建社会，便从根本上否定了中国民主革命）。三是"否定了中国现代史学成就"。会晤时，谷川先生笑问："冯先生对这几顶帽子作何回应？"

我笑答：第一顶帽子是否恰当，那就得认定马克思的封建观是什么。查阅《马克思恩格斯全集》或四卷本《马克思恩格斯选集》，如果觉得麻烦，可以把《马克思恩格斯论中国》这本小册子找来看，便会发现，马克思从来没有说过中国前近代是封建社会，而是用"东方专制主义""亚细亚生产方式"概括包括中国在内的东方国家的前近代制度。

马克思有两篇文章直接论及东方国家社会形态，一篇是为驳斥俄国民粹主义者米海洛夫斯基而作的《给〈祖国纪事〉编辑部的信》（1877 年 11 月），文称："关于原始积累的那一章只不过想描述西欧的资本主义经济制度从封建主义经济制度内部产生出来的途径。"但米海洛夫斯基却"一定要把我关于西欧资本主义起源的历史概述彻底变成一般发展道路的历史哲学理论，一切民族，不管它们所处的历史环境如何，都注定要走这条道路，——以便最后都达到在保证社会劳动生产力极高度发展的同时又保证每个生产者个人最全面的发展的这样一种经济形态。但是我要请他原谅。他这样做，会给我过多的荣誉，同时也会给我过多的侮辱。"马克思明确反对用西欧的社会发展模式硬套其他区域的做法。

另一篇是《柯瓦列夫斯基〈公社土地占有制，其解体的原因、进程和结果〉一书摘要》。马克思的朋友、文化人类学家柯瓦列夫斯基写了一部研究印度历史的书《公社土地占有制，其解体的原因、进程和结果》，认定前近代印度是封建社会，马克思不同意这一论断，他指出，中古印度不同于西欧中世纪，"依据印度法典，统治权不得由诸子平分；这样一来，欧洲封建主义的大量源泉便被堵塞了"。马克思的理由有二：首先，印度存在一个中央集权的官僚政治系统，这是非封建的；其次，当时印度的土地是可以自由买卖的，这也是非封建的。

对照马克思确认的封建标准，中国的前近代就更不是封建社会了。秦汉以后确立中央集权的皇权官僚政治，制度的非封建性超过印度。至于土地可以自由买卖的情况，中国兴起于战国末期，秦汉以后更加普遍，经济制度的非封建性也在印度之上。而马克思认为印度前近代不是封建社会，那么中国前近代就更加不是封建社会了。因此，在封建问题上，有些人糊制的"反马"帽子很容易扣到马克思本人头上。这可万万使不得。（众笑）

第二，关于中国的民主革命，对外"反帝"，这没有分歧；至于对内"反"什么，就要如实判定：中国民主革命不是反对封建性的领主经济，而是革除非封建的地主经济。在政治领域上不是反对封建性的贵族政治，而是革除非封建的君主专制，从辛亥革命、二次革命，直到新民主主义革命，都是反对君主专制及变相的君主专制。孙中山说过，封建贵族制中国两千年前已经打破，我们的革命对象为非封建的专制帝制，他的名言是："敢有帝制自为者，天下共击之。"中国民主革命在经济、政治两方面，皆不能以"反封建"概括。因此"否定中国民主革命"的帽子也戴不上吾头。（众笑）

第三，是不是否定了中国现代史学的成果。《"封建"考论》中以很大篇幅回顾近现代史学家的"封建论"，从章太炎、梁启超、钱穆、瞿同祖、张荫麟、李剑农等，一直到晚近的吴于廑、齐思和等，这些史学家或对封建制度有正面阐述，或对泛化封建论提出质疑，均言之凿凿。我们正是承袭近现代史学的这一传统，对沿袭苏联《联共（布）党史简明教程》的史学偏误略加纠正。不知是何人在"否定中国现代史学成果"。（众笑）

笑谈后，牟发松教授介绍，谷川道雄先生曾在上海作《"非封建"的中国中世》讲座，论述中国前近代社会的非封建性问题。谷川先生接着发表许多精辟意见，概述如下。

（一）"封建"的名实之辨，涉及多层级论题，是一个需要细致用心的学术课题。而"封建"问题要置于历史分期的大视野中探讨。近代日本史学界曾从东西比较角度对历史分期作探究，内藤湖南等人对中国史分期颇有创识，但现在日本学者已极少讨论分期问题，这令人遗憾。谷川氏寄望中国史学界继续推进此一研究。我对谷川氏此议表示赞同，并认为，分期问题在社会形态定型了的现代日本，可能已经退出视野，但在转型间的现代中国，有着深切的理论意义和实践意义。

（二）谷川氏将中国秦汉以下排除在"封建社会"之外，而称为"专制政治社会"。他说，春秋战国以前属古代社会（或曰封建社会），秦汉以下属中世社会。中世社会分前后两段：中唐以前是古代社会（或曰封建社会）残存的中世社会，其间的农民有较多君主农奴性质；中唐以后已少有古代社会残存，其间的农民有较多君主隶奴性质。我补充道，秦汉以下的自耕农，已成为直接向朝廷纳税服役并有人身自由的编户齐民，与封建时代（中国先秦时、西欧中世纪、日本三幕府时）人身依附的农奴有区别，这是秦汉以下社会非封建的表现。

（三）谷川氏评介二战后日本史学界的中国史分期论争：由前田直典及东京的历史学会为一方，认为从秦汉至明清乃至民国是"封建社会"；而发扬内藤史学的京都学派（代表者宫崎市定及其弟子谷川道雄）为另一方，认为秦汉至明清，中国确立为官僚制的、郡县制的君权一统帝国，并非封建社会，而为"专制政治社会"。

我介绍了与日本汉学家沟口雄三的交流，沟口氏认为：自秦汉帝国以来，一直采取以皇帝为中心的中央集权制，至少在政治体制上，不能将近代以前的中国称为封建时代。他在一篇文章中指出，"把鸦片战争以前看作是长期的封建时代"，"存在着一个概念的偷换"。

晤谈中大家说到，现在学术界许多人已脱离《联共（布）党史简明教程》的框架，但大的文宣语境和教科书仍然沿用中国前近代封建说，表明对时下中国史学的进步，还只能持谨慎乐观态度，有些问题还需阐明。

（一）将秦汉至明清称封建社会，套用的是西欧历史模式（西欧中世纪是封建社会）。这种模式不仅无法套用于印度、中国，连东欧的俄罗斯都不是这样的。俄罗斯前近代有一个漫长的农村公社制阶段，并未出现西欧中世纪时的封建制度。五种社会形态单线直进说，是对西欧历史的概括，而且是粗糙概括，许多欧美学者并不认同。

（二）封建社会和皇权专制社会的根本差别，可概括为：政治制度上是贵族政治与官僚政治之别；经济制度上是领主经济与地主经济之别。这些要点尚需深入研讨。

（三）中国周代"封建"制，与欧洲中世纪的 feudalism，内涵有相近处，但在时间上二者错位一千多年。这是东西方历史条件差异造成的。如果把西欧历史模式硬套到中国史上，便是"削足适履"（钱穆语），结果造成"语乱天下"（侯外庐语）。

以上皆世纪之交旧事，时过二三十年后，只能追记其概略，但大意不会走样。谨以此篇敬奉三先生在天之灵。

2020 年春末新冠肺炎大疫武汉封城之际于武昌珞珈山

自由

近代汉字新语的一种生成方式，是用汉语古典词对译内涵相近的西洋术语，通过古义、西义的彼此格义，演为一个包蕴近代义的新名。而以"自由"翻译 liberty 和 freedom，便是中西概念对接、彼此格义的一个范例。

一、汉语本义

"自由"是"自"与"由"两语素组成的主谓结构名词。

在汉语文化系统内，"自"与"由"组合成"自由"一词，兼纳"自"的自我义、"由"的不受限制义，合为"由于自己、不由外力"之义。

先秦没有"自由"一词，但在学术多元、思想较为开放的春秋战国，"意由己出、不假外力"的观念常见于哲人的表述。《论语·颜渊》云："为仁由己，而由人乎哉。"意谓求仁是自己内心的追求，不是外力强加的。"由己"（"由于自己""出于己意"），可视作"自由"一词的前身。

《庄子·逍遥游》冲决"天网"、纵横八极的抒发，更道出"自由"的古典意境。

西汉司马迁在《史记·货殖列传》中引用《周书》，指出农、工、商业各有不可替代的商品经济功能，任其自由发展，便可富国裕民。但在《史记》书中并未出现"自由"一词，直至唐代司马贞《史记索隐》才将太史公的这一精义点化出来："贫富之道,莫之夺予""言贫富自由,无予夺"①,认为贫富乃劳作者自己的努力所致,没有谁可以强行夺取或给予。可见,先秦、西汉有自由的文化追求、自由的经济思想萌生,至唐代已用"自由"一词表述。

在文学领域,继《庄子》之后,阐扬自由精神最力者是《西游记》,孙悟空是中国个体自由精神的象征,这一艺术形象表达了中国人内心对自由的向往。从自然关系上说,它表达了人不受制于苍天也不受制于大地的束缚。从社会关系上说,它又表达了人不受制于政治权力、宗教权力统治的自由意志。小说还表述了对自由多层次的理解:前期孙悟空表现的是无所畏惧的积极自由精神,后期孙悟空则表现自由与限定、自由与规则的冲突与和谐。②

以笔者所见,"自由"并联成词,始于东汉。经学家赵岐(108—201)为《孟子·公孙丑下》"则吾进退岂不绰绰然有余裕哉"句作注曰:"今我居师宾之位,进退自由,岂不绰绰然有余裕乎!"③这里的"自由"意谓自行己意,开"自由"词义之先河。经学大家郑玄(127—200)为《周礼》作注云:"去止不敢自由。""不见尊者,行自由,不为容也。"两处"自由"皆谓自作主张,而不为尊长所容纳。

晋代以降的文史篇什,"自由"频频出现。蜀汉西晋史家陈寿(233—297)《三国志·吴书·朱桓传》云:"节度不得自由。"南朝宋史家裴松之(372—451)为《三国志·毌丘俭传》作注:"而师遂意自由,不论封赏,权势自在,无所领录,其罪四也。"毌丘俭借魏朝皇太后之名,历数大将军司

---

① 《史记·货殖列传》。
② 刘再复:《〈西游记〉悟语三百则》,中国艺文出版社,2018年版,第14页。
③ (东汉)赵岐:《孟子章句》。

马师罪状，其中之一便为自由专权。这里的"自由"显然是贬义（妄自作为）。东晋袁宏（约328—376）《后汉纪·后汉孝灵皇帝纪　中卷》云："乃今方权宦群居，同恶如市，上不自由，政出左右。"此处"上不自由"指皇帝受制于奄宦，不能自主施政。

　　南朝宋范晔（398—445）编撰《后汉书》多用"自由"，《后汉书·阎皇后纪》："兄弟权要，威福自由。"《后汉书·五行志》："永寿三年七月，河东地裂，时梁皇后兄冀秉政，桓帝欲自由，内患之。""樊崇等立刘盆子为天子，然视之如小儿，百事自由，初不恤录也。"

　　《晋书·刘琨传》："若圣朝犹加隐忍，未明大体，则不逞之人袭匹碑之迹，杀生自由。"《宋书·氐胡传》："与其逆生，宁就清灭，文武同愤，制不自由。"唐人李大师（570—628）、李延寿编撰《北史·尔朱荣传》："既总朝政，生杀自由。"

　　以上史书所用"自由"，多指执政者自主专权、独断专行、任意作为。

　　晋唐以降，文学作品也常用"自由"一词，多指个体（"自"）的意欲和行为。徐陵编于公元6世纪的《玉台新咏·为焦仲卿妻作》："何乃太区区，此妇无礼节，举动自专由。吾意久怀忿，汝岂得自由。"唐人柳宗元（773—819）《酬曹侍御过象县见寄》："春风无限潇湘意，欲采蘋花不自由。"白居易（772—846）《苦热》诗云："始惭当此日，得作自由身。"宋人王安石（1021—1086）《拟寒山拾得二十首·风吹瓦堕屋》诗云："风吹瓦堕屋，正打破我头……我终不嗔渠，此瓦不自由。"诸诗文中之"自由"，指精神自在、舒展乃至狂放，显示作者追求人的自主生存空间。这种"自由"命意，大量出现于东晋唐宋之际诗文中，可能与此间文士试图突破礼教束缚有关。

　　汉译佛教经典，尤其是禅宗经典，也常用"自由"一词，意谓"不拘束、自任自恣"。如慧能（638—713）的《坛经》有"内外不住，来去自由"，"于六尘中不离不染，来去自由"之句；南宋编的禅宗史书《五灯会元》有"自由自在”说。

日本古典《大宝令》（701年）、《日本书纪》（720年）等出现的“自由”与中国古典义相同。《续日本纪》（797年）有“专政得志，升降自由”，11世纪藤原宗忠《中右记》有“今日被抑下，颇难自由欤”之句，均指任意、自恣。

总之，在汉字文化圈，“自由”的古典义为“任意、随意、自恣、自专”，与“限制、制约、约束”相对应。古汉语中的“自由”，使人联想到的是嵇康（224—263）“越名教而任自然”式的旷达与洒脱，孟子称之“自得”，庄子称之“自是”“自善”，佛家谓之“得大自在”。在重礼教规范的史典中，“自由”多作为一个消极的贬义词使用，而在文学作品中则往往表述“放达”“逍遥”境界。

二、Freedom含义

近代以降，随着“西学东渐”的展开，欧美的freedom概念东传，对汉字文化圈内的日中两国的“自由”观发生影响。

（一）“两希”：自由观源头

一种流行说法：自由精神源起古希腊。其实，自由精神发源多元，仅就西方而言，其源头有二：古希腊与古希伯来。

英文有两个词liberty和freedom，近代中国都翻译作“自由”。freedom一词源自古日耳曼文，意谓自然而然的自主行为，这是一个发端于部落社会的概念；liberty一词源自罗马的拉丁文，意谓有法律限制的自由权利，这是一个在文明社会复杂的政治环境下保护个人权利的概念。后来通用的自由合并了上述两层意思，指自由为法律框架下的人的自主权利。

在西方，较早萌动自由观的，一是古希腊的亚里士多德（前384—前322），他在《形而上学》第一卷第二章中提出"人本自由"命题，推崇"自由学术"。亚氏谓：

> 我们不为任何其他利益而找寻智慧，只因人本自由，为自己的
> 生存而生存，不为别人的生存而生存，所以我们认取哲学的唯一的
> 自由学术而深加探索，这正是为学术，自身而成立的唯一学术。

奴隶制之下的古希腊哲人普遍认为，有人生来为自由人，有人生来为奴隶，亚里士多德承认奴隶制度的合理性，在此前提下指出，自由人本来享有思想及行为的自由，但自由人的行为要受道德和理性的约束。稍晚的希腊化时期，斯多葛学派提出天赋人权观，倡导人人精神平等、精神自由的学说，影响延及罗马时代。

西方的自由（freedom）观的另一源头是希伯来元典，《圣经》认为，上帝是无限与超越，上帝是自由的，而人的自由意志是上帝赐予的，因此人生而自由，这种自由又受到上帝和他人的制约。耶稣登山宝典有"被捆绑的，得自由"的训辞。"一个断开捆绑和锁链的人，一个得着自由和释放的人，一个重担脱落一身轻的人，他的心灵是何等地喜乐啊"。故"自由"不是"由自"（为所欲为）。此种宗教的自由观与亚里士多德的"人本自由"观有同有异，二者共为17世纪、18世纪启蒙思想家自由观的源头。

（二）近代自由观

欧洲中世纪是一个封建的、阶级的社会，随着神学对理性思维的压抑，自由精神日渐沉寂。

借助文艺复兴人文精神的启迪，自由观觉醒，至17世纪，英国思想家

洛克（1632—1704）承袭"两希"（希腊、希伯来）传统，在近代条件下加以阐发：每个人都享有天赋自由的平等权利，不受制于其他任何人的意志或权威；自由是遵照理性法则生活，个人自由必须限制在法律许可范围之内；法律的目的不是废除自由，而是保护与扩大自由。[①] 自由成为古典自然法学说的重要范畴之一，自由主义（liberalism）得以创立。18 世纪的启蒙思想家孟德斯鸠、卢梭承袭并发展洛克学说，自由主义（liberalism）与市场经济和民主政治的发展相为表里，主张个性解放、文化自由、教育自由、政治自由、贸易自由等，是与专制独裁、宗教独断论相对的概念。

　　自由与必然的关系是近代哲人关注的问题。斯宾诺莎《通信集》说：人类合理的行为才是自由，"自由不在于随心所欲，而在于自由的必然性"。伏尔泰在《平等自由》一文中把自由定义为"个人意志能够支配一种绝对的必然"。黑格尔《小逻辑》说："自由本质上是具体的，它永远自己决定自己，因此同时也是必然的。……内在的必然性就是自由。"恩格斯肯定此话，指出"黑格尔第一个正确地叙述了自由和必然之间的关系"。[②] 但黑格尔将自由归结为必然，有客观宿命论倾向，自由可能因此被限制。《资本论》指出，达成人的健全发展的未来社会是：

　　　　以每个人的全面而自由的发展为基本原则的社会形式。[③]

　　总之，"自由"（freedom）是一个古今演化、含义错综的概念，孟德斯鸠（1689—1755）说："没有一个词比自由有更多的涵义，并在人们的意识中留

---

① [英]洛克：《人类理解论》《政府论两篇》。
② 《马克思恩格斯选集》第3卷，人民出版社1972年版，第153页。
③ 《马克思恩格斯全集》第23卷，人民出版社1972年版，第649页。

下更多不同的印象。"① 英国观念史家以赛亚·伯林（1909—1997）的《自由论·两种自由概念》指出，"自由"一词有两百种以上的定义。依笔者所见，"自由"定义之多，可与"文化"相媲美，而"自由"在近代逐渐获得大方向一致的含义。

汉字文化圈内的中国和日本，近代面对的便是这样的纷繁错综而又指向趋同的西来"自由"观念。

三、Freedom 汉译：从"自主"到"自由"

西方的"自由"理念传往东亚，开端于 16、17 世纪之交的入华耶稣会士。耶稣会士与中国士人合作，推动东西方自由观交会和反映自由观的语词的译制。19 世纪入华的新教传教士与中国合作者发展此一译事。

（一）"自主自专"

明末来自意大利的耶稣会士艾儒略于天启三年（1623）刊行的《西学凡》，在介绍天主教教义时，称天主"自主自专，至爱广博，至公森严，无物不照护"。其"自主自专"是对西方自由概念的汉文表述，不过尚未正式成词。

（二）汉英词典的多种译法

在中国，英语 freedom 和 liberty 的汉语译词最先出现在 19 世纪初至中叶来华新传教教士及中国士人所编的早期英汉词典中。

---

① [法] 孟德斯鸠：《论法的精神》，商务印书馆 1959 年版。

1822 年的马礼逊词典在 principles of self rule（自律原则）和 not under the control of anyone（不受任何人控制）意义上，将 freedom 和 liberty 译作"自主之理"。1844 年的卫三畏词典虽未收 freedom 一条，但有 free 一词，和 liberty 一样，都给出"自主"这一译词。可以说，"自主"是 freedom 和 liberty 在中国的最早译词。至于"自由"，则是作为 free 的译词，最早出现在 1847 年的麦都思词典第一卷中；作为 liberty 的译词，最早出现在 1867 年罗存德词典第二卷中。

freedom 和 liberty 在中国的翻译大势为："自主"→"自由"。

（三）新教传教士译作"自主之理"

至于著文介绍西方 freedom 或 liberty 思想的，则首推德国入华传教士郭实腊。道光乙未年（1835 年）农历六月，郭实腊创办于广州的中文期刊《东西洋考每月统记传》在"新闻"栏目下刊文曰："英吉利国之公会，甚推自主之理……倘国要旺相，必有自主之理。"[1]

1885 年，傅兰雅与应祖锡翻译《佐治刍言》，1890 年前后何启、胡礼垣作《新政真诠》，也都介绍了 freedom 或 liberty，以"自主之权"表达前述"自主之理"意蕴。

（四）19 世纪外交文书和报刊："自由"成词

近代意义上的"自由"成词，较早见于清末的外交文书。如清政府与美国 1868 年 7 月 28 日在华盛顿签订的《中美续增新约》的中文本中便有"自由"一词：

---

[1]《新闻》，爱汉者等编、黄时鉴整理：《东西洋考每月统记传》（道光乙未年阴历六月），中华书局 1997 年版，第 186 页。

　　大清国与大美国，切念民人前往各国，或愿常住入籍，或随进

来往，总听其自便，不得禁阻为是。现在两国人民互相来往，或游历，

或贸易，或久居，得以自由，才有利益。[①]

　　此"自由"一名，显是中美外交国共同对译的产物。

　　满人志刚 1868—1870 年与前任美国驻华公使蒲安臣率使团出访欧洲

十一国，1872 年出版日记《初使泰西记》，内有"现在两国人民互相来往，

或游历，或贸易，或久居，得以自由，方有利益"等语，似为从近代西方义

上使用"自由"一词。

　　1880 年代，"自由"一词亦不时被采用。如 1884 年，诗人外交家黄遵宪

离日赴美后，作诗吟咏美国总统选举，有"一律平等视，人人得自由"之句。

1885 年 12 月 23 日，英文《字林西报》的文章中夹有中文"自由党"译名。

1887 年，《申报》有一篇文章，《论西国自由之理相爱之情》。

　　综论之，近代义的"自由"一词初用于中国，在 19 世纪中叶以后渐次

零星出现，而广泛使用并成为具有时代性影响力的关键词，则在 1890 年代，

尤其是中日甲午战争后。这与日本因素分不开。

四、近代义"自由"在日中两国厘定

（一）近代日本以"自由"译介西语

　　以"自由"这一古汉语词对译西方相关概念，较早发生在江户时期的日

---

① 《中美续增新约》第五条，《中外旧约章汇编》第一册，三联书店 1957 年版，第 262 页。

本。16、17 世纪之交，葡萄牙人通过南洋群岛抵达日本，被日本人称为"南蛮"，其学被称为"南蛮学"，在日本人所编南蛮学工具书《罗葡日辞书》中，liuremente 被译作自由。文化七年（1810）刊行的《译键》又将 vrijheid 译作自由。

幕末、明治间的日本出现翻译西书的热潮。1855 至 1858 年出版的《和兰字汇》以"自由"对译荷兰相关词语。文久二年（1862）刊行的《英和对译袖珍辞书》受来自中国的麦都思的《英华字典》影响，将英语词 freedom 译作"自由"。此后，明治初出版的《改正增补和译英辞书》《英和字典》等同样将英语词 freedom 及 liberty 译作"自由"。

在幕末至明治的各种日本论著中，"自由"逐渐从古典的自恣、自专、放任义，发展成近代含义的"自由"。福泽谕吉庆应二年（1866）所著《西洋事情》卷之一，"自由"与"自主任意"并用，当时还有"自在""不羁""宽弘"等译法，均为对古汉语"自由"的任意、自恣、自专含义的承袭。而中村正直（1832—1891）明治四年（1871）将英国思想家穆勒的《自由论》译作《自由之理》，在译词上参考了罗存德的《英华字典》。《英华字典》以"自主之理"译英语 freedom，中村正直的译作也沿用"自主之理"，又并用"自由之理"。明治七年（1874），中村在《明六杂志》发表《西学一斑》，使用"人民自由志力""自由的权"等语，这是从近代政治理念角度使用"自由"一词，与"专制""专权"相对应。箕作麟祥（1846—1897）于明治四至六年间（1871—1873）刊行的《泰西劝善训蒙》卷下，详述"士民自由权、所有权"，其中包括"身体自由权、本身自由权、意志自由权、出版自由权、言词自由权、物件自由权"等，将近代西方自由理念铺陈开来。明治八年（1875），加藤弘之在《国体新论》中引述法国孟德斯鸠的"自由权"思想，在今义上广用自由一词。明治十七年（1884）再版的《哲学字汇》则从哲学意义上将 freedom 译作自由、自在，意谓对必然的认识。

（二）近代日本的自由民权运动

在近代日本，"自由"逐渐从含有"放任、自恣、自专"义的生活用语，通过对译西洋概念，演为近代政治术语及哲学术语。19 世纪 70—80 年代日本兴起自由民权运动，则将"自由"理念引向社会实践。

明治六年（1873），森有礼、福泽谕吉、西周等创建"明六礼"，办《明六杂志》，翻译介绍西方近代思想，自由为其重要内容。

明治七年（1874），坂垣退助等士族知识分子创立"立志社"，倡导以天赋人权说为基础的民权主义，强调"维护自主""伸张人民之权利"，建议"设立民会"。明治十三年（1880），植木枝盛（1858—1892）等组织"自由党准备会"，在盟约的第一条中说："扩充我日本人民自由、伸张人民权利"。明治十四年（1881），以西园寺公望（1849—1940）、中江兆民（1847—1901）为中心，创刊《东洋自由新闻》，宣传"自由"理念。1881 年 10 月，有"日本的卢梭"之称的坂垣退助（1837—1919），高张"自由"之旗，倡言"主权在民"，组建"自由党"，此为日本最早成立的政党。坂垣组党后于 1882 年 4 月遇刺，坂垣与刺客搏斗受伤，由此传出坂垣泰然自若高唱"坂垣虽死，自由不死"的故事，为一时佳话。

日本明治维新的政治走势是国家统治权由天皇统揽，自由民权运动在大正时期蓬勃一时，又顷遭压制，随即解体，但自此，近代义的"自由"一词在日本为国民所常用。

（三）旅日中国人使用"自由"一词

黄遵宪出使日本多年，而 19 世纪 70—80 年代的日本，西方译词"自由"已是流行语，黄氏的诗作显然是取用日本汉字译词"自由"，与中国古典义有所不同。但黄遵宪 1890 年著《日本国志》，将"自由"释作"不为人所拘束之义也，为上者不能压抑之、束缚之也"，又未能脱出中国古典"自由"的自恣、无拘束义。1896 年，黄遵宪、汪康年、梁启超等人在上海创办《时务报》，倡导维新变法，聘请日本人古城贞吉主持"东文报译"。1896 年农历九月十一日，《时务报》第八册载古城贞吉译《加拿大自由党国政》。

维新变法失败后，梁启超等人流亡日本，在横滨创办《清议报》《新民丛报》，"自由"一词屡屡出现其中。如：1899 年农历五月十一日，欧榘甲（1870—1911）在《清议报》第十八册上发表《义士乱党辨》一文，其主旨在"伸人民天赋自由之权、人治进化之义"，认为欧洲乃"藉宗教改革、国家改革、社会改革之力，民人得享自由之福利、平等之安全，合群进化，以有十九周之文明"①。同年农历七月十一日，欧榘甲又在《清议报》第二十四册上发表《论中国当知自由之理》一文，专门探讨中国的"自由"问题。自 1899 年开始，梁启超在《清议报》上连载《饮冰室自由书》。1900 年，《新民丛报》汇编载《新民说二：论自由》。

19、20 世纪之交，一些具有启蒙思想倾向的书刊竞相从积极、进步义上使用"自由"一词，以与专制主义相抗拮。梁启超于 1899 至 1901 年间撰写系列论文《自由书》（67 篇），参考福泽谕吉的《文明论概略》和德富苏峰的《将来之日本》《国民丛书》中的观点，简述"团体之自由"与"个人之自由"的关系；还借助中村正直的译作《自由之理》，吸取穆勒《自由论》思想，形成反对"野蛮自由"，提倡"文明自由"的自由观。又如《浙江潮》连载翻译小说《自由魂》高歌反对君主专制的自由精神。1902 年严复论及"自由生业"，阐发自由经济问题。另外，清末民初"不自由，毋宁死"成为热血青年的口头禅。这都是从西义上使用"自由"一词。

----

① （清）欧榘甲：《义士乱党辨》，《清议报》第十八册，清议报馆，1899 年五月十一日，第 4 页。

五、对译名"自由"的异议

"自由"一词在近代中国使用并不顺利，这与"放任、自恣、自专"的自由古典义与自由的近代义存在扞格有关。

1903 年，严复翻译约翰·斯图亚特·密尔（John Stuart Mill, 1806—1873）的著作 *On Liberty*（今译《论自由》），拟名《群己权界论》，从社会（群）与个人（己）的权利分界角度论自由的尺度。严复在《译凡例》中，对 freedom 和 liberty 的翻译问题进行探讨。他首先反对"西文 liberty 里勃而特，当翻公道，犹云事事公道而已"这一观点，称"此其说误也"。进而论道：

> 里勃而特，原古文作 libertas 里勃而达，乃自繇之神号。其字与常用之 freedom 伏利当同义。伏利当者，无罣碍也。又与 slavery 奴隶、subjection 臣服、bondage 约束、necessity 必须等字为对义。人被囚拘，英语曰 To lose his liberty 失其自繇，不云失其公道也。释系狗，曰 Set the dog at liberty 使狗自繇，不得言使狗公道也。公道，西文自有专字，曰 justice 札思直斯。二者义虽相涉，然必不可混而一之也。[1]

严复不采"自由"，而新创"自繇"一词，与 freedom 和 liberty 对译。其理由如下：

> "由""繇"二字，古相通假。今此译皆作遇"自繇"字，不作

---

[1] 严复译：《群己权界论》第四版，商务印书馆 1906 年版，译凡例第 1 页。

"自由"者，非以为古也。盖其字依西文规例，本一系名，非虚乃实。写为"自繇"，欲略示区别而已。[1]

关于中文"自繇"的初义及其与 freedom 或 liberty 对译之后的新义，严复述曰：

> 中文"自繇"，常含放诞、恣睢、无忌惮诸劣义。然此自是后起附属之诂，与初义无涉。初义但云不为外物拘牵而已，无胜义，亦无劣义也。夫人而自繇，固不必须以为恶，即欲为善，亦须自繇。其字训，本最宽。自繇者，凡所欲为，理无不可。此如有独居世外，其自繇界域，岂有限制？为善为恶，一切皆自本身起义，谁复禁之？但自入群而后，我自繇者，人亦自繇；使无限制约束，便入强权世界，而相冲突。故曰：人得自繇，而必以他人之自繇为界。[2]

严复创"自繇"一词，是要防范"自由"走向放任，可谓用心良苦，既表明他对西方自由主义真谛的把握，也显示出他对中国容易从专制主义极端走向放任主义极端的担心。但他所制作的"自繇"一词并未得到社会认可，因其笔画繁复，含义隐晦，又有生造之嫌，无法推广，故后来流行的仍然是"自由"一词。而且，严复本人的译著也多用"自由"一词。

时值民国，仍有人对"自由"的翻译问题进行探讨。1914 年 2 月 15 日，胡以鲁在《庸言》杂志上发表《论译名》一文，提出若干译名原则，其中包括"一字而诸国语并存者，大抵各有其历史事实及国情，更宜斟酌之，分别

---

① 严复译：《群己权界论》第四版，商务印书馆 1906 年版，译凡例第 3 页。
② 严复译：《群己权界论》第四版，商务印书馆 1906 年版，译凡例第 1—2 页。

以为译"一条。胡以鲁认为,freedom 和 liberty 的翻译即属此种情形。他写道:

例如吾国旧译同一"自由"也,拉丁旧名曰"立白的"liberty,
以宽肆为义;盎格鲁－撒克逊本语曰"勿黎达姆"freedom,则以解
脱为义。盖罗马人遇其征服者,苛酷而褊啬,得享较宽之市民权者,
便标为三大资格之一,与英人脱贵族、大地主之束缚者不同也。此
译亦不易改作矣,后有类此者,宜慎厥始。[①]

依胡以鲁之见,freedom 和 liberty 不应同译为"自由",而需有区别。不过,
他并未提出具体的翻译方案。

六、近代义"自由"在中国流播

(一)《申报》"自由"议与严复"以自由为体"论

五十年后,Freedom 的汉字译名"自由"方正式登场。1887年《申报》
刊载《论西国自由之理相爱之情》一文,述及西方自由思想、自由原则,并
介绍了培根等人对自由的认识:

西国之所谓自由者,谓君与民近,其势不相悬殊,上与下通,
其情不相隔阂,国中有大事,必集官绅而讨论,而庶民亦得参清议
焉。君曰可而民尽曰否,不得行也。民尽曰可,而君独曰否,亦不
得行也。盖所谓国事者,君与庶民共之者也。虽有暴君在上,毋得

---

① (清民之际)胡以鲁:《论译名》,《庸言》第2卷第1、2号合刊,庸言报馆,1914年2月15日,第12页。
"宜慎厥始",化用《尚书》"慎厥终,惟其始"之语。

私虐一民。民有罪，君不得曲法以宥之。盖法者，天之所定，人心之公义，非君一人所能予夺其间，故亦毋得私庇一民。维彼庶民，苟能奉公守法，兢兢自爱，怀刑而畏罚，虽至老死，不涉讼庭，不见官长，以优游于檐下，晚饭以当肉，安步以当车，无罪以当富贵，清静贞正以自娱，即贫且贱，何害焉。此之谓自由。[①]

1900 年《万国公报》从第 136 册起连载斯宾塞尔《自由篇》，使西义的"自由"得以传播。

在外国人所办报刊介绍西义"自由"的同时，中国近代启蒙思想家也加入评介"自由"的行列。1895 年严复发表《论世变之亟》，论及自由原则对于西方社会的重要性，认为是否肯认自由，乃是西方与中国根本差异之所在：

> 夫自由一言，真中国历古圣贤之所深畏，而从未尝立以为教者也。彼西人之言曰：唯天生民，各具赋畀，得自由者乃为全受。故人人各得自由，国国各得自由，第务令毋相侵损而已。侵人自由者，斯为逆天理，贼人道。其杀人、伤人及盗蚀人财物，皆侵人自由之极致也。故侵人自由，虽国君不能，而其刑禁章条，要皆为此设耳。[②]

作为自由主义在中国的第一代传人，严复把握了自由的真谛，指出自由的前提是不得侵害他人自由，又指出西学的要领并不在于技艺层面，而在于其思想灵魂中的自由精神，民主制度也只是实现人的自由的一种工具

[①]《论西国自由之理相爱之情》，《申报》，1887 年 10 月 2 日。
[②] 严复：《论世变之亟》，《国闻报汇编》上卷，广雅书局 1903 年农历六月初，第 39 页。

和方法。1895 年，他借用中国传统的体用观框架，将西方近代学文化特质概括为：

以自由为体，以民主为用。[①]

严复对西洋由自由推及民主的理路作如此评述："自其自由平等观之，则捐忌讳，去烦苛，决壅敝，人人得以行其意，申其言，上下之势不相悬，君不甚尊，民不甚贱。"

严复担心"自由"被国人误解为放任自流，曾尝试以另名取代之。1903 年严复翻译约翰·斯图亚特·密尔的 *On Liberty*，译名为《群己权界论》，反映了严复对译名"自由"一词不满意，特制"群己权界"（社会与个人权利的界限）一语。严复认为中国不宜骤行民主制，原因便在于他认为中国人的"自由"观存在非理性倾向。

同在 1903 年，马君武（1881—1940）重译穆勒（密尔）该书，译名定为《自由原理》。

（二）康门自由观

1899 年农历七月十一日，康有为门生欧榘甲（1870—1911）在《论中国当知自由之理》一文中，将自由视为人的本质规定性之所在：

凡所称为人者，以其有自主之权，不受制于人也。[②]

---

① 严复：《原强》，《严复集》第一册，中华书局 1986 年版，第 23 页。
②（清）欧榘甲：《论中国当知自由之理》，《清议报》第二十四册，日本横滨：清议报馆，1899 年农历七月十一日，本馆论说第 1 页。

认为西方人称中国为"奴隶国",称中国人为"奴隶民","直无一不称其实",因为自秦焚书坑儒以来,中国在"政治"和"学术"上"断绝自由"久矣。中国要救亡图存,必须走自由之路:

> 今日者,中国而欲存也,则宜养其民独立之气;而养其独立之气,则宜使之知自由之理。[①]

谭嗣同(1865—1898)是自由精神的热情赞颂者,他在《仁学》中发出"冲决网罗"的呼唤,对"五伦"中的君臣、父子、夫妇等专制性伦常规定给予谴责,却特别肯定朋友一伦,他说:

> 五伦中于人生最无弊而有益……其惟朋友乎?
>
> 所以者何? 一曰平等,二曰自由……总括其义曰不失自主之权而已。[②]

谭嗣同深赞友道,旨在倡导平等、自由,自取人的"自主之权"。这是近代先觉者为挣脱君主专制、宗法网罗,追求自由而设计的一条出路。

康有为另一大弟子梁启超对自由作了广度阐发。从1899年开始,他在《清议报》《新民丛报》《国风报》上连载《饮冰室自由书》。其中有《放弃自由之罪》篇,开宗明义曰:

---

① (清)欧榘甲:《论中国当知自由之理》,《清议报》第二十四册,日本横滨: 清议报馆,1899年农历七月十一日,本馆论说第2页。

② 张岱年主编,加润国选注:《仁学·谭嗣同集》,辽宁人民出版社1994年版,第86页。

天下第一大罪恶，莫甚于侵人自由；而放弃己之自由者，罪亦如之。①

1900 年，梁启超《新民说·论自由》云：

"不自由，毋宁死"，斯语也，实十八十九两世纪中欧美诸国民所以立国之本原也。自由之义，适用于今日之中国乎？曰：自由者，天下之公理，人生之要具，无往而不适用者也。②

1900 年，《万国公报》136 册起连载斯宾塞尔《自由篇》中译本。1901 年，梁启超在《十种德性相反相成义》一文中指出：

自由者，权利之表证也。凡人所以为人者，有二大要件：一曰生命，二曰权利。二者缺一时，乃非人。故自由者，亦精神界之生命也。文明国民，每不惜掷多少形质之生命，以易此精神界之生命，为其重也。……吾中国四万万人，无一可称完人者，以其仅有形质界之生命，而无精神界之生命也。故今日欲救精神界之中国，舍自由美德外，其道无由。③

自由近代义的诸层面（政治的、精神的、道德的，等等），梁氏几乎皆

---

① 梁启超：《饮冰室自由书·放弃自由之罪》，《清议报》第三十册，清议报馆，1899 年九月十一日，第 5 页。
② 梁启超：《新民说·论自由》，《新民丛报》汇编一，新民丛报社，1900 年，第 2、11 页。
③ 梁启超：《十种德性相反相成义》，《清议报》第八十二册，清议报馆，1901 年五月初一日，本馆论说第 3 页。

已论及。

七、自由观的演进

自由精神在新文化运动中得到空前的张扬，"自由"的现代义普及开来。陈独秀在《新青年》的宣示文《敬告青年》中力倡"自主的而非奴隶的"，便直指自由精义。李大钊宣示：

> 自由为人类生存必须之要求，无自由则无生存之价值。[1]
>
> （宪法是）现代国民自由之证券。[2]

近代自由主义经严复、梁启超、马君武等第一代传人推介，至五四时期则有张东荪（1886—1973）、胡适（1891—1962）等第二代传人崛起。胡适将"自由"诠释为："不受外力拘束压迫的权利，是在某一方面的生活不受外力限制束缚的权力。"[3]

接续第二代的储安平（1909—1966）指出："自由不是放纵，自由仍须守法，但法律须先保障人民的自由"，这种自由是"人民的身体的、智慧的，及道德的能力，作充分优性的发展"的条件，因为"没有自由的人民是没有人格的人民，没有自由的社会只是一个奴役的社会"。[4]

被称"五四之子"的殷海光（1919—1969），是自由主义的发挥者，他将"自由的神髓"概括为：

---

[1] 李大钊：《宪法与思想自由》，《宪法公言》第 7 期，1916 年 12 月。

[2] 李大钊：《孔子与宪法》，《甲寅》日刊，1917 年 1 月 30 日。

[3] 胡适：《自由主义》，《创进》第 1 卷第 13 期，1948 年 10 月 9 日。

[4] 储安平：《我们的志趣与态度》，《观察》第 1 卷第 1 期，1946 年 9 月 1 日。

个人必须依其良心底指导而自由行动，这种自由行动以不侵犯

别人底相等权利为界限。①

他特别强调自由经济，认为"一旦经济自由不存在，便不能有任何自由"。②

有学者对《东方杂志》上"自由"一词出现的年度变化作统计，略为：1904 年 84 次，1910 年 54 次，1911 年增至 157 次，1914 年降至 56 次，1915 年增至 136 次，1916 年 132 次，1920 年达到峰值 307 次；以后十余年徘徊在 200 次左右，1932 年跌入低点 87 次，1933 年增至 285 次，1936 年达最高值 327 次；以后大降，1942 年 0 次，1943 年上升至 173 次，几经起伏，1946 年上升至 231 次；此后骤降，1948 年 40 次。从"自由"一词在《东方杂志》的出现率，可约见随着历史变迁社会思潮之异动，其三次峰值，恰与自由主义在中国的三个高潮期（1920、1936、1946）相吻合。

在自由主义宣介其自由观的同时，"自由"的古典义（放任不羁、自恣自在、不受拘束、不受限制）的含义在现代中国仍然作贬义词使用。毛泽东的名篇《反对自由主义》（1937）便是在传统意义上谴责"自由"，他列举自由主义的 11 种表现，将散漫的小农意识、庸人作风、自恣放任、勿视规范、不守纪律等，置于"自由主义"的名目下，加以批评，认为"自由主义"的来源是"小资产阶级的自私自利性，以个人利益放在第一位"。这种作为贬义词使用的"自由"，脱胎于古典的自恣、放任义，与"自由"的近代义差距悬远。

八、"自由"的歧义

如前所述，"自由"概念在传统中国、在西方，有多种阐释，其间不乏

---

① 殷海光：《自由人》，载《自由中国》1951 年第 5 卷第 11 期。
② 何卓恩：《殷海光与近代中国自由主义》，三联书店 2004 年版。

彼此抵牾之处，所以人称自由及自由主义是最不确定、最难以被准确理解的术语。作为近代政治和伦理核心概念的"自由"，在社会实践中演运的轨迹也十分复杂。

近代自由观念最显在的一次社会实践，是18世纪末叶的法国大革命。法国革命的一项重要成果是1789年颁布的《人权宣言》17条，其第一条说："一切人都是、而且永远是自由的，并享有平等的权利。"第四条说："自由就是有权去做并不伤害别人的事情。因而每个人的自然权利只受到别人也有同样的自由权这一必要性的限制。"第十一条说："思想和意见的自由交换乃是最可贵的人权之一。"

1876年法国将反映《人权宣言》精神的"自由女神"巨型塑像赠送美国，立于纽约海滨。这成为法美自由精神的象征。

自由是一柄双刃剑，当它推向极端时，也会产生反文明的破坏作用。法国大革命时期的雅各宾派高扬自由旗帜，推翻王权，很快走向放任性的自由，虽有吉伦特派劝阻雅各宾派的极端主义，但雅各宾派挟狂热民众之威，施行暴民专制，并驱逐吉伦特派议员，在全城搜捕政敌，于1793年11月将主张温和革新的吉伦特派的"无冕女王"罗兰夫人（1754—1793）推上断头台。行刑前，罗兰夫人在自由神像前留下名言："自由自由，天下古今多少罪恶，假汝之名以行！"

鉴于自由可能走向极端，一些启蒙派思想家对"自由"作出理性规范。

英国约翰·洛克指出："自由意味着不受他人束缚与强暴。"① 他的主要贡献不在于提出人生而自由平等，而在于论证私有产权制道德上的正当性，主张政府只有在取得被治者的同意，并且保障人民拥有生命、自由和财产的自

---

① [英] 约翰·洛克：《政府论》。

然权利时，其统治才有正当性。洛克的自由观反对专制政治，也为极端自由
观的漫延设置了堤防。

法国孟德斯鸠是王权专制的激烈批判者，同时，鉴于自由的滥用，他又
明确指出："自由是做法律许可的一切事情的权利。如果一个公民能够做法律
禁止的事情，他就不再有自由了。"①

英国约翰·密尔说："约束是自由之母。个人的自由，须以不侵犯他人的
自由为自由。"②

以上三例，分别代表西方 17 世纪、18 世纪、19 世纪理性的自由观。如
前所述，中国的严复、梁启超对其深度认同，并有所发挥。

第二次世界大战期间，美国总统富兰克林·罗斯福（1882—1945）在林
肯（1809—1865）提出的"三大权力"（生命的权力，自由的权力，追求幸
福的权力）的基础上，于 1941 年 1 月 6 日在致国会的咨文中，宣示四项"人
类的基本自由"——表达意见的自由，信仰的自由，免于匮乏的自由，免于
恐惧的自由。《新华日报》《解放日报》在 20 世纪 40 年代初中期发文赞扬"四
大自由"。

1948 年联合国《世界人权宣言》称"人人生而自由""人人享有生命、
自由和人身安全"，将"四大自由"列为世界各国共同遵守的基本精神。

我国当代拟定的"社会主义核心价值观"十二项，"自由"列其中。"自由"
为社会价值层面的重要取向。

古典汉字词"自由"意谓放任、自恣、自纵，此义至今仍时在使用；
而近代义的"自由"，是有约束的、理性的自由，在政治上是指受法治制约
的公民自由权，观念上是指基于自身主动意志的思想自由，法律上是指在

---

① [法]孟德斯鸠：《论法的精神》。

② [英]约翰·穆勒：《论自由》。

不违法前提下的行为自由，伦理上是指在道德自律前提下的操守自由。这种自由观日益深入人心，逐渐被大众所认可和实行。这是中西语汇涵化的结果，而"自由"一词正通过这种涵化获得共认的现代性，并成为思想和行为的准绳。

社会

　　"社会"是现代常用词，一些论者将其列入"日源词"，实则汉语古已有之，近代发生语义转借，乃"中西日涵化"的新名。[①] 对其作文化史的发掘，别有一番意味。

一、汉语古典词"社会"

　　"社会"，又作"会社"，是由"社"与"会"两字组成的并列结构名词。

（一）释"社"

　　"社"，甲骨文作🔺，即"土"字，在甲骨文中，"土""社"是同一个字。金文作🔺，由"示""木""土"（"土"以"－"表示）构成，"示"表祭祀，"木"表示祭祀土地神的地方种有树。小篆作🔺，省去金文右上的"木"。

　　"社"的本义是"土地神"，引申土地神牌位、神像，推及为祭祀土地神的地方（神社）、祭土地神的日子（社日）。《诗经·小雅·甫田》："以社以方。"注："社，后土也（后土，对大地的尊称，或泛指土地、土神）。"《荀子·礼论》："故社，祭社也。"注："社，土神。"《国语·鲁语上》："故祀以为社。"注："社，后

---

① 冯天瑜：《新语探源》，中华书局 2004 年版，第 560-565 页。

土之神也。"《说文解字》："社，地主也。从示、土。"《论衡·顺鼓》："社，土也。"组词"社稷"，兼指土地神和谷神，而土地、粮食乃立国根本，故社稷代指国家。

"社"作动词用，指祭祀土地神，主持社饭（西南地区祭祀时所供饭食）、社酒（祭神用酒）、社赛（祭祀酬谢社神的赛会）等。

"社"也是古代一种地区单位，按《周礼》的说法，二十五家为一社。由此引申出"集体性组织；团体"的意义，如诗社、棋社、报社等。

（二）释"会"

"会"（繁体"會"），甲骨文作🉠，金文作🉠，小篆作🉠，上面是盖子，下面是装东西的器皿，中间是所装的东西，三个构件合起来是指用盖子把盛有东西的器物盖起来。《说文解字》："会，合也。从亼、从曾省。曾，益也。凡会之属皆从会。"

（1）作为动词的"会"，本义"相合、会合"。《广雅·释诂三》："会，聚也。"《诗经·小雅·车攻》："会同有绎。"《礼记·月令·季秋》："以会天地之藏。"《兰亭集序》："会于会稽山阴之兰亭。"《岳阳楼记》："迁客骚人，多会于此。"

有"一起"义，如会茶（一起喝茶），会猎（会合打猎，又喻会同作战），会衔（联名签署公文），会餐（合众聚餐）。

有"晤见"义，《周礼·大宗伯》："时见曰会。"

有"符合"义，《续齐谐记》："音韵清畅，又深会女心。"

（2）作为名词的"会"，指社交集会，如晚会、舞会。

指时机，如适逢其会。

指人物荟萃处、主要城市，如省会、都会、会试。

指团体组织，如学会、同乡会、帮会。

（3）作为副词的"会"，指必然、一定。《孔雀东南飞》："吾已失恩义，会不相从许。"李白《行路难》："长风破浪会有时。"又有恰巧、适逢意。《史记·陈涉世家》:"会天大雨。"

（4）作为连词的"会"，相当于"与""同""和"。

（三）"社会"成词

"社"指团体，"会"指聚集地，两语素集合的"社会"指在一处聚集成的团体，进而指人与人形成的关系总和。

"社会"本指里社逢节日集会行赛。（宋）《梦粱录》:"皆安排社会，结缚台阁，迎列于道，观睹者纷纷。"（元）《白兔记》:"今年社会，可胜似上年么？"引义为人与人互相联系结成的组织，各种民间结社。此为狭义社会，也称社群，指群体人类活动和聚居的范围，如村、镇、城市等。广义社会，还指文化圈，如中国社会、美国社会，东方社会、西方社会等。

（四）"社会"与国家、朝廷的分工与协同

传统汉语中，"社会"一词并不常用，是一个与国家、朝廷既相联系又有区别的单位。

中国"社会"有其自在特性。相对稳定的、在板块状东亚大陆聚族而居的农耕经济是中国社会产生的基地，此与古希腊社会产生的基地——流动性的海洋——商品经济大相径庭。跨入文明门槛、国家建立以后，氏族制时代的血缘纽带解体不充分，与古希腊社会由血缘关系转为业缘、地缘关系，除奴隶外的人群成为自由民，结成公民社会不同，中国由血缘关系维系的宗法制度，自唐虞以至明清，长期延续，严复说"独至于今"国人"犹一宗法之民而已矣"[1]。数千年来，这种以嫡长子继承、宗谱分明、信守礼教为要义的

---

① [英] 甄克思著，严复译:《社会通诠》，商务印书馆 1981 年版，译序部分。

宗法制，不仅是皇族、公侯的继统规则，在地方宗族中也服膺如仪。依宗法原则结成的基层社会，牢固而强劲，改朝换代也难以动摇其根基。传统的法规、典制以至生活习俗，往往是由宗法的基层社会维系的。有"朝令不出县衙门"之说，言下之意是，县衙以下的政教伦常，皆由乡里宗法社会操持管理。须指出，皇权仍通过名田制、限田制等田制以及户籍制掌控乡里，形成行政管理、治安、教化三位一体的乡里共同体，不过，乡里宗法社会在其间发挥相对自立的作用。

在传统中国，社会与国家、社会与朝廷彼此分野：一方面，国家（或曰朝廷）集军政财文大权，庶众社会排除在政治生活之外，是被"牧"的"治于人者"；另一方面，宗法的基层社会为朝廷提供赋役，推行礼教，维持基层稳定，故政权以族权为辅佐、作基础。国家朝廷与基层社会的组织方式和权力配置，皆遵父家长制，具有明显的同构性。古来以宗法关系组成的社会，具备一定的民间组织能力，朝廷对其既加利用又深怀忌惮。

总体言之，传统中国社会未获充分发育，地方自治、民众自理力单薄，国家凭君权控御下的官家治理，"官本位"为其基本属性，所谓"盖闻天生众民，不能相治，为之立君，以统理之"[1]"盖闻天生蒸民，不能相理，为之立君，使司牧之"。[2] 千百年来，"大政府，小社会"状态有增无已，官权扩张无界，民间社会萎缩。这是现代社会建设中需要解决的问题。

二、Society 意义的演变

"社会"一词赢得现代义，是在对译英文 society 中得以实现的，而

---

① 《汉书·成帝纪》。
② 《后汉书·孝桓帝纪》。

society 在西方有一个发展过程。

Society 是一个有古英语背景，又借用外来语而形成的词。其古英语 social 产生于 14 世纪，源自拉丁文 socialis，从 socius companion，ally，associate 演变而来，与古英语中的 secg man，companion 同义，拉丁文 sequi 从它而来，有结盟的、伙伴的含义，与群体、关系等相关。[①] 英文 society 正式诞生于 1531 年，由法文 société 而来，源于拉丁文 societat 和 societas[②]。16 世纪中叶以后，society 开始等同于契约社会或市民社会，逐渐专指由西方市民群体组成的团体及其生活模式及交往规则，成为强调 individual（个人）是社会基础的词。[③]

19 世纪中叶以降，社会学作为一个学科得以确立。1838 年，法国学者奥古斯特·孔德（1798—1857）在《实证哲学教程》第 4 卷中，正式应用 sociology 一词。该词由拉丁文 societas（社会）和希腊文的 logos（学说、学问）复合而成。虽然社会学对社会的阐释纷繁复杂，但由孔德、斯宾塞开启的对于社会基本要素的论述基本上保持了下来：社会是一个可以研究的有意义的存在（有机体），社会有其自身存在的结构和内在联系，有其发展的形态和变化、社会中人和人的关系构成了核心，人与人产生了互动，社会的存在离不开人，社会与人共存，社会与一定的人的产品——文化是共存的；社会是一个超越时空，可伸缩的概念。

三、明治日本："社会"及"社会学"译定

（一）以"社会"对译 society

"社会"与 society 对译，演为社会学关键词，首先是在日本达成的。

---

① "social"，2009.Encyclopædia Britannica Online.

②《拉汉辞典》中，societas 的含意有"聚会结社、社会、团体；商会、商团、公司；政党、联盟"等。

③ [英] 雷蒙·威廉斯著，刘建基译.《关键词：文化与社会的词汇》，生活·读书·新知三联书店 2005 年版，第 447-452 页。

1870 年冬，西周在《百学连环》^①讲义中，作为"制产学"（Political Economy）的一部分，述及空想社会主义学说，将 society 译为"社、相生养之道"，将 socialism 译为"社会之说"^②，communism 译作"通有之说"^③。在此，"社会"一词，虽用于 socialism 的翻译，而不与 society 直接对译，但终不失为现代义"社会"之滥觞。

1875 年，《东京日日报》主笔福地樱痴（1841—1906）以"社会"翻译 society，"社会"开始代替"世态""会社""仲间"成为 society 的对译词。

1876 年 12 月，东京博闻社刊行上村要信、柴田正兴译《法律新论》（卷之一）。依译著《绪言》而知，其所据原书为英国人阿莫斯（Sheldon Amos，1835—1886）所著 *Science of Law* 1876 年美国纽约刊本。第一篇中有"玛氏讲学于村落社会"一节，本文中又名曰"玛氏讲学于村落会社""*Village Community*（设于各村落之会社名）"。

1877 年 12 月，东京的有村壮一刊行服部德译《民约论》（即 18 世纪法国启蒙思想家卢梭的名著《社会契约论》）。该书第二章译曰"诸社会之起源"。《凡例》申述道：

　　盖其论旨，乃专说明人民社会之原理者，意味颇深重也。^④

1877 年 12 月，丸屋善七和庆应义塾出版社于东京共同刊行尾崎行雄（1858—1954）翻译的《权理提纲》。该书是当时汉字文化圈最早的社会学译著，但译著并未将研究社会的学问译作"社会学"，而是采用了一个音译名

① [日]西周述：《百学连环》，载大久保利谦编：《西周全集》第四卷，宗高书房 1981 年版。
② 英国欧文的空想社会主义学说。
③ 法国圣西门的空想社会主义学说。
④ [日]服部德译：《民约论》，有村壮一 1877 年版，凡例第 1 页。

"宗西留斯太的"。《权理提纲序》（原汉文）云：

> 此书也，于英国硕学斯边锁著宗西留斯太的中者。[①]

"斯边锁"即英国著名哲学家赫伯特·斯宾塞（Herbert Spencer）；"宗西留斯太的"一词之上注有日文片假名"ソーシャルスタチックス"，英文即 Social Statics。译著行文中采用了"社会"一词：

> 每一个人恰是可谓社会之物体之分子也。[②]

1878 年 4 月，植木枝盛于高知县石井村出版其所著《开明新论》，中有"驱逐社会之病魔说"一节。

1878 年 6 月，东京的铃木义宗翻译、出版了英国人阿莫斯所著《妇女法律论》。其第二章"社会之趾础"有云：

> 社会由相互依赖之多数组织，更无一部之可缺者，亦无以他部可代之者。故欲保存社会，不可不示以彼我互相亲和、相怜相扶之原理也。[③]

1878 年，东京律书房出版岛田三郎（1852—1923）译《立法论纲》，所据原本为英国人边沁（Jeremy Bentham，1748—1832）所著 *Principles of*

---

① ［日］尾崎行雄译：《权理提纲》，丸屋善七、庆应义塾出版社 1877 年版，序。
② ［日］尾崎行雄译：《权理提纲》，丸屋善七、庆应义塾出版社 1877 年版，第 33 页。
③ ［日］铃木义宗译：《妇女法律论》，东京：铃木义宗，1878 年，第 12 页。

Legislation。其目录第十篇题为"政治上之幸福与凶害之剖析：论此幸福、凶害之波及社会之情状如何"。

1878 年 12 月，文部省刊行大井镰吉译《威氏修身学》（2 册），原书为威兰士（Francis Wayland，1796—1865）所著 *The Elements of Moral Science*。如其目录所示，该书下册第一篇为"论人文社会"，第二篇为"达成社会目标之方法"。

1879 年 3 月，东京丸善刊行英国人 William Logan（1813—1879）原著、龟山笃郎翻译的《社会之大害》（第一编）。依其凡例所述，这是一本探讨卖淫问题的小册子，原著共五章，译著摘译了三章，即"实际境况、卖淫原因、蔓延区域"。这是较早将"社会"一词用于书名的论述社会问题的译著。

1879 年，东京宝文阁刊行土居光华（1847—1918）、萱生奉三译伯克尔（Henry Thomas Buckle，1821—1862）原著《英国文明史》（6 册，原名 *History of Civilization in England*，1872 年刊于伦敦）。如其目录所示，有"社会之开进""社会之全体""社会之上进""社会变迁"等语。

1881 年 11 月，东京金港堂刊行 James Edwin Thorold Rogers（1823—1890）原著、小山雄译、中根淑（1839—1913）阅《社会经济要略》（2 册）。依小山所作《题言》，其所据原书名为 *Social Economy*，1871 年初版于英国，1872 年翻刻于美国。其中，"社会"显然与 social 对译。

1882 年 5 月，松永保太郎在东京刊行英国赫伯特·斯宾塞（Herbert Spencer，1820—1903）原著、山口松五郎译《社会组织论》。译者序（原汉文）曰：

> 顷日，民间论主权，曰在国会，或曰在君主，或曰在二者之间，喋喋不一定，是亦因社会之生理未明也。此书审解社会之生理，则

主权之所存，亦由是而明焉。①

1883年3月，由加藤正七在东京再版《社会组织论》增订本，封面标出原文 Social Organism，再版绪言称其为"论社会与人身类似之一篇"。"社会组织论"显然对译的是 Social Organism。该论为斯宾塞社会哲学的一个重要组成部分。

1882年7月，林包明（1852—1920）于东京刊行其所著《社会哲学》。林包明 1880 年腊月所作《社会哲学序论》云：

> 近世谈自由而不知社会元理所存之士多。学者所论，所以沉于我之偏见，眩于我之旧惯，以致有误于社会者，何乎？盖不究我等之赋性，俄然妄议其自由，不顾天理，徒论社会之末之所致也。……夫人之所以组织社会，定制度，设法律者，必只为保全其权利，增进其幸福，且永远强固之。果其然，则制度之于自由，法律之于社交，利害之所关，可谓最为著大。②

1882年11月，东京的秩山堂刊行田中定四郎编辑的小册子《社会风潮论》。编者在《社会风潮论绪言》中申明了编辑此书的意图，认为当国会即将召开之际，日本"社会须团结结合，热心于政治而研究之"，希望消除"不重社会之秩序，缺乏敢为之气象而不团结"的现象。该书"始云看破古来之旧惯，次不惑于异端，终云社会之向项"。鉴于当时的自由民权风潮的高涨，编者尤其注重关于"自由"的论述，前两篇连续为《论自由》

---

① [日]山口松五郎译：《社会组织论》，松永保太郎，1882年，序。
② [日]林包明：《社会哲学》，1882年，序论第1—2页。

《导社会》。

以人类社会为研究对象的学科称社会学，考察有联系的、相互依存的人们组成的社群，研讨社会关系总和的人类生活共同体。

（二）社会学

作为一个新兴学科，"社会学"以人类社会为研究对象，考察有联系的、相互依存的人们组成的社群，研讨社会关系总和的人类生活共同体。此一学科名初在日本译定。

1882 年 12 月，大石正己（1855—1935）在东京刊行了他译述的《社会改造新论》。1883 年，大石正己翻译的斯宾塞的社会学著作在东京的是我书房出版，名为《社会学》（5 册）。此为笔者所见最早以"社会学"见称的译著。译者在所作序中，引用孟子之言，阐述社会学的意义，足见明治时期日本学人依托汉学，以译介洋学。大石的译序说：

> 孟子曰："离娄之明，公输之巧，不以规矩，不能为方圆。尧舜之道，不以仁政，不能平治天下矣。"此言也，即论凡为事业必须各依其法则规矩，一个人之艺能智德无论如何优秀，若不依其法则规矩，终不得全其事业之理由者也。……处人之世，或欲改良其社会，进而增进人类之幸福之士，不知社会学之为何，不察人事社会之状态，而欲径直从事于实际，此恰如不修兵学而从事军务，不修医学而治患者，彼孟子之所谓作方圆而无规矩者也，不唯到底不能达于处世良方之目的，反至大误处世之路，减却社会之幸福。故苟欲识处世之路，真正增进社会之幸福，不可不先研究社会学，审察风俗、习惯、智识、道德等所有社会之组织状态，以推知人事之倾向，测量世运之变迁也。然而今可权衡处世方针之社会学虽尚不甚多，独

英国硕学斯边锁氏之著述材料多，引证甚密，论理颇明确，故译之
而公于世云尔。①

1884年6月，东京的东洋馆刊行有贺长雄（1860—1921）著《社会学》，
共3卷，卷一为《社会进化论》，卷二《宗教进化论》，卷三《族制进化论》。《社
会学凡例》云：

> 此书所讲之学，英名谓 sociology，此译谓社会学，或亦谓世态
> 学。②

有贺长雄还在《绪言》中，对"社会学"作如下界说：

> 社会学，解释人间社会现象之理学也。人间社会，指一般人类
> 之聚集，或结为部落，或组成国家，非指日本、支那、英国等特殊
> 社会。③

其所谓"理学"，即科学（science）。依有贺长雄所述，科学"不只讲一
事物或三四事物之原因结果，凡属其科其类之事物，尽网罗之，讲其原因结
果之次第之学也。"④ 而社会学之所以称为科学，"在其尽解释社会之普遍现象
而无遗漏也"。⑤

---

① [日]大石正己译：《社会学》，是我书房1883年版，译者序第2—5页。
② [日]有贺长雄：《社会学》，东洋馆1884年版，凡例。
③ [日]有贺长雄：《社会学》，东洋馆1884年版，绪言第1页。
④ [日]有贺长雄：《社会学》，东洋馆1884年版，绪言第3—4页。
⑤ [日]有贺长雄：《社会学》，东洋馆1884年版，绪言第5页。

总之，随着西方近代政法知识的译介，尤其是作为专门学问的社会学著译的刊行与传播，至 19 世纪 80 年代中期，新名"社会"及"社会学"在日本得以确立。1881 年 4 月，东京大学三学部刊行井上哲次郎（1856—1944）等人编《哲学字汇》。1884 年 5 月，东洋馆又出版了井上哲次郎和有贺长雄增补的《（改定增补）哲学字汇》，其中 society 及其相关英文词的译名（见该书表 1）很好地反映了这一成果，并成为此后新名运用的轨范。

四、清末中国：以"群"对译 society，以"群学"对译 sociology

近代中国译介西语 society，是与日本平行进行的，始于入华新教传教士，相关汉字译名较早出现在他们编制的早期英汉词典中。

（一）以"会""结社"译 society

19 世纪 90 年代以前，society 的译名多采用汉语古典词，如"会""结社""签题会"等；social relations 译作"五伦"，social 译作"五伦的、交友的"，虽含有社会关系之义，但未脱中国传统伦理的意义范围。19 世纪 90 年代之后，随着西方近代社会学较系统的译介，关键词 society 译名正式厘定为"社会"。

（二）从丁韪良到严复：以荀子所论"群"对译 society

19 世纪 90 年代以前，society 的汉译也有特例。1864 年孟冬，受总理衙门委托与支持，入华美国基督教长老会传教士丁韪良（1827—1916）等人编译《万国公法》，继而在北京崇实馆出版。其所据原书为美国人亨利·惠顿（Henry Wheaton，1785—1848）所著 *Elements of International Laws*，1855 年版。《万国公法》第二章"论邦国自治自主之权"起笔译云：

人成群立国，而邦国交际有事，此公法之所论也。①

其相应英文原文为：

The peculiar subjects of international law are Nations, and those political societies of men called States.②

"群"是先秦用语，《国语·周语》谓："兽三为群"，即三个以上的兽类即可称"群"。哲人们将"群"引申为概括人类社会的专词。《论语·阳货》议《诗》的功能说："诗，可以群。"荀子说，人超过其他动物是因为"人能群，彼不能群也"。③又谓："人生不能无群，群而无分则争。"④此"群"即指人组成的社会。丁韪良显然对荀子的"群"论有所领悟，故以之对译 political societies。而 political societies of men 的内涵与 states（国）相通，可见丁韪良是把"群"视作国家组织。此可谓以"群"译 society 之源起。

此外，基督教圣公会华人牧师颜永京（1839—1898）1882 年所译《肄业要览》刊行，原书为英国人斯宾塞的教育学代表作 Education 第一章 What Knowledge is of Most Worth（什么是最有价值的知识）。据王彩芹考察，在《肄业要览》中，social position 译作"于众人中居高位"；social life 译作"百姓彼此平常相交"；social and political relations 译作"闾里国家相关之举"；society 译作"风俗""国中之民"；而 sociology 和 science of society 则译作"民景学"；

---

① 丁韪良等译：《万国公法》卷二，崇实馆 1864 年版，第 16 页。
② Henry Wheaton：*Elements of International Law*，Boston：Little，Brown and Company，1855，P27.
③④《荀子·王制》。

social science 译作"为民学"①。译词虽不固定，但基本上是在"民"群的层面把握 society 的蕴含的。

甲午战争中方惨败，先进的中国士人起而力倡变法自强。1895 年 2 月，严复在《直报》上发表《论世变之亟》一文，阐发"群"论：

> 自由既异，于是群异丛然以生。②

同年 3 月，严复又在《直报》上发表《原强》一文，介绍达尔文的生物进化论和斯宾塞的社会进化论：

> 其始也，种与种争，及其成群成国，则群与群争，国与国争。而弱者当为强肉，愚者当为智役焉。③

同年 3 月底，严复在《原强》修改稿中继续阐释"群"论：

> 盖群者人之积也，而人者官品之魁也。……且一群之成其体用功能，无异于生物之一体，小大虽异，官治相准。知吾身之所生，则知群之所以立矣。④

此文已揭示"群"（即人类社会）的基本特性——"群"乃人之集合，且人群又具有一定的等级结构。

---

① 王彩芹：《斯宾塞中译本〈肄业要览〉译词考》，《或问》No.21（2011 年），第 100、106 页。
② 严复：《论世变之亟》，《严复集》第一册，中华书局 1986 年版，第 3 页。
③ 严复：《原强》，《严复集》第一册，中华书局 1986 年版，第 5 页。
④ 严复：《〈原强〉修订稿》，《严复集》第一册，中华书局 1986 年版，第 17 页。

（三）"群学"概念提出

1895 年 7 月 27 日，上海《申报》刊载《论开民之智》一文，对严复的《原强》予以推介：

今春，有某日报载一论说，名曰《原强》。洋洋数千言，分作五日登之，因篇幅过长也。大旨宗英人达尔文之《物类宗衍》一书，而以其中之二篇，推阐至详，析理精微，令人惊心动魄。一曰争自存，一曰遗宜种，总有生之物而能有以自存而遗种也，必于天时、地利、人和最相宜者也。又有锡彭塞者，亦英人也，以人皆有能自群之性，故名其学曰群学，而治之最难。欲治群学，必先为数学、名学、力学、质学，而终之以天、地、人三学。此诸学既明，而后有以事群学，修齐治平，一以贯之矣。①

该文在推介严复"群"论的同时，明确提出"群学"概念，已逼近今之"社会学"含义。

对于"群"这一概念，康有为、梁启超也十分注重，力加阐扬。1897 年农历四月，梁启超在《时务报》和《知新报》上发表《说群自序》云：

启超问治天下之道于南海先生，先生曰：以群为体，以变为用。斯二义立，虽治千万年天下可已。……能群焉，谓之君。……以群

---

① 《论开民之智》，《申报》（上海版）第 7998 号，1895 年 7 月 27 日，第 1 版。

术治群，群乃成；以独术治群，群乃败。己群之败，他群之利也。[1]

此文提出"群术"概念，近于"群学"，真精义不仅来自西方，而且还源于中国古代的"能群"之学，如荀子所云："君者，何也？曰：能群也。"[2]

1903年，严复将斯宾塞 *The Study of Sociology* 一书译成中文，题名《群学肄言》。他在《译群学肄言序》中对"群学"作正式界说：

群学何？用科学之律令，察民群之变端，以明既往，测方来也。[3]

至于群学的核心词素"群"的来历，严复《译余赘语》有云：

荀卿曰：民生有群。群也者，人道所不能外也。[4]

如前所述，严复对 society 的创译，是取自荀况（约前313—前238）创造的一个重要概念"群"。荀况云：

（人）力不若牛，走不若马，而牛马为用，何也？曰：人能群，彼不能群也。人何以能群？曰：分。分何以能行？曰：义。[5]

人之生，不能无群。[6]

① 梁启超：《说群自序》，《时务报》第二十六册，时务报馆，1897年阴历四月十一日，第1页；《知新报》第十八册，澳门：知新报社，1897年农历四月十六日，第1页。
② 《荀子·君道》。
③ 严复译：《群学肄言》，文明编译书局1903年版，译群学肄言序第1页。
④ 严复译：《群学肄言》，文明编译书局1903年版，译余赘语第1页。
⑤ 《荀子·王制》。
⑥ 《荀子·富国》。

　　荀况指出，人具有社会性（能群），是优于禽兽的原因。丁韪良等入华新教传教士和严复等中国士人，以"群"译 society，"群学"对译 sociology，正是取法于先秦荀子的教言。

　　严复撰《群己权界论》一文，阐发自由须在"群"（社会）和"己"（个人）之间划分权利界限。此文所论之"群"，指人类全部社会性组织，包括国群、家族社会、宗法组织等。而"社会"要指国群，故严复往往在同一文章中区分使用两词：

　　　　荀卿曰："民生有群。"群也者，人道所不能外也。群有数等。社会者，有法之群也。社会，商工政学莫不有之；而最重之义，极于成国。①

　　1903 年出版的《新尔雅》专列"群"条目，并引出"群学"与"社会学"概念：

　　　　二人以上之协同生活体，谓之群。亦谓之社会。研究人群理法之学问，谓之群学。亦谓之社会学。②

　　新名"群"及"群学"，一经创译，曾被采用，如《浙江潮》《江苏》《湖北学生界》《新民丛报》《新湖南》等报刊，都刊载以"群"概念阐述社会、政治问题的文章。不过，在"群"和"群学"流行的同时或略早，来自日本

---

① 严复译：《群学肄言》，文明编译书局 1903 年版，译余赘语第 1 页。
② 汪荣宝、叶澜编：《新尔雅》，明权社 1903 年版，第 63 页。

的新名"社会"和"社会学"强势入华，而严译"群"及"群学"曲高和寡，经过一段彼此参用，最终被"社会"和"社会学"取而代之。

五、"社会""社会学"取代"群""群学"

至戊戌变法前后，维新派重视结社成群，康有为说："思开风气，开知识，非合大群不可，合大群而后力厚也。合群非开会不可"，尤以"提倡学会"为先。① 这种诉求推动了"群"向"社会"一词的转变。

在汉文世界中，结社集会意义的"社会"一词的较早用例，见于1891年11月《字林沪报》载"日本秋山鉴三草，岩谷忠顺译"《人类社会变迁说》。其起笔曰：

> 地球非不大也，而陆地面积不过日本里法八百六十四万七千六百七十万方里。邦国非不多也，而有主权者各统辖内外之国务，以人民皆愿公共之幸福救安之一社会。②

该文承认"高加索人"（白色人种，又称欧罗巴人种）的优越，称：

> 彼所领人类社会，皆为彼属隶矣。……盖高加索人之文明，一种特异之文明也。人类社会事物，不论有形与无形，一感染乎此空气而靡然变其势……③

---

① 《康南海自编年谱》，《戊戌变法》第四册，第133页。
② ［日］日本秋山鉴三草，岩谷忠顺译：《人类社会变迁说》，《字林沪报》，1891年11月14日，第1版。
③ ［日］秋山鉴三草著，岩谷忠顺译：《续人类社会变迁说》，《字林沪报》，1891年11月15日，第2版。

1896—1897 年,《时务报》两期"东文报译"栏连载日本人古城贞吉"译大阪朝日报"的《论社会》。其起笔云:

> 野蛮之地,无社会者焉。及文明渐开,微露萌蘗,久之遂成一社会。然则,所谓社会,盖以渐积而成者也。抑"社会"二字,本非我国古来惯用之熟语;而社会之实形,自古已有。[①]

文中还有"学人社会""俗客社会""文艺美术社会""宗教道德之社会""股分市情之社会""格致博物之社会""政治家(社会)"等语。[②]

此后,译自日本的社会学著作纷纷问世。如:1898 年,韩昙首将斯宾塞原著、涩江保日译的《社会学新义》译成中文,在《东亚报》上连载。1899 年,《亚东时报》第 13—15 期合刊本载《社会制度要略》。有贺长雄的《社会进化论》也被译成中文,有 1900 年《清议报》刊载的瑧斋主人译本,还有 1901 年《译书汇编》译本。1902—1903 年,《翻译世界》连载远藤隆吉的《社会学》中译本。1902 年,《新民丛报》刊载"日本岸本能武太著,余杭章炳麟译"《社会学》。

1903 年,严复在翻译《群学肄言》时,关于"群"和"社会"予以分疏:

> 群有数等。社会者,有法之群也。社会,商工政学,莫不有之;

---

①②[日]古城贞吉:《东文报译:论社会》,《时务报》第十七册,上海:时务报馆,1896 年农历十二月十一日,第 23 页。

而最重之义，极于成国。^①

1903 年 7 月，上海明权社发行汪荣宝、叶澜编《新尔雅》。这是中国近代重要的专业辞书。书中"释群"篇，"群（学）"与"社会（学）"互通参用：

> 二人以上之协同生活体，谓之群，亦谓之社会。研究人群理法之学问，谓之群学，亦谓之社会学。^②

其后，"群"与"社会"互释，反复出现，如："叙述群之现象者谓之静群学或谓之社会现象论"；"推演人群之推进者谓之动群学，亦谓之社会运命论。人群运动之标的谓之人群之理想"；"人群之实在谓之群理。研究人群之实在谓之群理论，亦曰社会实在论……人群之意识行动谓之群行为，或社会行为。一群与他群区别之特色谓之群则或社会之规定"^③，等等。

《新尔雅》的这种情形，既反映了当时"群（学）"与"社会（学）"并立混用的语用状况，也构成从"群（学）"到"社会（学）"转换的临界线。此后，后者取代前者，成为社会学关键词及广为习用新名词。

1904 年 7 月 13 日，《新民丛报》刊载《新释名一（哲学类）：社会（社会学之部）》。在此，没有"群"，只有"社会"，对译英文 society，德文 gesellschaft，法文 société；其释义"采译日本建部遯吾《社会学序说》及教育学术研究会之《教育辞书》"：

---

① 严复译：《群学肄言》，文明编译书局 1903 年版，译余赘语第 1 页。
② 汪荣宝、叶澜编：《新尔雅》，明权社 1903 年版，第 63 页。
③ 汪荣宝、叶澜编：《新尔雅》，明权社 1903 年版，第 65 页、第 68 页、第 71 页。

社会者，众人协同生活之有机的、有意识的、人格的之浑一体也。[①]

继而，将此定义分析解说如下：

第一，社会者，二个以上之人类之协同生活体也。

第二，社会者，有机体也。

第三，社会者，有意识者也。

第四，社会者，人格也。

第五，社会者，浑一体也。[②]

最后，释义作结道：

合此五者，则"社会"之正确训诂，略可得矣。间有用"动物社会""植物社会"诸名，不过假借名词，未足为定语也。中国于此字无确译，或译为"群"，或译为"人群"，未足以包举全义。今从东译。[③]

经历 20 世纪初年的流播，新名"社会"终于成为人们所习用关键词，以至于今日。以"社会"为词干，形成一系列词组，如"社会生活""社会

---

① 《新释名一（哲学类）：社会（社会学之部）》，《新民丛报》第叁年第贰号，日本横滨：新民丛报社，1904年 7 月 13 日，第 113 页。

② 《新释名一（哲学类）：社会（社会学之部）》，《新民丛报》第叁年第贰号，日本横滨：新民丛报社，1904年 7 月 13 日，第 113—115 页。

③ 《新释名一（哲学类）：社会（社会学之部）》，《新民丛报》第叁年第贰号，日本横滨：新民丛报社，1904年 7 月 13 日，第 115 页。

组织""社会主义"等。

鉴于以国家政制变革为目标的辛亥革命遭遇挫折,"无量金钱无量血,可怜购得假共和",至"五四"前后,社会变革为人们所重视,"社会"作为一个论域,成为学界研讨的一大主题。梁启超于1915年1月著《吾今后所以报国者》,将以往他一向强调的国家变革,修改为社会变革优先,认为"社会"治理乃政治振兴之根基。梁氏曰:

> 夫社会之敝,极于今日,而欲以手援天下,夫孰不知其难?虽然,举全国聪明才智之士,悉萃集于政界,而社会方面空无人焉,则江河日下,又何足怪! ①

社会问题空前紧迫地提上日程,社会环境的改造,日益被雅俗两层面所重视,而各种社会实践性课目——诸如劳工问题、教育问题、妇女问题、乡村建设问题等,成为20世纪30年代前后人们的探讨领域。"社会"理所当然地上升为人文社会科学领域的关键词,"社会学"成为一门研究"社会"的专门学科。

---

① 梁启超:《吾今后所以报国者》,《大中华》第一卷第一期,中华书局,1915年1月20日,第4页。

民主

　　汉语古典词"民主"，乃偏正结构名词，意谓"民之主"；而今通用之"民主"则是主谓结构名词，意谓"民作主"。"民主"意涵的古今转换是在近代中西词语互译间完成的，新名旧名词形一致，经结构改变，含义恰成反对，堪称"借形赋义"的一个典型案例。

一、"民主"与 democracy 的本义反差

（一）汉语古典词"民主"本义：民之主

　　"民"，古代指黎民、百姓、平民，与君相对，亦与官相对。《说文解字》："民，众萌也。"《康熙字典》释民："言萌而无识也。"段玉裁《说文解字注》："萌，犹懵懵无知貌也。"皆指"民"为无知的、"治于人"[①]的一群。"民"也泛指各类人群的集合，古有"四民"之说。《尚书·周书·周官》："司空掌邦土，居四民，时地利。"《管子·匡君·小匡》："士农工商四民者，国之石民也。"《春秋谷梁传·成公元年》："古者有四民：有士民，有商民，有农民，有工民。"《春秋公羊传注疏·成公卷十七》："德能居位曰士，辟土殖谷曰农，巧心劳手以成器物曰工，通财鬻货曰商。"上例之"民"指各类人，包括士农工商。

---

①《孟子·滕文公上》："劳心者治人，劳力者治于人。"

"主"，小篆作"坓"，象形，由下至上依次为灯座、灯台、油盏、火焰；本义灯炷、灯心；《说文解字》："主，灯中火主也"，后别作"炷"字。《说文解字注》称："火是为主，其形甚微而明照一室。引申假借为臣主、宾主之主。"作为"臣主"之"主"，即"君"。"君"中之"尹"表示治事，"口"表示法令；本义指国家的最高统治者，也是古代大夫以上据有土地的各级统治者的通称。

"民"与"主"合成"民主"一词，早见于《尚书》《左传》，意谓民之主，多指帝王、君主。《尚书·周书·多方》："天惟时求民主，乃大降显休命于成汤，刑殄有夏。"《左传·文公十七年》："齐君之语偷。臧文仲有言曰：'民主偷必死。'"后世亦不乏此用例。《文选·班固〈典引〉》："肇命民主，五德初始。"蔡邕注云："民主，天子也。"《资治通鉴·晋惠帝太安二年》："昌遂据江夏，造妖言云：'当有圣人出为民主。'"上例"民主"皆指最高统治者，与"君主"同义。此外，"民主"也用来指称官吏，《三国志·吴志·锺离牧传》："仆为民主，当以法率下。"此"民主"为官员自称。

（二）Democracy 本义：人民治理

近义"民主"是在与 democracy 对译中形成的新名词。

英文 democracy 包含"人民"（dēmo）和"治理"（cracy）两个词根。此英文词源于古希腊文 δημοκρατία，这是希腊古典时期雅典城邦政治理念的一个关键词，史学家希罗多德（约前480—前425）在《历史》中使用 δημοκρατία 一词，由 δημο（人民）和 κρατία（权力、统治、治理）组成，基本含义是"人民的权力""人民来统治"，与贵族统治（ἀριστοκρατία，aristokratía，亦称"精英统治"）相对。雅典首席执政官克利斯提尼（Cleisthenes，约前570—？）与平民合作，于公元前508—507年建立"五百人会议"和十将军委员会及民众法庭，组成第一个民主国家。克利斯提尼被称为"雅典民主之父"（the father of Athenian democracy）。雅典民主采取直接民主的形式：随机选择普通公民来填补现存的少数政府行政和司法机构；由全体雅典公民组成的立法会议。全体参与、直接参与政治进程和公共事务，是这种民主形式的两大特点。

"人民治理"和"精英统治"虽然在理论上是相互对立的两个概念，但实际上这种区别在历史上已经模糊不清。例如，古典雅典的政治制度授予了自由男子民主公民权，并将奴隶和妇女排除在政治参与之外。在整个古代和现代历史上，民主政府下行使民主公民权的多是精英阶层，直到 19 世纪和 20 世纪的选举运动，方为现代民主国家的成年公民赢得政治权利。

作为现代政治概念，democracy 最基本的含义是指公民通过民主程序行使权利的政治制度。公民作为整体组成管理机构，对每一个问题都直接投票，此为直接民主。另有间接民主，即代议制民主，公民选举代表，这些代表开会组成管理机构，如立法机关。多数人的权力是在代议制民主的框架内行使的。Democracy 被理解为"多数人统治"（rule of the majority），但民主在尊重多数人意见的同时，还须保护少数人意见。

Democracy 还被理解为一个处理冲突的系统。冲突处理的结果取决于参与者做什么，但没有任何单一的力量控制发生什么及其结果。结果的不确定性是这一系统的固有特性，它使所有力量为实现自己的目标而相互博弈。亦即说，democracy 是权力在不同群体间转移的一套游戏规则。自由、公平、人权、法制是其关键要素。

二、Democracy 汉译大势

英文 democracy 一词，早见于 1822 年的马礼逊《华英字典》，但尚未获得汉文对译词，只是被解释为"既不可无人统率亦不可多人乱管"。这种解释尚未揭示出 democracy 的本质意涵，使人感觉不知所云。

较早达成 democracy 与汉语对译的是 1847 年的麦都思《英华字典》。该字典卷一，democracy 被译为"众人的国统，众人的治理"；继而在 the government of the rabble 义项之下，被译为"多人乱管，小民弄权"。和马礼逊词典相比，democracy 的意涵得到较具体的诠释。不过，"众人的国统，众人的治理"之"众人""多人乱管"之"多人"，并未区分官与民，亦难透见 democracy 的本质；而"小民弄权"虽译出了 democracy 中的"民"的含义，但"弄权"二字却将 democracy 污化了。从其英文释义来看，"小民"对译英文词是 rabble，而 rabble 的意思是乌合之众、聚众的暴民、贱民、下等人。麦都思作为英国传教士，不可能不知道何谓 democracy。他将 democracy 所包含的"民"说成 rabble，将"人民的治理"说成"小民弄权"，或者是因为他本人是反 democracy 的，或者是因为他为了迁就清国统治者的观感——尤其是在太平天国战争的背景之下。

麦都思厘定的"众人的国统，众人的治理"为 1872 年卢公明《英华萃林韵府》直接继承；1867 年罗存德《英华字典》卷二厘定的"众人管辖，百姓弄权"，亦可溯源至麦都思的"众人的治理"和"小民弄权"。而作为 democracy 的相关词汇 democrat，麦都思译为"推民自主者"（为 1882 年 I.M.Condit 的《英华字典》所采用的），则深得 democracy 之精义；其中嵌入"民""主"二字，从字面上为"民主"从"民之主"之古义演化为"民作主"之新义提供了语学理据或语义因子。

还须注意的是，1867 年罗存德《英华字典》卷二还将 democracy 译作"民政"，已接近后来的"民主"义。

在早期英汉词典中，译词"民主"渐次呈现。1876 年睦礼逊的《字语汇解》将 republic 译作"民主之国"。1887 年邝其照的《华英字典集成》将 democracy 译作"奉民主之国政"。直到 1908 年，在中国人颜惠庆编纂的《英华大辞典》中，democracy 在 "A form of government in which the supreme power is directly or in directly lodged in the hands of the peoples"（一种最高权力直接或间接掌握在人民手中的政体）意义上被译作"民主政体，民政，庶建"。至此，"民主"作为一种政体概念得以确立。

三、"民主"的近代意涵：民主共和与民选制

"民主"既是一种价值观，也是一种制度安排，略指社会全体成员以直接或间接的方式参与或允许参与团体以至国家的决策，有直接民主、代议制民主、协商民主等多种形态，而民众参与治理是民主的核心、民主的本质。此"民主"与中国古典义的"民主"恰成反照。而"民主"概念的根本性转换，是在与 democracy 对汉译过程中实现的。英文词 democracy 的汉译，不仅涉及 democracy，还兼及 republic（"共和"）。而汉字词"民主"的近代语用，其意涵主要有两个："民主共和"与"民选之主"。

（一）民主共和：Democratic republic

作为政体概念的"民主"，早见于 1864 年丁韪良译《万国公法》。其卷一云：

> 即如一千七百九十七年间，荷兰七省有变，法国征之，而其王家黜焉，于是易其国法，而改作民主之国。[1]

———

[1] 丁韪良译：《万国公法》卷一，崇实馆 1864 年版，第 20 页。

其中的"民主之国"对译的原文是 democratic republic^①（今译"民主共和"）。《万国公法》卷二云：

> 美国合邦之大法，保各邦永归民主，无外敌侵伐，倘有内乱，而地方官有请，则当以国势为之弥乱。^②

其中的"民主"对译的是 republican form of government^③（今译"共和政体"）。

与此同类，1873 年 5 月 24 日上海《教会新报》所载"杂事近闻"《俄德奥三国未拟日斯巴尼亚为民主国》（Republic of Spain）、1874 年 10 月 17 日上海《万国公报》所载报道《大日斯巴尼亚国事：请法国认为民主之国 请德国为领袖欲各西国认为民主》（Spain—Rumored Cession of Porto Rico to Germany—Recognition of Republic），其"民主"皆与 Republic 对译。

1875 年 6 月 12 日，上海《万国公报》刊登《译民主国与各国章程及公议堂解》一文。其英文标题是 *Theory and Practice of Constitutional and Republican Governments*。亦即说，"民主国"与 republican government 对译；"章

---

① 英文原文: Thus the House of Orange was expelled from the Seven United Provinces of the Netherlands, in 1797, in consequence of the French Revolution and the progress of the army of France, and a democratic republic substituted in the place of the ancient Dutch constitution.—Henry Wheaton, *Elements of International Law*. Boston: Little, Brown and Company, 1855, P33.

② 丁韪良译：《万国公法》卷二，崇实馆 1864 年版，第 13 页。

③ 英文原文: And the Constitution of America guarantees to each State of the federal Union a republican form of government, and engages to protect each of them against invasion, and, on application of the local authorities, against domestic violence.—Henry Wheaton, *Elements of International Law*. Boston: Little, Brown and Company, 1855, P107.

程"与 constitution 对译。该文堪称专题介绍西方民主、宪政的最早汉文文本。文章首先指出了西方近代国家制度的基本理念所在，深得"民主"之精髓，颇有"民有、民治、民享"（of the people, by the people, for the people——林肯语）的意味：

> 泰西各国所行诸大端，其中最关紧要而为不拔之基者，其治国之权，属之于民，仍必出之于民，而究为民间所设也。①

该文继而指出西方近代"民主"的理论基础——天赋人权、自由平等、主权在民：

> 推原其故，缘均是人也。仰观于天，俯察于地，其有待于日以暄之者，同此日也。其有待于风以散之，雨以润之者，同此风，亦同此雨也。即寒必需衣，饥必需食，温饱之情无贵贱，一也。不观人之耳目手足乎？或为君，或为臣，耳目手足，无所加焉；降而至小民，耳目手足，无所损焉。因洸然于治国之法，亦当出之于民，非一人所得自主矣。②

（二）民选之主：President

1872 年 1 月 13 日，上海《中国教会新报》载《美国近事（二则）》云：

> 美国，民主之国也，传贤不传子。凡立君，则臣民集议，选于众。

---

①②《译民主国与各国章程及公议堂解》，《万国公报》第七年三百四十卷，林华书院，1875 年 6 月 12 日，第 554 页。

众服其贤者，立为君。其为君，以四年为期。届期，又选于众，择贤立之。旧君逊位，退处如凡民。使旧君而众仍爱戴也，可展期再为君四年。今美国皇帝，御名格兰德，已为君四年矣，大约众服其贤，仍愿其为君，再为君四年[①]

1874年12月19日，上海《万国公报》载《大美国事：选举民主》云：

美国民主，曰伯理玺天德。自华盛顿为始，已百年矣。例以四年换举。或有在位深得民望者，再行接立四年，亦曾见过。[②]

这里的"民主"是president（总统）的意译；"伯理玺天德"是president的音译。在此，"民主"由古代的"民之主"演变成"民选之主"。

1880年以后，《万国公报》"各国近事"栏刊登的许多报道，如《大法国：民主避暑》《大美国：出迎民主》《大美国：新举民主》《大美国：公举民主》《大美国：民主晓谕》《大美国：民主接位》《大美国：民主受伤》《大美国：民主薨逝》《大美国：民主洁己》《秘鲁国：民主无恙》等，其中的"民主"，均指president。直到20世纪初，仍可见此类"民主"用例，如1902年7月《万国公报》所载《美国：民主演说》、1905年9月8日南京《南洋官报》所载《美利坚民主林康传》（林肯传）等。

作为民选总统意义上的"民主"，既沿袭了"民之主"这一古典义，又吸纳了民选"公举"这一近代义，也很好地体现了近代民主政治的特点，达成了古今中西有机融合。不过，1908年颜惠庆《英华大辞典》以"民主政

---

① 《美国近事（二则）》，《中国教会新报》一百七十卷，林华书院，1872年1月13日，第99页。
② 《大美国事：选举民主》，《万国公报》第七年三百六十六卷，林华书院，1874年12月19日，第219页。

体"对译 democracy 之后,"民主"便不再被用来指称民选 president,而专指 democracy 了。

四、与 democracy 对译之"民主"

中国思想家在近代义上使用"民主"一词,较早为郑观应,他于光绪六年(1880)刊印的《易言公法论》中说:

> 泰西有君主之国,有民主之国,有君民共主之国。

此处所言"民主",摆脱了传统的"民之主"(君主)之意,而指"民作主""民为主"。这种"民主"概念是从西人所办报刊的文章获得的,郑氏所论三种政制形态,是上海报刊文介绍的亚里士多德《政治学》所概括的几类政制形态。郑氏 1880 年所使用的"民主"一词,是相当前卫的舶来品。那时多数论者所言"民主"还是"君主"的同义词。

日本明治时期以汉字词"民主"对译 democracy,在郑观应使用西义词"民主"的之前还是之后,待考。日译词"民主"入华,可追溯至 1896 年农历十月初一上海《时务报》第十册所载古城贞吉(1866—1949)的"东文报译"《欧洲党人倡变民主》。

在《论君政民政相嬗之理》中,梁启超和严复展开"对话"。严复以音译介绍西方民主政治(即郑观应文所称之西方诸政制形态),他说:

> 欧洲政制,向分三种:曰满那弃,一君治民之制也;曰巫理斯
> 讬格拉时者,世族贵人共和之制也;曰德谟格拉时,又名公产,又
> 名合众,希罗两史,班班可稽,与前二制相为起灭。虽其时法制未

若今者之美备，然实为后来民治滥觞。且天演之事，始于胚胎，终于成体。泰西有今日之民主，则当夏商时合有种子以为起点。而专行君政之国，虽演之亿万年，不能由君而人民。[1]

对此，梁启超以为"未为当也"。他认为：

其国既能行民政者，必其民之智甚开，其民之力甚厚。既举一国之民而智焉而力焉，则必无复退而为君权主治之理。……盖地球之运将入太平，固非泰西之所得专，亦非震旦之所得避。[2]

梁启超不赞成机械地运用进化论看待人类政治制度的变迁。他相信民智民力的提高对于"民政"（民主）的推动作用；更相信"民政"（民主）的实现乃是人类普遍规律，当然也是中国的必然归趋。

1903 年，《江苏》第一期所载《学说：政法》，有专论"民主政体"一节云：

民主云者，非不立君主之谓也。有立君者；有不立君者；有立君而使议会监督之者，或不事监督者。合而论之，厥类有三。特以民意立君，而主权在民；虽戴君，仍不失为民主耳。[3]

---

[1] 梁启超：《论君政民政相嬗之理》，《时务报》第四十一册，时务报馆，1897 年农历九月十一日，第 3 页。引文中"满那弃"monarchy，今译君主制；"巫理斯讬格拉时"aristocracy，今译贵族制；"德谟格拉时"democracy，今译民主制。——引者注。
[2] 梁启超：《论君政民政相嬗之理》，《时务报》第四十一册，时务报馆，1897 年农历九月十一日，第 3 页。
[3] 《学说：政法》，《江苏》第一期，东京：江苏同乡会，1903 年，第 32 页。

其中，"以民意立君，而主权在民"，一语道破了近代"民主"之精义。至于其所谓三类"民主政体"，则包括"共和政体""民主专制政体"和"立君共和政体"：

不立君主之民主政体为共和政体。其足为此政体之模范者，曰法，曰美。[1]

民主专制政体者，委一人为大统领，畀以权力，使治国家，而不以议会代表国民主权之主要机关者也。[2]

立君共和政体者，以民意立君主，使议会监督之而行政者也。共和，其精神也；立君，其形式也。共和，国民之意也；立君，外界之势使之不得不然也。[3]

随着时间的推移，人们关于"民主"的知识越来越丰富，认识越来越深刻。对于清末国人而言，近代"民主"不仅是一个新名词，一种新知识、新思想，而且是前仆后继要走通的一条道路，要实现的一个目标。

五、"民主"的近义词"民权"

随着"民主"自日入华的，还有它的近亲"民权"。"民权"一词为近

---

[1]《学说：政法》，《江苏》第一期，东京：江苏同乡会，1903年，第32页。

[2]《学说：政法》，《江苏》第一期，东京：江苏同乡会，1903年，第36页。

[3]《学说：政法》，《江苏》第一期，东京：江苏同乡会，1903年，第37页。

代日本法学家箕作麟祥创制，在 1870 年的《民法决议》中首次出现，随着"自由民权运动"的展开而风行日本。"民权"概念在进入华文世界的例证很多，如 1897 年农历五月二十一日澳门《知新报》所载《英国·议倡民主》一文云："民皆有权，方为乐国"；"不为民主之国，更不能称乐土"①。1897 年农历九月十一日《时务报》所载梁启超《论君政民政相嬗之理》一文中，也可见"民主"和"民权"。"民权"的传入为"民主"的传播提供了助力。

近代中国与"民主"并用的近义词是"民权"（对译英文 civil rights），此词是"民主权利"的缩语。近代民主主义者共认：国家与民权密切相关，国家存亡取决于民权的有无，故其民主诉求首在民权的获得。章太炎在谴责商鞅尊君抑民之说时，称商鞅"抑夺民权，使人君纵恣者，皆商鞅法家之说为之倡"②即此之谓也。

1899 年 3 月，《清议报》载梁启超以笔名"哀时客"发文，正面论述"民权"：

> 国者何？积民而成也。国政者何？民自治其事也。爱国者何？民自爱其身也。故民权兴则国权立，民权灭则国权亡。为君相者，而务压民之权，是之谓自弃其国。为民者，而不务各伸其权，是之谓自弃其身。故言爱国必自兴民权始。③

《新政旬报》1900 年第 2 期刊载何启、胡礼垣"新政变通"称：

---

①《英国·议倡民主》，《知新报》第二十二，澳门：知新报社，1897 年阴历五月二十一日，第 13 页。

② 章炳麟：《訄书·商鞅》，《訄书详注》，上海古籍出版社 2000 年版，第 12 页。

③ 哀时客：《爱国论三：论民权》，《清议报》第二十二册，日本横滨：清议报馆，1899 年阴历六月二十一日，本馆论说第 1 页。

故谓国而无民权，无异于谓天之无日月。天无日月，人必不以
天视天；国无民权，人必不以国视国矣。[①]

民有权者谓之存，民无权者谓之亡。……夫权者天下之大物也，
中国之权既夺于民贼之手，而必力据之以固。今一旦欲冲二千年之
罗网，解二千年之束缚，则其势必出于争。昔者，北美洲之争自立
也，苏格兰之争平权也，法兰西之争民主也，皆兵连祸结，屡起屡
仆，而卒以成今日民权之治。……世有与民贼相抗者，尚以民权为
宗旨，斯真为世界流血者哉。[②]

孙中山是最热烈的"民权"倡导者。他提出的"三民主义"，"民权主义"
是重要组成部分。孙氏"民权"是直接民权，即人民直接行使选举权、罢免权、
创制权和复决权四种权利。这种直接民权，以地方自治为基础。

廖仲恺《革命继续的工夫》给"民权"下定义：

民权这两个字的解释，在政治上说，就是人民有参预立法、容
喙政治的权；在法律上说，就是人民有不许别人侵犯他的身体、言
论、信仰、住居、集会种种自由的权。

孙中山晚年提出民权为"一般平民所共有，非少数人所得而私也"，其
民权主义与民主主义精髓相通。

---

① 丁守和主编：《辛亥革命时期期刊介绍》第一集，人民出版社 1982 年版，第 38 页。
② 丁守和主编：《辛亥革命时期期刊介绍》第一集，人民出版社 1982 年版，第 41 页。

六、"民主"并非一次性发生

关于"民主"的生成历史,曾流行"民主一次性发生"说,认为两千五百年前的古希腊城邦民主是人类文明史上唯一的民主源头,西方近代民主由其发展而来,世界其他地区的民主皆由西方播散开去,故"古希腊民主—西方近代民主—世界现代民主"乃一线单传。具体言之:古希腊因海洋性地理环境和商品经济早熟产生城邦民主制和民主思想,古希腊民主在古罗马得到部分承继,并向共和制发展。中世纪民主制衰微,但在威尼斯、马赛等城市还保有遗存。至近代,伴随着工业文明崛起,民主制度和民主思想复兴并达到新高度,这种西方近代民主又向世界各地扩散。

上说描述了民主发展的一条线索,但置之世界史全局考查,则不乏异径。美国政治学家罗伯特·达尔(1915—2014)提出多元主义民主理论,力辟"民主一次性发生"说,他在《论民主》中指出:

> 不管任何时候,只要存在合适的条件,民主就可以被独立地发明出来和重新发展出来。

以中国为例,在氏族社会便产生过原始民主,《尚书》《史记》所载尧舜禹"禅让"、大政"众议""咨四岳",皆为对原始民主的记述,而《礼记·礼运》的"天下为公",则是后世哲人对原始民主的理想化概括。跨入文明门槛以后,原始民主在"三代之治"名目,一直为国人追怀、景仰。

"三代之治"传说、"天下为公"理想,对国人接受近代民主理念的导引作用不可低估,魏源欣赏美国的联邦制和民主选举,深赞瑞士的"推择乡官理事，不立王侯"，将美、瑞制度与三代相比拟，称为"西土桃花源"①；徐继畬更叹赏华盛顿坚辞国王之举，认为与昔古"禅让"不谋而合，盛赞此为"世法"，"必传于世无疑"，称华盛顿"创为推举之法，几于天下为公，骎骎乎三代之遗意"。②清人魏源、徐继畬之论，显示中国传统中存在与近代民主相对接的要素，这些要素是国人接受近代民主制和民主理念的内在根据。

当然，必须正视中国古史的实态——三代以后，出现封建分权的"周制"和君主集权的"秦制"，而周制、秦制皆行"君治"，未见"民治"。如果说周制还保有若干原始民主遗迹（如贵族分权、自由民参政），但君治已占主体；而在"秦制"两千余年间，君治愈演愈烈。不过，在君治的两三千年间，民本思潮延绵不绝，其"民为邦本""民贵君轻"命题，迹近"民有""民享"，但没有导向"民治"，全无民众参政、监督君治的制度性安排，"民"必须拜服于"君"，听从"臣"的管制，只有提供赋役的义务，不行义务者必诛之，唐人韩愈的《原道》将此讲得十分直白。③

先秦以下的"民本"论，并非"民主"，只是"君治"论的一翼，对君主专制提供辅佐或批评。直至明清之际，伴随市民阶层的初步崛起，"新民本"思想脱颖而出，向"君治"（尤其是其中的秦制）开展总体性批判（指专制君主为"大盗"，称"今之君"皆为独夫、民贼），并提出"君臣同事"论、"学校议政"论、"工商皆本"论，逼近民主主义边缘。但限于历史条件，"新民本"隐而未彰，未成格局，只能以"待访录""潜书"留给未来者采摘。④

总之"三代之治"的原始民主传说，"民本"与"新民本"思潮的呈现，

---

① 魏源：《海国图志》卷四七。

② 徐继畬：《瀛环志略》。

③ 韩愈《原道》："是故君者，出令者也；臣者，行君之令而致之民者也；民者，出粟米麻丝、作器皿、通货财以事其上者也。……民不出粟米麻丝、作器皿、通货财以事其上，则诛。"

④ 冯天瑜、谢贵安：《解构专制——明末清初"新民本"思想研究》，湖北人民出版社2003年版。

为中国人接受近代"民主"理念预设了本土思想资源，那种认为中国缺乏民主基因、民主全然外塑的说法，是不符历史实际的。近代性"民主"对于中国而言，并非无源之水、无本之木。

"民主"一词发生古今演变，由偏正结构变为主谓结构，词义由"民之主"衍为"民作主"，意味着"民主"观发生近代转化，这有着内在思想渊源。

其一，从"民"的方面来说，中国自古流播"民本"精义。先秦政典《尚书·夏书·五子之歌》："民惟邦本，本固邦宁。"战国竹简（五）《厚父》："民心惟本，厥作惟叶。"《尚书·周书·泰誓》："天视自我民视，天听自我民听。"对此唐人阐释说："天所视听，皆因于人，非人事外自有天命也。"总之，中国古代政治话语，在逻辑结构上，常以"天命"为最高理念与合法性依据；但在现实性上，则常以"民心"为"天命"的实际来源、内容和表现形式，并将其视为政治的根本。此可与 of the people（民有）相会通。

其二，从"主"的方面来说，中国自古强调"君德"。古训曰，君主须有足够的"德"。《尚书·大禹谟》："帝德广运，乃圣乃神，乃武乃文。皇天眷命，奄有四海，为天下君。"《三国志·魏志·武帝纪》："自古已来，能除民害为百姓所归者，即民主也。"亦即说，"主"是"民"的手段，"民"是"主"的目的。此一对"民主"（君）的期盼，寓意略与 for the people（民享）相会通。

其三，从"民"和"主"的关系看，中国古哲有"君民有机统一"的构想，所谓"民以君为心，君以民为体；心庄则体舒，心肃则容敬。心好之，身必安之；君好之，民必欲之。心以体全，亦以体伤；君以民存，亦以民亡。"（《礼记·缁衣》）君民两者是共生关系，"君以民存，亦以民亡"。但这类"君民一体"论，只是为君主的长治久安设想的，它可以衍出"君舟民水""水可载舟，亦可覆舟"之论（如《荀子·王制》和《贞观政要》所言），以警示帝王，但因其回避了 by the people（民治），也就同"民主"陌路。我们说"民本主义"不是"民主主义"，理由正于此。

　　19 世纪中叶以降，尤其在 20 世纪前后百余年间，古今中西文化交会、新生产方式勃兴，西来的近代民主理念与中国固有的"三代之治""民本""新民本"思想交相互摄，以民治、民有、民享为基本内涵的"民主"新名得以形成。同一词形发生词义的根本性改变，"民主"成为反映时代潮流的核心概念，这是语义学领域的一个深刻变革。透过"民主"词义的质变，可以看到政治史、思想史波澜壮阔的历程。

　　民主是中国人民正在推进的现代化事业的一个关键内容，1979 年 3 月 30 日，邓小平在党的理论工作务虚会上的讲话中指出："没有民主就没有社会主义，就没有社会主义的现代化。当然，民主化和现代化一样，也要一步一步地前进。社会主义愈发展，民主也愈发展。这是确定无疑的。"

几何

在今日的汉语系统中，"几何"已成为数学专用词，是"几何学"的约称，"平面几何""立体几何"是耳熟能详的中学数学科目。然而，"几何"一词从古代到近古及近代，有一个较为复杂的转化过程。①

一、中国古典"几何"与古希腊《原本》

（一）"几何"本为疑问代词

几何是由"几（幾）"与"何"两个语素组成的汉字古典词。

几（幾），金文作🦋，小篆作🦋，繁体作"幾"，简体与表矮桌子的"几"合并了。《尔雅》："几，近也。"《说文解字》："幾，微也，殆也。"

"几"（幾）的本义是"微、隐微"，作动词，有到达义；作副词，有将近、几乎义；作名词，有预兆、机会、事务义。可用于询问。

何，甲骨文作🦋，一个面朝左的人，肩上扛着东西，一只手扶着，张开口喘气。金文作🦋和🦋，前一字形同甲骨文，后一字形人、物、口分离。小篆作🦋，同于金文后一字形。《说文解字》："何，儋也。"本义是担、扛，

---

① 冯天瑜：《明清文化史散论》，华中工学院出版社1984年版，论利玛窦、论徐光启二篇；冯天瑜：《新语探源》，中华书局2004年版，第166—169页。

假借作疑问代词，表示"什么"。

上述两语素组成"几何"一词，义项有三：

其一，多少、若干，用于询问数量。《诗·小雅·巧言》："为犹将多，尔居徒几何？"《左传·僖公二十七年》："所获几何？"《史记·孔子世家》："孔子居鲁，得禄几何？"刘献廷《广阳杂记》："家私几何？"

其二，问当何时，如《国语·楚语下》："其为宝也，几何矣？"解："几何世也。"《汉书·五行志》："赵孟曰：其几何？"注："师古曰，言当几时也。"

其三，无多时、所剩无几，如《墨子·兼爱下》："人之生乎地上之无几何也。"《汉书·五行志》"民生几何"，注："几何，言无多时也。"曹操《短歌行》："对酒当歌，人生几何。"其"几何"亦指为时不多。

总括言之，"几何"在古汉语中是作为疑问代词使用的。此词转变为一个数学科目专名，是中外人士联合翻译西洋古典数学名著《原本》的产物。

（二）古希腊《原本》

《原本》（希腊文 Στοιχεῖα，英文 Elements）是古希腊数学家欧几里得（希腊文 Ευκλειδης，英文 Euclid，前 330—前 275，一说前 450—前 374）写的一部数学著作。它把一些公认的事实列成定义和公理，通过演绎，用这些定义和公理，研究各种几何图形的性质，从而建立了一套从公理、定义出发，论证命题，得到定理的论证方法，形成了一个严密的逻辑体系。这一方法后来成了建立知识体系的典范。欧几里得几何（Euclid Geometry，简称欧氏几何）就是以《原本》为基础构造出来的几何学的一支。该书与《圣经》并称世界上印数最多、流传最广的书籍。据元代《秘书监志》载，早在 13 世纪，欧氏几何就传入中国，但湮没于元朝宫廷藏书里，罕为人知。[1]

----

① 徐光启：《徐光启著译集》，上海古籍出版社 1983 年版，后记。

"几何"变为数学术语，乃自利玛窦、徐光启于明末合译《原本》始。

二、"几何"对译 mathematica，转变为数学术语

（一）利玛窦—徐光启合译《原本》，创"几何"译名

意大利耶稣会士利玛窦（Matteo Ricci，1552—1610）青少年时代研习过欧几里得原著，在罗马神学院又由日耳曼耶稣会士、著名数学家克拉维乌斯（1537—1612）亲授其评注的拉丁文版数学名著《欧几里得原本十五卷》（*Euclidis Elementorum Libri* XV），该书综合西方古代几何学研究成果，是一部高度公理化的著作，正可弥补中国古典数学公理化的不足。

利玛窦入华不久即居韶州，教授儒士瞿太素西方数学，曾与瞿太素合译《原本》第一卷，进展微小。居南京时，又请张养默助译，因难而未成。1601 年定居北京后，利氏与时任京官的徐光启（1562—1633）多有交游，徐推荐蒋姓举人助译，蒋学识、才力均不足，译事未果。1606 年秋，徐光启亲自与利氏合译，每天下午三、四时，徐赴利宅，利"口译"，徐"笔受"，二人"反覆辗转，求合本书之意，以中夏之文，重复订政，凡三易稿"。[1]1607 年春译成前六卷平面几何部分。

按照欧几里得及克拉维乌斯原著的含义，《原本》书名可意译为《测地学》，因为该书是从古埃及测量土地的经验上升而成的一门演绎科学。而利、徐二位没有就事论事拟定书名，而取"数未定而设问"的"几何"一词，定名《几何原本》，意蕴深邃而引人遐思。

依其所据克拉维乌斯拉丁文版原著之名，还可直译《欧几里得原本》；"原

---

① 利玛窦：《译几何原本引》，载《几何原本》，1607 年版，第 6 页。

本"对译拉丁文 Elementorum（英文 Elements），今译"原理"，故又可直译《欧几里得原理》。而采定"几何"一词，当为利玛窦、徐光启这两位意—中合译者苦心孤诣的创名。利玛窦通过中学学养深厚的徐光启获悉汉字词"几何"的奥义，方称"《原本》者，明几何之所以然"。[①] 利玛窦 1607 年所作《几何原本引》中亦有"几何之论""几何之术""几何之学"[②] 等称；徐光启《几何原本杂议》中也有"几何之学"名称[③]。亦即说，"几何"一词乃是"几何之论""几何之术""几何之学"等名的略称。这也是"几何"从疑问数词衍为数学术语之始。

（二）Mathematica 译名"几何"意蕴探略

何谓"几何"？利玛窦在《几何原本引》中有所解释：

> 几何家者，专察物之分限者也。其分者，若截以为数，则显物几何众也；若完以为度，则指物几何大也。其数与度，或脱于物体而空论之，则数者立算法家，度者立量法家也。或二者在物体而偕物议之，则议数者如在音相济为和，而立律吕乐家；议度者如在动天迭运为时，而立天文历家也。此四大支流析百派。[④]

依其所述，从理论上看，"几何之学"的研究对象有两个方面："数"（事物的多少）与"度"（事物的大小）；研究"数"的学问称"算法"，研究"度"的学问称"量法"。从应用上看，"算法"衍生出音乐原理；"量法"则衍生出

---

① 利玛窦：《译几何原本引》，载利玛窦、徐光启译：《几何原本》，1607 年版，第 4 页。

② 利玛窦、徐光启译：《几何原本》，1607 年版，第 2—5 页。

③ 徐光启：《几何原本杂议》，《徐光启集》卷二，上海古籍出版社 1984 年版。

④ 利玛窦、徐光启译：《几何原本》，1607 年版，第 1 页。

天文历法。亦即说，"几何之学"包括"算法"和"量法"两分支。

《几何原本》云：

　　凡历法、地理、乐律、算章、技艺、工巧诸事，有度有数者，皆依赖十府中几何府属。[①]

这里的"十府"，当指古希腊哲学家亚里士多德的十范畴（本体、数量、性质、关系、地点、时间、状态、具有、主动、被动）。如果在这十范畴中"对号入座"的话，那么只有"数量"与"几何"相应。

重视数学的方法论功能，是利、徐二氏学术与实证研究相互为用的一大特色。徐光启将数学比喻为工人的刀斧和量尺，掌握此种工具，"历律两家，旁及万事"都能顺利处理。他还把数学方法比喻为掌握金针刺绣技术，"其绣出鸳鸯，直是等闲细事"。认为由"数"达"理"方可进入学术堂奥，"百千有用之学出焉"，并"旁通十事"，如天文学、气象学、测量学、水利学、兵器制造学、会计学、舆地学、医学等。他还将数学方法及其定量分析运用于人文社会领域，如田赋问题、人口问题、宗禄问题。徐氏指出"生人之率，大抵三十年而加一倍"，是中国乃至世界较早提出的人口增殖概念；又通过数学计算，揭示宗禄将成为国力不可承担的重负。徐光启与利玛窦合译之《几何原本》，将高度公理化的几何学介绍给中国，并译制一批汉字数学术语，如体、面、线、点、直角、锐角、钝角、平行线、对角线、比例、相似，等等，并对每一术语作精准诠释。这些术语沿用至今，整个汉字文化圈（中、日、朝、韩、越）皆受其赐。

除《几何原本》外，利玛窦还协助徐光启编译了《测量法义》《测量异

[①] 利玛窦、徐光启译：《几何原本》，1607年版，第1页。

目》《勾股义》等应用数学书籍，创制又一批中法与西法汇通的数学术语，其中《勾股义》运用《几何原本》中的定理证明中国勾股测量技法，两书的术语多相比配。

与利玛窦合译《几何原本》的徐光启实为"几何"一名的创制者，利玛窦认为以"形学"译《原本》并未达意，请徐光启拟名，徐草拟十余名，均不满意，终以"几何"名之，利玛窦认为"几何"既与 geometria 意近，且与希腊语 geo 音近，遂表赞同。

《几何原本》成书后，徐光启撰文阐述此学：

> 几何之学，深有益于致知。明此，知向所揣摩造作，而自诡为工巧者皆非也。一也。明此，知所已知不若吾未知之多，而不可算计也。二也。明此，知向所想象之理，多虚浮而不可接也。三也。明此，知向所立言之可得而迁徙移易也。四也。①

充分肯定几何学使人"心思细密"的"致知"功能，"能精于此书者，无一事不可精；好学此书者，无一事不可学"。

（三）艾儒略、高一志等对"几何"的阐释

《几何原本》译出之后，另一位意大利入华耶稣会士艾儒略（1582—1649）于 1623 年刊刻的《西学凡》里也论及"几何之学"：

> 几何之学，名曰"马得马第加"者，译言察几何之道，则主乎

---

① 徐光启：《几何原本杂议》，《徐光启集》卷二。

审究形物之分限者也。……"玛得玛第加"独专究物形之度与数。度其完者，以为几何大；数其截者，以为几何众。然度数或脱物体而空论之，则数者立算法家；度者立量法家。或二者在物体而偕其物论之，则数者在音声相济为和，立律吕家；度者在动天转运为时，立历法家。而各家始分流别派矣。[①]

艾氏的大部分文字照搬了利玛窦《译几何原本引》的相应部分，只是个别文字稍加改动而已。不同的是，艾儒略给出"几何之学"的音译"马得马第加"和"玛得玛第加"。依其译音可断定，其拉丁文原词当是 mathematica，即后世英文词 mathematics。

无独有偶，1632 年刊刻的耶稣会意大利来华传教士高一志（Alfonso Vagnone，1566—1640）所著《童幼教育》卷之下《西学第五》中也有与艾儒略的《西学凡》同样内容的论述，故高一志说脱胎于利玛窦《译几何原本引》和艾儒略《西学凡》。

1631 年，"傅汎际译义，李之藻达辞"的《名理探》刊刻。其中论及 mathematica，将其意译为"审形学"，音译为"玛得玛第加"，指出该门学问的研究对象为"几何之性情"：

审形学，西言"玛得玛第加"，专在测量几何之性情。[②]

更重要的是，该书和利玛窦《译几何原本引》一样，也称该门学问分为"纯杂两端"（即理论与应用）、"量法"与"算法"两"类属"，并给出了这

———
① 艾儒略:《西学凡》，1623 年版，第 6 页。
② 傅汎际、李之藻:《名理探》，1631 年版，第 9 页。

两"类属"的音译词：

> 审形学分为纯杂两端。凡测量几何性情，而不及于其所依赖者，是之谓纯。类属有二：一测量并合之几何，是为量法，西云"日阿默第亚"；一测量数目之几何，是为算法，西云"亚利默第加"也。[①]

很显然，其中的意译词"量法"、音译词"日阿默第亚"，对译的是拉丁文 geometria（英文 geometry）；意译词"算法"、音译词"亚利默第加"，对译的是拉丁文 arithmetica（英文 arithmetic）。

总之，利玛窦、徐光启等人向汉文世界展示了这样的一个学科基本构成：几何 = 算法 + 量法（mathematica = arithmetica + geometria）。而利、徐二人厘定的新名"几何"，乃是拉丁文 mathematica（英文 mathematics）的译词，并非像人们通常认为的那样是拉丁文 geometria（英文 geometry）的音译兼意译。不过，利、徐所译仅为《原本》前六卷平面几何部分，从《几何原本》所列 23 条定义看（如"点是没有部分的""线只有长度而没有宽度""面只有长度和宽度""大于直角的角叫钝角""小于直角的角叫锐角"等），全部为平面几何内容。

三、Mathematics 和 geometry 汉译名的转换

如前所述，利玛窦、徐光启等人所创译的"几何"，并非今之所谓"几何"，而是今之所谓"数学"；今之所谓"几何"，在他们那里称"量法""审形学"等。清初数学家梅文鼎（1633—1721）所编《历算全书》（1723 年刊

---

① 傅汎际、李之藻：《名理探》，1631 年版，第 10 页。

行）将今所谓"几何"称为"度学"，显然是由利玛窦等明末入华耶稣会士"度者立量法家"之类的阐述中脱胎而来。"几何"转而指称今日之几何，乃是近代的事情。这与清末新教传教士入华引发的新一轮西学东渐中 mathematics 和 geometry 汉译名的转换息息相关。

兹据早期英汉词典，便可观此转换大势。

（一）Mathematics 汉译名的转换

在 1820 年代之后很长时间内，mathematics 基本与"几何"脱离，而是在 the science of numbers 或 science of figures（数的学问）意义上被译成"算学""算法""数理""数学"等。

（二）Geometry 汉译名的转换

1. 马礼逊词典没有给出汉译名，只是给出了英文释义"the principles of geometry and trigonometry, as explained in geometrical figures"（今可译"如几何图形所释之几何与三角原理"）；而对于汉字词"几何原本"，则英文释义为"the principles of quantity"（今可译"数量原理"）。

2. 最早直接为 geometry 厘定汉译名的是卫三畏词典，译作"弧角法"；卢公明词典亦见此名。麦都思以下多数词典给出的是"丈量地法"等富于实用色彩的汉译名。

3. 作为英文词例出现的"principles of geometry"（几何原理），麦都思词典首先译作"几何原本"；罗存德、艾约瑟、卢公明词典如之。该英文词例的翻译，包含着"几何"与 geometry 的对译。

（三）对译 geometry 并用"几何""形学"

自《几何原本》前六卷于明末问世以后，"几何""几何学"名目逐渐普及开来，清人以"几何"命名的数学专著多种，如明末入华耶稣会士艾儒略撰《几何要法》，清初杜知耕摘编《几何原本》而成《几何论约》，等等。康熙帝还令人将《几何原本》译成满文，供其研习。

晚清来华新教传教士伟烈亚力（1815—1887）与中国数学家李善兰（1811—1882）于1857—1859年译出《几何原本》后九卷，命名《续几何原本》，得曾国藩支持，于1865年在南京出版，距利玛窦、徐光启译前六卷二百余年，中国方有《几何原本》全本（全本名《几何原本十五卷》）。"几何"一名得以沿用。这是因为，几何是拉丁文geo的音译，又兼有意译的韵味（几何意谓多少），故为音意合璧词，易于被中国、日本等汉字文化圈人们所接受和使用。谭嗣同1896年使用"几何学"一词，严复1898年介绍马尔萨斯人口论时，使用短语"几何级数"。

当然，在上述脉络之外，清末还有"形学"一名诞生，比明末《名理探》所创译"审形学"少了一个"审"字。1885年，山东登州文会馆刊出版一部几何学译著，题名《形学备旨》，乃"美国狄考文选译，蓬莱邹立文笔述，莱阳刘永锡参阅"。该书刊印后，颇受欢迎，至1902年，由上海美华书馆第五次印刷。饶有兴味的是，译者美国传教士狄考文（Calvin Wilson Mateer，1836—1908）在其1884年农历八月二十五日所作《形学序》中，对"几何"和"形学"两名做了辨析，申明自己弃前者而创用后者的理由：

> 今余作此《形学》一书，与《几何原本》乃同而不同。其所以不名"几何"，而名"形学"者，诚以"几何"之名，所概过广，不第包形学之理，举凡算学各类，悉括于其中。且欧氏创作是书，非特论各形之理，乃将当时之算学几尽载其书，如第七、八、九、十诸卷，专论数算，绝未论形，故其名为"几何"也，亦宜。而今所作之书，专论各形之理，归诸形于一类，取名"形学"，正以"几何"

为论诸算学之总名也。①

从学理而论，狄考文此议是有道理的。

1908 年，清学部尚书荣庆聘严复为学部编订名词馆（亦称"审定名辞馆"）总纂，主持学科名词的厘定与统一工作。至 1911 年，此项工作，"凡历三年，积稿甚多"；其中有《形学名词对照表》（版心题名《形学中英名词对照表》）。② 该表将 Geometry 译作"形学"，而以"几何"对译"Quantity or Magnitude"，并厘定了"纯净形学"（Pure Geometry）、"解析形学"（Analytical Geometry）、"平面形学"（Plane Geometry）、"立体形学"（Solid Geometry）等"形学"的下位概念③。亦即说，"形学"一名获得了清朝官方认定。

《形学中英名词对照表》还用很长的文字，从三个层面论述了"定名理由"。首先，历史地看，该表认为"几何学"一名来历不明、"不知所本"、"欠协"：

> 近日通称"几何学"，不知所本。按吾国斯学之译，以《几何原本》为最早。而徐、利两序中，皆无"几何学"一名。咸丰中叶，海宁李氏与英国伟烈氏续译其后九卷。伟烈氏序中有"'几何学'不知托始何国"一语。近日之所谓"几何学"者，或滥觞于此乎？顾考其实，则伟烈氏"几何学"云云，亦殊欠协。④

————

① 狄考文、邹立文：《形学备旨》，美华书馆 1902 年版，序第 1 页。

② 该表为学部编订名词馆所编：《中外名词对照表》的一部分。据王蘧常编《严几道年谱》第 79 页：1908 年"学部尚书鄂卓尔文恪公荣庆聘先生为审定名辞馆总纂。自此凡历三年，积稿甚多"。该表见于 http://www.cadal.zju.edu.cn/book/13052871/1。

③④ 学部编订名词馆：《中外名词对照表·形学名词对照表》，第 1 页。

如前所述,《几何原本》中本有"几何之学"一名,就学科专业而言,其所指虽并非 geometry,但在语言学上,它和"几何学"并无语义差别。而早在 1847 年,麦都思词典即已将"principles of geometry"译作"几何原本";罗存德、艾约瑟、卢公明词典如之,其中包含着"几何"与 geometry 的对译。该表称"几何学""不知所本",这种说法并不严谨。

其次,《形学中英名词对照表》从汉文"几何"的意涵及英文语境中 Quantity 和 Geometry 的关系角度,论述"几何学"对译"geometry"之不当:

> 盖"几何"一字,在英文为 quantity;而"几何学"一字,在英文为 geometry。几何者,物之大小多寡之谓也。论之者,不专属 geometry,下而算学,上而微积,皆为论几何之书。而 geometry 之所论者,不过几何之一种耳。乌得以全体之名,名其一部分之学?[1]

和狄考文《形学序》一样,该表认为"几何"(quantity)涵盖的范围广,而 geometry 只是其中的一部分,不能"以全体之名,名其一部分之学"。

最后,《形学中英名词对照表》根据英文 geometry 的"初义"及其所指学科的"界说",论述定名"形学"的合理性:

> 考 geometry 一字,乃由 geo,metre 相合而成。Geo 者,地也;metre 者,测量也。是其初义,乃专指测地。顾测地,则不能无形;

---

[1] 学部编订名词馆:《中外名词对照表·形学名词对照表》,第 1 页。

而测出山陵丘壑，又不能无体。故其界说曰：Geometry 者，论点、线、面、体之本德（性质——引者）、状态及其度量也。而点、线、面、体之总称，在英谓之 figure，在我则为"形"，故定名"形学"。①

应该说，该表对汉文"几何"、英文 geometry 意涵的把握是合理的，其所认定的译名"形学"是准确的。但如所周知，最终确立的 geometry 的译词，不是"形学"，仍是"几何"，因"几何"兼备音译与意译之妙，更有吸引力，且自明末已有著名译著《几何原本》使用在先，已经约定俗成矣。

四、Geometry 译作"几何"

如前所述，早在 1847 年，"几何"与 geometry 即已在麦都思词典中达成对译；1867 年的罗存德词典、1869 年的艾约瑟词典、1872 年的卢公明词典亦然。而就 geometry 之学的传播脉络来看，较早采用"几何"一名的是 1873 年 12 月发表《中西闻见录》杂志的蔡锡勇译《节译几何新本圆径求周法》。该文乃讲解根据"圆径"求圆周率（3.14159……）的方法。其文末曰：

> 即此末式可知，凡半径为一，其半周必大于三一四一五九一二，小于三四一五九二七。若开方后之位数愈多，其差必愈小。今不过举此，以明其法。其密率为三一四一五九二六五三五八九七……至百位不尽。然今时算学家所常用，只取三一四一六而已，便于算也。②

---

① 学部编订名词馆：《中外名词对照表·形学名词对照表》，第 1 页。
② 蔡锡勇译：《节译几何新本圆径求周法》，《中西闻见录》第十七号，米市施医院，1873 年 12 月，第 17 页。

显然，该文所用"几何"一词，乃西语 geometry 之义，属"算学"的一部分。此当是现代义"几何"的较早用例。

1898 年，温州《算学报》刊登黄庆澄《几何第十卷释义》。该文对"几何"界说曰：

> 凡物在未有数之前，无论其物之有数可明与无数可明，均可浑称曰"几何"。说曰如：甲为甲之几何，乙为乙之几何。"几何"云者，犹言若干也，以其未有数可明也。又曰"几何"者，浑点、线、面、体言之也。①

这里的"几何"，既指关于"数"的学问，也指关于"形"的学问；既指 mathematics，也指 geometry；而黄庆澄所言之"几何"，则为"算学"的一部分。

近代新学制确立后，中学必修科目数学分列代数、几何，作为数学术语的"几何"更是家喻户晓，也不管有人对"几何"之学进行界说。1903 年，北京《启蒙画报》"西事起原"栏刊登《几何学》云：

> 测量的学问。用处很大，法子亦很精细。西国专心此学的人，各国都有，所以制造精的了不得。各种学问，总离不了算法。测量的算法，又在各种之上。几何学，便是测量的器具。直角、三角、弦、弧、句（音勾）等等名目，都是几何算法。②

---

① 黄庆澄：《几何第十卷释义》，《算学报》第十期，算学报馆，1898 年农历闰三月，第 2 页。
② 《西事起原：几何学》，《启蒙画报》第二年第十期上册，启蒙画报馆，1903 年，第 5 页。

1907 年 3 月 13 日，上海《学报》"数学"栏刊蘅江《几何学讲义》云：

> 几何学者，系数学之一部分，研究理想之形体者也。例如物质为实有之形体，故有热，有色，有重。而几何俱无之，其所论者，不过形（如三角形、四边形等）、量（长或广或厚皆曰量）及位置而已。[1]

民国以后，随着高斯、罗巴切夫斯基、波尔约、黎曼于 19 世纪中叶创立的"非欧几里得几何"（简称"非欧几何"或"双曲几何"）的传入，中国关于"几何学"的界说也丰富起来。1922 年 6 月 10 日，杭州《蜀声杂志》"学术"栏刊登 TM 的《几何学的定义和历史》云：

> 几何学 geometry 是科学之一种，中国昔时称为"形学"，本是用科学方法研究物的形式 form 底：像规、矩、方、圆、长、宽、面积、体积等，皆在几何学范围之下。但此处所谓"形式"者，除吾人日常所见的形式外，又包含人目所未能见底。……非犹克里几何学 Non-Euclid Geometry 里面所讲的，恐怕莫有一点可以明明瞭瞭的看见，内中有的，谁也要说"真不能看见"。那么我们直截下一个定义："几何学者，是研究人目能见和不能见之形式学也。"[2]

"非欧几何"有别于"欧几里得几何"（欧氏几何认为平行线不可相交，

---

[1] 蘅江：《数学：几何学讲义》，《学报》第壹年第贰号，学报社，1907 年 3 月 13 日，第 1 页。
[2] TM：《几何学的定义和历史》，《蜀声杂志》第二期，四川旅杭留学同乡会，1922 年 6 月 10 日，第 19、20 页。

非欧几何认为可以相交，二者采用了不同的平行定理），引起现代几何重点和特质的改变。TM《几何学的定义和历史》一文，涉及"非欧几何"的皮毛，却也增添了"几何"一名的内涵。

总之，1920年代以降，"形学"一名成为历史陈迹，"几何"成为对译geometry的专名，且其含意渐丰。

综上所述，在利玛窦、徐光启等人那里，"几何"对译mathematica，既延续了"几何"的古典词义（若干、多少），又传递了mathematica的学问特点（测算事物的多少、大小），汉语译名与外来语原意可谓"天作之合"。当然，作为数学的一个分支，作为研究空间结构及性质的一门学科，geometry译作"量法""度学""形学"，更为准确。故"几何＝算法＋量法"或"几何＝数学＋度学"的学科图式，较为妥当；置换成现代语言，可表述为"几何学＝数学＋形学"。

与"几何"相并列的数学译词"代数"，是对algebra的意译。清康熙年间《数理精蕴》曾音译为"阿尔热巴拉"，至清末，在翻译一部英文数学书时，译者李善兰认为，这门算学是"以字代数：或不定数，或未知已定数。……恒用之已知或因太繁，亦以字代"，故他与另一译者伟烈亚力将该书译作《代数学》，"代数"遂与"几何"并列为两个重要的汉字数学术语，中国、日本通用至今。① 自此形成"数学＝代数＋几何"的学科模式。虽"几何"一名有违和感，诚如狄考文、严复等中外学人所说，"几何"本是"诸算学之总名"，以之对译geometry，乃"以全体之名，名其一部分之学"，在逻辑上不够谨严，但并无大碍，既已约定俗成，只能沿用下去，但在数学专业领域是需作明确

---

① 黄河清：《词库建设通讯》，1994年第3期。

辨析的。

以"几何"为中心的数学术语群的译定，还有一个不容忽视的作用——打破中西文化之间的壁垒，昭显了异文化之间的最大公约数。清代算学家左潜说："方圆之理，乃天地自然之数，吾之宗中宗西，不必分其畛域，直以为自得新法也可。"① 清末《几何原本》全本译定，张文虎代曾国藩作序赞曰：

> 《几何原本》不言法而言理，括一切有形而概之曰点、线、面、体。点、线、面、体者，象也。点相引而成线，线相遇而成面，面相沓而成体。……洞悉点、线、面、体而御之以加减乘除，譬诸闭门造车，出门而合辙也。奚敝敝然逐物而求哉！②

新名"几何"诚然超越民族性、国度性，具有"不分畛域"的普遍价值！

五、几何学传入史的教训

《几何原本》于明末翻译出版，其引入的"几何"概念及一系列二级概念（体、面、线、点等），是中国观念史乃至文化史上重要的新生事物。《几何原本》的汉译使这部经典名著最早进入东亚世界。

中国传统思维长于经验理性和直觉顿悟，经世致用为其价值取向，整体性、意向性、辩证性为其特征。这种思维方式有其卓异处，中国古文化（包括科技）的千年辉煌与之相关，而中国古文化（包括科技）近代转型特别艰难，也与之脱不开干系。明末徐光启是对固有思维方式弊端有真切认识的先

---

① 曾纪鸿：《缀术释名序》引左潜语，《白芙堂算学丛书》。
② 张文虎：《几何原本序》（代曾国藩）。

觉者，他在《刻同文算指序》中指出："名理之儒土苴天下之实事"，"算数之学特废于数世百年间尔"。为救此偏失，他力倡"算数之学""度数之学"[①]，将数学语言的运用上升到方法论高度：

> 算术者，工人之斧斤寻尺，历律两家，旁及万事者，其所造宫室用也，此事不能了彻，诸事未可易论。[②]

徐光启之议与文艺复兴晚期西哲的认识颇为接近，"近代力学之父"、意大利科学家伽利略（1564—1642）说："（宇宙）这部著作是用数学的语言写成的。其中的符号就是三角形、圆和其他几何图形。"[③]东西方哲人几乎在同一时期指出数学语言及公理式思维的重要性，但二者的社会效应却大相径庭：伽利略为牛顿体系奠定基础，揭开了西方近代科学长足进展的序幕，而徐光启的卓识在中国并未引起朝野注意，由明末以至清代，中国科技在原地踏步。

利玛窦、徐光启合译的《几何原本》是彰显"数学语言"功能的杰作，在中国首次介绍了公理化的形式逻辑思维方式，具有先导意义。但十五卷《几何原本》的明末译本仅呈前六卷，徐光启极盼全译，而利玛窦婉拒，他在《译几何原本序》中写道："太史（指徐光启——引者注）意方锐，欲竟之。余曰：止，请先传此。使同志者习之，果以为用也，而后徐计其余。"表示出对几何学在中国传播的成效持保留态度。徐光启叹曰："续成大业，未知何日，未知何人。"[④]徐氏不幸而言中，《几何原本》前六卷，在明清罕为人知，后九卷，

---

① 徐光启：《条议历法修正岁差疏》，《徐光启集》卷二。
② 徐光启：《刻同文算指序》，《徐光启集》卷二。
③ 转自李约瑟：《中国科学技术史》第三卷，科学出版社、上海古籍出版社1999年版，第356页。
④ 《题几何原本再校本》，《徐光启集》卷二。

直至 1859 年才由伟烈亚力与李善兰合作译出（1865 年刊行），此距利、徐前六卷本已历 250 年，而这两百多年间，西方发生科学革命、工业革命，中国人却蹀步故道。

一位入华多年的英国学者傅兰雅（1839—1928）记述此一情状——

19 世纪中叶，两位参与翻译西书的中国渊博士人徐寿（1818—1884）、华蘅芳（1833—1902）游览上海，看到英国入华医生合信（1816—1873）编译的《博物新编》，"深为欣羡，有惬襟怀"。徐寿、华蘅芳叹曰：

> 盖利玛窦诸人著格致书后，越二百余年，此时内泰西格致大兴，新理迭出，而中国尚未知也，故一获此书，犹之忽过二百年，而与此新理相觌面。①

利玛窦、徐光启翻译《几何原本》前六卷，是西方数学名著最早进入汉字文化圈，中国、日本、朝鲜、越南都由此获知公理化的数学语言。但直至 250 年后，这部名著的后九卷才得以翻译，其间"二百余年"，中国在中古故道徘徊，而西方科学大兴，新理迭出，"中国尚未知也"，中西文明水平落差正在此间铸就。《几何原本》译介史提供的教训意味深长，但易被忽略，而其惨痛性，并不亚于甲午战争清方溃败，故更须认真检讨，深切记取。

---

① ［英］傅兰雅：《江南制造总局翻译西书事略》。

地球

　　中国地处远离其他文明中心的亚洲大陆东部（西方人称之"远东"），周边又被高原、沙漠、大洋所环护，处于相对封闭的地理环境之中，因而空间观念具有独特性，地理术语也自成一格。汉唐以下从陆上与西亚、南亚交往，海上又远航印度洋沿岸，地理视野有所拓展，但"天圆地方"观念占主导，而"地圆"说也占有一席之地。至明末、清末，西学东渐，具有全球观念的地理知识渐次入华，"地球"之类地理关键词纷纷创制，国人接受并无太大困难，这与"地圆"说的奠基之功颇有关系，清乾隆间学者阮元编《畴人传》，在《凡例》中称"地球之说"中国古已有之。因此，"地球"不尽然是西来新名，而是古典义得西义启迪的重生新名。[①]

一、中国传统的两种天地观

（一）"天圆地方"的"盖天"说

　　中国古代占主导地位的宇宙观是"天圆地方"，这在六千年前的新石器时代，已初露端倪；考之文献，此一观念初见于《尚书·尧典》，又由《易经》的六十四卦图呈现其貌，而正式形诸文字，则在《大戴礼记》：

---

① 冯天瑜：《新语探源》，中华书局 2004 年版，第 142—151 页。

　　单居离问于曾子曰："天圆而地方者，诚有之乎？"曾子曰："离！而闻之，云乎！"单居离曰："弟子不察，此以敢问也。"曾子曰："天之所生上首，地之所生下首，上首谓之圆，下首谓之方，如诚天圆而地方，则是四角之不揜也。"①

　　曾子在回答弟子单居离的提问时，肯定了"天圆地方""天上地下"之说，却又为"天圆地方说"留下疑问：圆形的天盖笼罩方形大地，留下四角不揜（不能掩盖）。曾子又引用"阴阳之道"为"天圆地方"作论证。②

　　以后，《吕氏春秋》进而用精气论阐述"天道圆""地道方"：

　　何以说天道之圆也？精气一上一下，圆周复杂，无所稽留，故曰天道圆。何以说地道之方也？万物殊类殊形，皆有分职，不能相为，故曰地道方。③

　　论证天圆地方的是"天盖说"——天如同半球形圆顶或伞篷，拱悬于方形大地上。《晋书·天文志》《隋书·天文志》引述《周髀》的"天盖说"表述直白，流行最广：

　　天圆如张盖，地方如棋局。

　　这都是用玄谈哲理的方式论证"天圆地方"，并无实证研究作基础，而

---

①②《大戴礼记·曾子天圆》。
③《吕氏春秋·圆道》。

且其间有强烈的政治诉求："上法圆天以顺三光，下法方地以顺四时"①，"爰有大圜在上，大矩在下，汝能法之，为民父母。"②"天道圆，地道方，圣王法之所以立上下。"③此皆为献策君主：效法天圆地方之旨，以立上下等级尊卑秩序，为民父母。这种宇宙观显然是为统治阶层政治—伦理需求服务的。皇城的内城、外城的城门，均呈"上圆下方"形态，以象天圆地方。《史记》载，秦始皇地宫为天圆地方结构，秦以后的钱币都是外圆内方。这皆是"天圆地方"的形象展示。

（二）"天圆地亦圆"的"浑天说"

中国古代有与"盖天说"相对立的"浑天说"④。此说略谓，宇宙呈蛋形，天如蛋白，包裹如卵黄的地。战国末年的屈原《天问》已有这种描述——"圜则九重"，"圜"可能指圆形天球。两汉之际出现"浑天"一词为"浑天仪"简称，此仪是汉代制作的球状天象模型，用以测定天象。西汉末扬雄（公元前53—公元18）在《法言·重黎》中讲："或问浑天。曰：落下闳营之。"文中所称"落下闳"（前156—前87），汉武帝时巴郡人，编《太初历》，提出"浑天说"，制浑天仪，认为天呈球体，地飘浮在天球之中。

东汉张衡（78—139）任太史令，完善铜铸漏水转浑天仪，并阐述浑天说。《晋书·天文志》载，葛洪引述张衡《浑天仪注》称：

天如鸡子。地如鸡中黄，孤居于天内，天大而地小。天表里有水，

① 《庄子·说剑》。

② 《吕氏春秋·序意》。

③ 《吕氏春秋·圆道》。

④ 中国传统宇宙观除"盖天说""浑天说"外还有"宣夜说"。

天地各乘气而立，载水而行。[①]

"盖天说"认为天呈半球形，罩在方形大地上，而"浑天说"认为天是一整圆球形，地在其中，如同卵黄在鸡蛋中部，悬于天内。地被喻为卵黄，是为圆球形。此论已令"地球说"呼之欲出。

"浑天说"还指出，全天恒星都布于天球上，日月五星附丽于天球上运行。这已相当接近于现代天文学的天球概念。"浑天说"初称大地浮在水上，后认为球形之地浮在气中，可回旋浮动，此即"地有四游"的朴素地动说。

南宋朱熹（1130—1200）反对"盖天说"，肯定"浑天说"：

> 浑仪可取，盖天不可用，试令主盖天者做一样子，如何做？只似个雨伞，不知如何与地相附着。
>
> 天包乎地，地特天中一物尔。[②]

描述了地乃由天包裹着的"天中一物"，而非如"盖天说"所规定的天地成上下对应的固化关系。

清人喜言"西学中源"，难免牵强，但也有确论，如沈大成谓："天圆地亦圆，见于《大戴礼》。天形撱即王蕃鸟卵之测，见于《晋书·天文志》。"[③]

二、明末以后地理新词创

自15世纪末叶开始，西欧开启大航海时代（又称"地理大发现时代"），

---

① 近人研究，认为此文是张衡身后百余年整理的张衡论说。
② （宋）朱熹：《朱子全书·天度》
③ （清）沈大成：《学福斋文集》卷二十。

形成较为宏阔的世界观，反映地理大发现成就的一整套术语应运而生。明清之际入华耶稣会士、清末入华新教传教士，开展"学术传教"，译介地理知识为其组成部分，他们与中国士子结合，译创了一批地理类汉字新词，诸如五大洲、四大洋、赤道、纬度、经度、回归线、热带、温带、寒带，而"地球"为其核心概念。

入华耶稣会士、新教传教士于三个世纪间（16 世纪至 19 世纪），在中国士人协助下，翻译或编著介绍世界地理知识的书刊，著名者有耶稣会士利玛窦的《万国全图》、艾儒略的《职方外纪》、南怀仁的《坤舆图说》，新教传教士的《联邦志略》《地球说略》《地理全志》《大英国志》，等等。这些著译采用"西述中译"方式（入华西洋人用汉语口述，中国士人用汉字笔录），厘定了一批对译西洋地理术语的汉字词，它们先后传入日本，丰富了幕末明治间兰学和洋学的地理词汇，并普及开来。相形之下，由于西学在明清时期的中国遭到冷遇，地理类新语鲜为人知。至清末民初，被留日学生和政治流亡者当作日制新名词传输回中国。但我们只要爬梳早期汉文西书和晚期汉文西书，便不难发现，这些被当作入华"日源词"的地理类汉字术语，多产自明清之际或清末的中国，属于回归侨词。

早期汉文西书和晚期汉文西书，以及中国人编纂介绍西洋的书籍，创制包括地球在内的大批地理学用语。现择录如次：

利玛窦（1552—1610）《坤舆万国全图》（1602）：

天球 地球 半球

赤道 昼夜平圈 昼夜平线 中线

北极 北极圈 地北极界

南极 南极圈 地南极界

北道 昼长圈 昼长线（北回归线）

南道 昼短圈 昼短线（南回归线）

地平 地平线 子午线 子午环

五带 正带（温带）

六大洲

洋 大东洋／太平洋 大西洋 印度洋 北冰洋 南冰洋

平原 旷野 旷地 山岭 冈岭

沙漠 火山地震 火山 火浆（熔岩）

海边 海岛 群岛 诸岛

航海（商民）海岛 海峡

金矿

艾儒略（1582—1649）《职方外纪》（1623）：

地球、赤道、经度、纬度、夏至线（北回归线）、冬至线（南回归线）等。

南怀仁（1623—1688）《坤舆图说》（1674）：

赤道、南极、北极、地球、地平线、大西洋、地中海、五大洲等。

蒋友仁（1715—1774）《地球图说》（1773）：

半球、东半球、西半球、子午线等。

马礼逊（1782—1834）《英华字典》（1822）：

地球、天球、半球、恒星、赤道、洋、大洋等。

徐继畬（1795—1873）《瀛环志略》（1848）：

地图、方向、位置、大洋、海峡、海湾、群岛等。

理雅各（1815—1897）《智环启蒙塾课初步》（1856）：

平原 plain　山岩 mountain　谷 valley　海岛 island　洋 ocean　海 sea
河 river　湖 lake（以上 91 课）

火山 volcano　崖 cave　穴 cavern（92 课）

地球大州 the different parts of the globe（93 课）

河川 rivers or streams（93 课）

行星 planet（110 课）

北极 north pole　南极 south pole　地轴 axis（111 课）

二分 equinoxes　二至 solstices

春分 vernal equinox　秋分 autumnal equinox

夏至冬至 the summer and the winter solstices（以上 113 课）

天气 atmosphere（115 课）

赤道 the equator　五带 the zones　热带 the torrid zone　温带 two
temperate zones　寒带 two frigid zones（以上 122 课）

寒暑道 climates（127 课）

上引在中国编译出版的早期汉文西书（明末清初）和晚期汉文西书（清

道咸之际）中所厘定的地理类汉字术语，都传入日本，成为中国、日本等汉字文化圈国度共享的地理词汇。

三、"地球说"对"天圆地方说"的修正

综理前述，在近代早期，由西方传教士（从明末清初入华的利玛窦、艾儒略、蒋友仁到清末入华的马礼逊、慕维廉、理雅各）与中国开眼看世界的士人（如明末徐光启、李之藻、王徵，清末李善兰、徐寿）联手，将西方的地理知识，包括一批地理词语译介到中国，后来传播日本，在日本得以推广，又于清末民初逆输入中国。这批地理术语中，关键词是"地球"。"地球说"在近代中国得以流行，推动了地理观念的变革。

（一）"大地球体说"

与中国的"地方说"相比较，西方的"地圆说"赢得一定程度的实证考察的支持。

公元前6世纪希腊数学家毕达哥拉斯（约前580—前500）提出"大地球体说"，公元前4世纪的希腊哲学家亚里士多德（前384—前322）通过观察证明大地是球形：越往北走，北极星越高；越往南走，北极星越低，且可看到一些在北方看不到的新星。埃拉托色尼（前275—前193）用几何学方法确立了地球概念。公元2世纪，希腊天文学家、地理学家托勒密（90—168）正式视地球为球形，并创"地心"说。中世纪，地心说被宗教臆断所淹没。文艺复兴时期的人文主义者重新发现古希腊地球说，15世纪末至16世纪开辟新航线的探险家正是怀着"大地是圆球形"这一信念，从欧洲出发，西航大西洋，以为必可抵达东方的印度与契丹（中国），无意间发现美洲新大陆。1519年至1522年，葡萄牙人麦哲伦（1480—1521）船队自西向东行，终于

返回出发点，完成人类史上第一次环球航行，以无可争辩的事实证明大地是圆球形，"地球"（earth）这一地理学的关键词正式诞生。

"地球－地圆"学说的创立，推动了大航海及地理大发现，拉开世界近代历史的序幕。

16世纪末叶以降入华的欧洲耶稣会士是这一学说的承袭者，他们译介近代地理知识，向中国士人介绍了一批全新的地理专业词语，在文化史留下精彩的篇章。

（二）利玛窦与李之藻创译"地球"一词

"地球"一词先由明末入华耶稣会士利玛窦与明朝太仆寺少卿李之藻合作拟定。

明万历十二年（1584）利玛窦到达广州，制《万国全图》，展示大地呈球状，引起观览者的惊叹。万历三十年（1602）李之藻在该图基础上，丰富内容，绘成《坤舆万国全图》（下称《全图》）[①]，万历三十六年（1608），万历帝下诏摹绘12份，传于后世。

《全图》中央偏左下，有一段较长文字，落款为"万历壬寅孟秋吉旦欧罗巴人利玛窦谨撰"，从内容上看，应算是《全图》序言，其中写道"地形本圆球"。图右有一更长段文字，亦为利玛窦所撰，介绍全图之"大略"。其起笔便申明：

> 地与海本是圆形，而合为一球，居天球之中，诚如鸡子黄在青内。

---

① 本书所据为日本摹绘本，藏于日本东北大学附属图书馆狩野文库。

显然借用了中国古典"浑天说"的表述。对中国传统的"地方说",利玛窦作温婉的评析:

> 有谓地为方者,乃语其定而不移之性,非语其形体也。

关于"天"与"地"的关系,利玛窦不仅沿袭了西方的"地心说"("居天球之中"),而且指出"天包地",二者"彼此相应",即"天有南北二极,地亦有之;天分三百六十度,地亦因之";并相对于"天球",创制了"地球"一名:

> 天球有昼夜,平圈列于中,夜短昼长,二圈列于南北,以著日行之界。地球亦设三圈,对于下焉。……浑沦一球,原无上下。盖在天之内,何瞻非天?总六合内,凡足所仁,即为下;凡首所向,即为上。专以身之所居分上下者,未然也。

在这段文字中,利玛窦还将"地球"分为"五大州":

> 又以地势,分舆地为五大州:曰欧罗巴,曰利未亚,曰亚细亚,曰南北亚墨利加,曰墨瓦蜡泥加。

从《全图》来看,这"五大州"依次为欧洲、非洲、亚洲、美洲、澳洲、南极洲。

《全图》左上有"日蚀图"和"月蚀图",并有关于"日月蚀之理"的简短文字说明。其关于月蚀的说明文字中有"地球"用例:

　　月蚀天下皆同也。盖月与诸星皆借日为光，地形在九重天之当中，若望时，月至黄道，正与太阳相对，地球障隔其光，不得直射，则月失其光，而人以为蚀。

《全图》左中有利玛窦所述一段文字，介绍西方运用"量天地法"得到的地球尺寸、地球到太阳系各星的距离、地球与各星的大小比例数，题名《论地球比九重天之星远且大几何》。文中有云：

　　地球既每度二百五十里，则如三百六十度为地一周，得九万里。……若二十八宿星，其上等，每各大于地球一百零六倍又六分之一；其二等之各星，大于地球八十九倍又八分之一；其三等之各星，大于地球七十一倍又三分之一；其四等之各星，大于地球五十三倍又十二分之十一；其五等之各星，大于地球三十五倍又八分之一；其六等之各星，大于地球十七倍又十分之一。夫此六第，皆在第八重天也。土星大于地球九十倍又八分之一。木星大于地球九十倍半。火星大于地球半倍。日轮大于地球一百六十五倍又八分之三。地球大于金星三十六倍又二十七分之一；大于水星二万一千九百五十一倍；大于月轮三十八倍又三分之一。

此为"地球"一词用于标题之首例，而且在这段简短的文字中，"地球"一词出现了12次之多。可见，"地球"一名在利玛窦那里已正式确立。

《全图》中央偏右上，有中国士人李之藻（1565—1630）所写序言。其对西来"地球"概念评述如下：

所言地是圆形，盖蔡邕释《周髀》已有天地各中高外下之说；《浑天仪注》亦言地如鸡子中黄，孤居天内。其言各处昼夜长短不同，则元人测景二十七所，亦已明载。惟谓海水附地，共作圆形，而周圆俱有生齿，颇为创闻可骇。

（三）熊三拔、艾儒略、南怀仁论地球及《崇祯历书》的"地球"说

"地球"一词亦见于1614年刊行的来华意大利耶稣会传教士熊三拔（Sabbatino de Ursis，1575—1620）"口授"，中国士人周子愚、卓尔康"笔记"之《表度说》：

> 欲明表景之义，先须论日轮周行之理及日轮大于地球之比例。[1]

意大利耶稣会传教士艾儒略（Giulio Aleni，1582—1649）"增译"、中国士人杨廷筠（1557—1627）"汇记"的《职方外纪》（1623年初刻），则可谓是利玛窦《坤舆万国全图》的文字展开式。它虽然未使用"地球"一词，却以专著的形式强化了"地圆说""五大洲说"，丰富了"地球"概念。其首篇《五大州总图界度解》起笔云：

> 天体一大圜也；地则圜中一点，定居中心，永不移动。……地既圆形，则无处非中，所谓东西南北之分，不过就人所居立名。[2]

---

① 熊三拔口授，周子愚、卓尔康笔记：《表度说》，1614年，第1页。李之藻编：《天学初函》，台湾学生书局1965年版，第2539页。
② 艾儒略增译，杨廷筠汇记：《职方外纪》，1623年，第1页。李之藻编：《天学初函》，台湾学生书局1965年版，第1311页。

艾儒略还囿于"地心说"（地球是宇宙中心，且恒定不移），但已十分明确地交代了，大地乃圆形球体，突破中国传统的"地方说""中国中心说"，肯认了地理大发现的成就。

利玛窦、李之藻、熊三拔、艾儒略、杨廷筠等介绍的建立在"地圆说"基础上的"地球"，又由南怀仁的《坤舆图说》、蒋友仁的《地球图说》加以阐发，在明末被一些开明士人所接受，在王圻的《三才图会》、程百二的《方舆胜略》等书中或隐或显地有所昭示。徐光启、李之藻、李天经、汤若望等人历经五年（1629—1634）编译的《崇祯历书》也采用了"地球"概念。山东布政使司右参政李天经（1579—1659）督修，入华耶稣会士、葡萄牙人罗雅谷（Rho，Giacomo，1593—1638）撰《崇祯历书历引》有云：

> 寰宇者，括天地万物之总名也。水附地以成一球，凝奠于中天为大圜，包其外。地之周则气充盈之。……地在寰宇之中，常静不动，与天相较，政如稊米之于乔岳耳。其形浑圆……古谓方者，指其德也。于是因处地球者，视日景之不同，有五所以分为五带。[1]

这是中国官方文本使用"地球"一词之始。

（四）清朝官方退回"地方"说，民间保有"地圆"说

清代前中期，官方的宇宙观退回"地方"说，为维护中国"天下中心"说，排斥利玛窦、李之藻、艾儒略等人介绍的地理观念。如清代乾隆年间编定的

---

[1]（明）李天经督修，罗雅谷撰：《崇祯历书历引》卷上，渡边口 1855 年版，第 1 页。

《明史》，称《职方外纪》等西书地理论述"其说荒渺莫考"；《四库全书总目》虽肯定"欧罗巴人推算之密"，却又指认"其议论奇诈迂怪，亦为异端之尤"。澳门同知印光任与张汝霖编撰的《澳门纪略》（1751 年成书）则将西洋人传入的"寒热五带之说，地圆之理"，归之于"皆不能出《周髀》范围"，以"西学中源说"淡化这些近代性地理知识的价值。

"地圆说"在清代中期对民间士人仍保有积极影响。女科学家王贞仪（1768—1797）作《地圆论》，肯定大地球形，而且解答了人在球体上不会倾跌的疑问：

> 天包地为甚大。故其度广。地中又为甚小，故其度狭。悉大气举之，所地虽浑圆，而不忧人之所居倾跌。[①]

王氏指出，在无垠的宇空，没有上、下，侧、正之别。这显然受到耶稣会士"地球说"的影响，在"天圆地方"观念盛行的乾隆年间是一种了不起的宇宙空间观，有此空间观，方能为"地球"说解释疑惑。

四、"地球"说清末重现

如前所述，16 世纪末叶至 17 世纪初叶，利玛窦、艾儒略、李之藻等中外人士已经译介"地球"一词，此时正值大航海时代开启不久，是西欧以外地区较早出现的"地球"说。然而，"地球"一词在明末只被少数士大夫认同和使用，至清代前中期，此词更被打入冷宫，朝野流行的仍然是"天圆地

---

① 王贞仪：《地圆论》，《德风亭集》卷六。

方"天动地定"观念。直至清末民初，随着更强劲的一轮西学东渐，"地球"一词方逐渐普被国中，这与新教传教士的著译入华有关。

马礼逊的《英华字典》有"天球""地球""半球"等词条；慕维廉《地球全志》卷九并论"地球、水星、火星、木星、土星"；祎理哲更有《地球说略》专书，有"地球"专条；雅理各的《智环启蒙塾课初步》的93课，论述"地球大洲"。和明清之际入华耶稣会士不同，此时入华新教传教士带来的不是"地心说"之"地球"，而是近代"日心说"之"地球"。

（一）米怜"地为行星"说、"圆如球"说

较早在汉文世界传播西方近代天文、地理学知识的，当推苏格兰传教士米怜（William Milne，1785—1822）在马六甲主办的第一份中文近代报刊《察世俗每月统记传》，其1816年卷有三分之一的篇幅讲述"天文地理论"。依其所述，"日居中"，"地与六个大星""皆自西向东，各在各之道，而周围日环运行"[1]；"地为行星者，体本无光，乃受光于日"[2]，"圆如球"[3]。

在"解地体之圆"，"说地之动行"[4]的过程中，米怜主要采用了"地"这一称呼，但也有两处采用了"地球"一词。在对《地每日运行图》做文字说明时写道：

斯图之大圈，与数星在其上者，指人所想为天内之边也。圈中之球者，地也。……地球中上小圈者，指地之轴，地所常周而转行

---

① 《察世俗每月统记传》1816年卷，第89帙，第5页。
② 《察世俗每月统记传》1816年卷，第89帙，第6页。
③ 《察世俗每月统记传》1816年卷，第90帙，第7页。
④ 《察世俗每月统记传》1816年卷，第93帙，第10页。

者也。①

在对《地周日每年转运一轮图》做文字说明时写道：

> 斯图上之大圈者，地周日运行之道路也。圈上四个球者，指地
> 于每年四个时候，即春秋二分与冬夏二至之时候也。……地球上小
> 黑点向北者，曰地轴之尖，又曰地之极也。其常只指北极也。地球
> 下边一条重画者，地之中带也。②

（二）徐继畬、合信论"地球"

1834年2月，《东西洋考每月统记传》"地理"栏载《地球全图之总论》，此为晚清"地球"一词用于文章标题之首例。1848年刊刻的徐继畬《瀛寰志略》卷一首讲"地球"。1849年，广州惠爱医馆刊行英国入华传教士合信（Benjamin Hobson）所著《天文略论》。该书为晚清中国系统介绍西方近代天文学的第一部著作，共40论，其中"第一论　地球圆体""第二论　地球自转成昼夜""第七论　仿做地球纬经之法""第九论　地球各国地土定名""第十二论　地球圜日即是行星""第十三论　地球圜日成四季""第二十一论　地球见星远近真据"。

（三）祎理哲《地球说略》

1848年，宁波华花书房刊行的美国传教士祎理哲（Richard Quarterman Way，1819—1895）所撰《地球图说》。该书后经扩充，更名为《地球说略》，

---

①《察世俗每月统记传》1816年卷，第95帙，第3页。
②《察世俗每月统记传》1816年卷，第99帙，第16页。

于 1856 年出版。《地球说略》首先介绍了"地球圆体说""地球轮转说""地球图说"等，继而述说了各洲各国自然、人文概况。关于"地球"一名的理由，祎理哲在《地球说略引》中申明：

> 夫地何言乎球？以地形似球而名之。[①]

关于"地球圆体说"自西入东的传播情况，祎理哲还是有所了解的。书中有云：

> 今天文士，察其实理，告知众人，谓地非平坦，是团圆如一球形。说非创闻，自明朝利玛窦、汤如望诸人入中国，即有此说。明历用之，迄清朝，亦如是云云。[②]

很显然，祎理哲所使用的"地球"一词，是袭自利玛窦等明末入华耶稣会士的创译。新教传教士的著译流传于中国东南沿海为少数知识分子接受并使用；这些著译更远播日本，在幕末、明治间流传开来。

（四）《六合丛谈》论"地球"

英国伦敦宣教会传教士慕维廉（1822—1900）1854 年在上海的墨海书馆出版《地理全志》，又与伟烈亚力等主持中文期刊《六合丛谈》，介绍西方近代地理知识，传播包括"地球"在内的一系列地理词语。此期刊的"地球"论，已涉及地轴问题，指出"轴之北端曰北极，南端曰南极"，地球"本轴侧倚"，

---

① [美]祎理哲：《地球说略》，华花书房 1856 年版，《地球说略引》。
② [美]祎理哲：《地球说略》，华花书房 1856 年版，《地球说略引》，第 1 页。

"地球旋转之时，本轴恒有定向"。又说"分地面为东西两半球"，"赤道北为北半球，南为南半球"。

《六合丛谈》及祎理哲的《地球说略》等晚期汉文西书很快传入日本，并很快出版"和刻本"，使"地球"等地理术语在日本普及开来。日本哲学家西周撰于19世纪60年代的《百学连环》及稍晚翻译的《万国公法》，都广为使用入华新教传教士创制的包括"地球"在内的汉字地理术语。

（五）"地球"说在东亚文化圈的传播

"地球"说自明末利玛窦、李之藻、艾儒略初论，在明末小有流传，清代前中期则被淹没，基本被遗忘。至清末，随着新教传教士入华后译介西学，"地球"一词重现汉语世界，而日本从中国输入"地球"等地理术语后，伸发含义，又通过教科书、辞书将其纳入学科系统。这些经过提升的"地球"等新词，经由中国留日学生转输中国，在近代中国得以普及。如清末的小学课本曰：

> 人居地上，不可不知地形。古人云"天圆地方"，其实不然。地浮于空气之中，形圆如球，其上下前后左右皆有山川人物，惟体积大，故人不觉其圆也。[1]

清末经学家皮锡瑞（1850—1908）倡导新学，他的儿子皮嘉祐1898年仿明代高僧德清所作七言排律《醒世歌》篇名和书写格式，作《醒世歌》曰：

---

[1] 韩锡铎主编：《中华蒙学集成》，辽宁教育出版社1993年版，第1574页。最早版本可见南洋公学编：《蒙学课本》。

若把地球来参详，中国并不在中央，地球本是浑圆物，谁居中

央谁四旁？ ①

该文意在纠正"华夏中心说"，同时将"地球"的"浑圆物"之意生动地表述出来。此类地球说在当时虽受到叶德辉等守旧派的反驳，被斥之"邪说煽惑"，但"地圆说""地球说"自戊戌变法以降，已渐居主流，成为国人耳熟能详的地理类关键词，沿用至今。

综论之，汉字新语"地球"等地理类术语，创自明末清初中国，播传幕末日本。"地球"一词在中国几经浮沉，在清末由日本"逆输入"，经各方人士努力，终于在中国得以确认。此新名不应以"日源词"视之，而是"回归侨词"的典型例子。

---

① 皮嘉祐：《醒世歌》，《湘报》27 号，1898 年 4 月 6 日。

共和

　　"共和"是古典汉字组合的复指名词，在不同语境中的意义指向不一，以后在与外来语对译时，内涵又有重大衍生发展。对于这样的关键词，尤须作历史的、文化的辨析。

一、"共和"古义三说

　　共和，原是西周的一个纪年，又是"共和行政"的简称。故"共和"有两种解释指向：

　　其一为纪年说。《竹书纪年》称：周厉王（？—前828）任用荣夷公执政，实行"专利"政策，将山林湖泽改由天子直接控制，侵夺国人权益，又令卫巫监视发表"谤言"的国人，虐杀议政者，激起镐京国人暴动，厉王逃奔彘（山西霍州），史称"彘之乱"。厉王被逐后，共国（今河南辉县）君名和，伯爵，时称共伯和，受诸侯拥戴，摄行王政，号共和元年（公元前841年，此为中国正式纪年之始）。[①] 共伯和在厉王、宣王之间（前841—前827）执政。

　　其二为"共和行政"说。司马迁称，周厉王被逐后，王位虚悬，贵族会议辅政，由召穆公、周定公共同行政，号为"共和行政"，又称"周召共和"。

　　————

①《竹书纪年下》："厉王十二年，王亡奔彘，国人围王宫，执召穆公子之杀之，十三年，共伯和摄行天子事。"

据《史记》卷十四《十二诸侯年表第二》载，共和元年，岁在庚申，即公元前 841 年，至共和十四年（前 828）周宣王（？—前 782）即位方止，共历十四年。《史记·周纪》载此事云：

> 周公、召公二相行政，号曰共和。

《史记正义》引韦昭之言，解释"共和"云：

> 公卿相与和而修政事，号曰共和也。

其三，据新近出土战国楚简（见《清华简系年》），厉王被逐后，龙伯和立（出土龙伯戟证明其时有龙伯国）。其后周公、召公与龙伯和共同行政。此处的"共"乃共同之意，非指"共国"这一诸侯国名称。

以上三说的第一项（共伯和摄行天子事），"共和"是以人名（共国伯爵和）命名的纪年称号，并无更多内涵；第二项（召公、周公共同行政），第三项（周公、召公与龙伯和共同执政），"共和"则是一个由"共"与"和"组成的偏正结构名词，具有特别的政治内涵——若干贵族协同行政，公卿"相与和而修政事"，"共和"的这一诠解，与今谓共和政治的含义有相通之处。下以此义讨论"共和"。

（一）释"共"

"共"，甲骨文作，金文作，像两人用两只手一起举着供奉之物，共享这份东西，引出共同、公共之义。小篆作，《说文解字》："共，同也，从廿卅。"段玉裁注："廿，二十并也，二十人皆竦手，是为同也。"《增韵》："共，公也。"

古代"共"与"供"是同一字，有供奉义；"共"也是"拱"的本字，有拱卫义。

（二）释"和"

"和"字繁体"龢"，指一种编管吹奏乐器，是小笙的前身，金文作龢，小篆作龢，此字有相应、和谐之义。[①]"和"由音乐之和谐之声，引申为人际关系之和、政治之和之意，进而上升为概括事物之本、天地法则的一种范畴。西周末的太史史伯云：

和实生物，同则不继。[②]

意谓"和"确实能生成万物，"同"就不能增益，而只能止步不前。所谓"和"，是用一物匀适地融入另一物，使之得以丰富与发展；而用"同"类物补充，以同济同，便不会进步。"和"是二元乃至多元的对立统一，故"和也者，天下之达道"。[③]

（三）释"共和"

"共和行政"意义上的"共和"，可解为"相与和而修政事"，也即"共同协和行政"，是贵族共享国家管理权（共）、贤人协同施政（和）两层意蕴的综合。这一意义上的"共和"，是中国古代君主大权独揽的政治体制的另类和特例，只是在君幼、君弱、国危时偶尔出现。但"共和"虽未形成正式的政治制度，却每为非议君主专制的人们所援用，成为与

---

① 《说文解字》："和，相应也，从口，禾声。"《广雅·释诂三》："和，谐也。"
② 《国语·郑语》。
③ 《礼记·中庸》。

君主独断相对立的一个专词。至近代，"共同协和行政"意义上的"共和"，引为对译西方共和政治的古典汉字词，故在新语创制史上占有一席之地。

二、近代早期中国人对共和制的追慕

与世界各地的前文明时代一样，中华先民在传说中的唐尧、虞舜、夏禹之际，实行过原始民主（"禅让""众议"等），而自禹—启"世及"（世袭）以降，特别是有文字可考的殷商以下，即由天子行政，君权世袭（兄终弟及或父子相承）。秦汉以后，专制君主集权政治确立，并愈演愈烈。然而，人们对原始民主（所谓"三代之治"）的向往不绝如缕，这种复古式的诉求，正是对现行的专制君主制度的一种温婉的批判。在这种复古式诉求中，"共和"也是供人仰望的高悬古镜之一。

姑且不论《竹书纪年》与《史记》前述两种对"共和"的诠释中，哪一种更符合历史实际，但《史记》"相与和而修政事"意义上的"共和"，较之《竹书纪年》中作为纪年的"共和"，流传更广，影响更大，乃是因为"共同协和行政"意义上的"共和"，表达了"乾纲独断"的君主专制时代人们的一种反拨式理想。

时至近代早期，第一批开眼看世界的人们对西方民主政治作介绍时，往往以"三代之治""共和行政"作参照系。如林则徐主持编译的《四洲志》，论及美国的共和制度，便是从中国古代传说中的贤人政治角度，肯定其合理性：

故虽不立国王，仅设总领，而国政操之舆论，所言必施行，有害必上闻，事简政速，令行禁止，与贤辟所治无异。此又变封建、郡县官家之局，而自成世界者。①

这里尚未出现"共和"一词，然而叙述间已大体包摄了"相与和而共政事"之类的共和理念。

魏源撰《海国图志》，对瑞士的自治政治颇为欣赏，称其"皆推择乡官理事，不立王侯，如是者五百余年"，赞曰：

  瑞士，西土之桃花源也。惩硕鼠之贪残，而泥封告绝，主伯亚旅，自成卧治，王侯各拥强兵，熟视而无如何？②

又介评美国的政制：

  都城内有一统领为主，一副领为佐，正、副统领亦由各人选择。每省择二人至都城合为议事阁，又选几人合为选议处。③

魏源文也未出现"共和"一词，却接触到共和制的实质：国家领袖非世袭而由选举（"选择"）产生。

徐继畬撰《瀛环志略》，对西方近代共和制有较确切的介绍，尤其赞赏美国的民主政制：

  米利坚合众以为国，幅员万里，不设王侯之号，不循世及之规，

---

① 《四洲志》，华夏出版社 2002 年版，第 155 页。
② 魏源：《海国图志》，中州古籍出版社 1999 年版，第 317 页。
③ 魏源：《海国图志》，中州古籍出版社 1999 年版，第 387 页。

公器付之公论，创古今未有之局，一何奇也，泰西古今人物能不以

华盛顿为称首哉！①

文中仍未出现"共和"一词，但所论将共和制的主要特征（"不设王侯

之号，不循世及之规，公器付之公论"）明白昭示出来。徐氏称赞美国共和

制创立者华盛顿：

华盛顿，异人也。起事勇于胜广，割据雄于曹刘，既已提三尺剑，

开疆万里，乃不僭位号，不传子孙，而创为推举之法，几于天下为

公，骎骎乎三代之遗意。②

指出共和制的要旨——"不僭位号"，行"推举之法"，徐氏比拟为三代

之治。可见中国近贤高度评价西方的民主共和制，并与中国"天下为公"的

大同理想相与比拟。徐继畬此一名论后来镌刻勒石，被万里迢迢请到美国，

镶于首都华盛顿的华盛顿纪念碑内。笔者 2000 年访问美国首都，前往华盛

顿纪念碑内，拜谒徐继畬前辈的弘文碑刻，心潮澎湃。

近代早期开眼看世界的一批中国人，不约而同地欣赏、倾慕近代共和民

主制，称赞"其章程可垂奕世而无弊"③，以为"合众为国""视听自民"的制

度"创一开辟未为之局"④，表明中国近贤与民主共和制度的契合。那种认为

中国人全无民主意识，无资格实行"公—共—和"的共和制的言说，是贬抑

国人、背弃先哲的谬论，是给专制独裁制编造合理性，其心可诛。当然，也

———————

① 徐继畬：《瀛环志略》，上海古籍书店出版社 2001 年版，第 291 页。

② 徐继畬：《瀛环志略》，上海古籍书店出版社 2001 年版，第 277 页。

③ 魏源：《海国图志》卷六〇，第 1 页。

④ 梁廷枏：《合省国说》卷三，《海国四说》1844 年木刻本。

不宜对近世哲人仰慕西政的思想作过度诠释，须知，林、魏、徐及梁廷枏（1796—1861）等人，是戴着中国古代贤人政治和"仁政""宽政"的视镜看待西方共和政制的，故对其称赞不出"骎骎乎三代之遗意"之类的崇古妙语。但他们的说论毕竟在古典汉语"共和"义（贤人"共同协和行政"）与西方近代共和政制之间设下可以交相会通的空间。而用汉字古典词"共和"对译英文 republicanism 的，并非林则徐、魏源、徐继畲辈，而是稍晚于他们、视他们为老师的幕末明初日本人。

三、日本以"共和"译 republic

中国古典的"共同协和行政"义的"共和"一词，随着《史记》等典籍东传，也输往日本，日本古典中使用这一词语，其内涵与中国古典同。

江户幕府末期（1847）箕作省吾撰《坤舆图识》，以"共和"译 republic。这是笔者所见此种对译的首例。

幕末启蒙思想家横井小楠（1809—1869）深受魏源《海国图志》、徐继畲《瀛环志略》二书影响，由原先的"锁国攘夷"转变为开国论者，并认为西洋近代政制接近"三代之治"。这种认识与魏源、徐继畲相似。横井1860年著《国事三论》，称美国的民选总统之制，"权柄以让贤不传子，废君臣之义，专以公共和平为务"。这里虽未出现整词"共和"，但"专以公共和平为务"这一短语，从内涵到语文表述上，都逼近"共和"。

至明治前夕，日本学人正式用汉语词"共和"翻译英语 republicanism，如福泽谕吉的《西洋事情》初编（1866年刊行）卷一，已出现"共和政治"；明治时期更普遍使用，如久米邦武编述出访欧美的岩仓使团见闻的《米欧回览实记》第七十卷（明治六年五月一日），记美国政治制度，多次出现"共和政体"字样；冈本监辅1891年所撰《墨西哥记》，有"共和政治"一词，均指西方近代民主制度。

Republicanism（"共和政治"）起源于古希腊城邦共和国理念，语源为 res publica（公共事物），对应于 res privata（私人事物）。这种共和政制在罗马时代又有所发展，当然那时的共和是贵族政治下的共和，是制约君主、寡头的一种政体形态。至近代，共和发展为在宪法约束下运作的代议制政治理念，泛指国家权力机关和国家元首由选举产生的一种政治制度。"共和"作为一种政体，是与君主政体相对应而产生的；至近代，更是作为专制君主制度的对立物而出现在世界舞台。

"共和"理念包含三方面内容：公（天下为公），共（国家权力是公有物，国家的治理是所有公民的共同事业），和（用和平方式参与和处理政治事务）。主旨是国家权力乃公有物，国家治理是公民的共同事业。[①]《史记·周本纪》所述"共和"义，约略体现了"公""共""和"三层意蕴，表明古人既有权力公享的企望。近代日本人以汉语古典词"共和"对译 republicanism，原因盖出于此。

日本明治维新建立君主立宪政体，并未实行共和制，为什么法、美的共和主义却在日本得到一定程度的流行，并成为中国革命派接受民主共和理念的二传手？简言之，日本明治间虽学习英德的君主立宪制度，尤其是仿效德国的君主威权政治，《明治宪法》确立"天皇主权论"，但法国的共和制思想在日本并未遭到禁绝。法政大学是日本讲授法国共和主义的大本营。该校前身为 1880 年成立的东京法学社，日本政府从法国聘请法国巴黎大学教授布瓦索纳德（Boissonade，1825—1910）及门生主事，讲授民法契约篇。1903年"日本民法之父"梅谦次郎（1860—1910）就任校长，校名为法（系）法律学校法政大学，1920 年称法政大学。该校一直是法国系法律思想的传播中

---

① 刘军宁：《共和·民主·宪政——自由主义思想研究》，上海三联书店 2000 年版，第 103—106 页。

心，共和主义当然是题中之义。以后，日本民主思想家美浓部达吉（1873—
1948）在法政大学继续坚持立宪、共和。日本存在这样一支共和主义的异军。

四、近代中国的"共和"观

时值晚清，随着新教传教士的入华，西语 republic 亦传入中国，其汉字
译名之大势，由早期英汉词典可见一斑（参见表1）。

表 1　早期英汉词典中 republic 之汉译

字典名	作者名	republic 译名	出版地（者）	出版年
《英华字典》（全1册）	[英]马礼逊 Robert Morrison	无此条	澳门：Printed at the Honorable East India Companys Press	1822
《英华韵府历阶》（全1册）English and Chinese Vocabulary, In the Court Dialect	[美]卫三畏 S. Well Williams	REPUBLIC, 合省国(P236)	澳门：香山书院	1844
《英华字典》（全2册）English-Chinese Dictionary (in two volumes)	[美]麦都思 W. H. Medhurst	REPUBLIC, 公共之政治，举众政治之国（卷二 P1078）	上海：墨海书馆	1848
《英华字典》（全4册）English and Chinese Dictionary, with the Puntin and Mandarin Pronunciation	[德]罗存德 W. Lobscheid	Republic, a, 众政之邦，众政之国，公共之政（卷四 P1474）	香港：Printed an Published at the "Daily Press" Office, Wyndham Street	1869
上海方言词典 A vocabulary of the Shanghai dialect	[英]艾约瑟 J.Edkins	无此条	上海：Presbyterian Mission Press	1869

续表

字典名	作者名	republic 译名	出版地（者）	出版年
《英华萃林韵府》（全2册）*Vocabulary and Handbook of the Chinese Language，Romanized in the Mandarin Dialect*（in two volumes）	[美]卢公明 Justus Doolittle	Republic, or commonwealth, a 合省国，公共之政治，举众政治之国，自主之民，百姓作主（卷一 P406）	福州：Rozario，Marcal and Company	1872
《字语汇解》*An Anglo-Chinese vocabulary of the Ningpo dialect*	睦礼逊 W. T. Morrison	REPUBLIC，民主之国（P393）	上海：American Presbyterian Mission Press	1876
《英华字典》（全一册）*English Chinese dictionary*	I.M.Condit	Republic 合众政治之国（P97）	上海：美华书馆	1882
《华英字典集成》（全1册）*An English and Chinese Dictionary*	邝其照（生卒不详）	Republic 合众出治之国，公同之政 Republican 众政，公共的政，美国百姓北党（P293）	香港：循环日报承印（1899）	1887
《英华大辞典》（小字本）	颜惠庆	Republic, n. A state in which the sovereign power resides in the whole body of the people, and is exercised by the representative elected by them, 民主政体；a commonwealth, 共和政府，公共国政，民主国（P828）	上海：商务印书馆（1920）	1908

（一）"共和""公和"入华

时值清末，随着汉译日籍的入华，近代义的"共和"一词也于19、20世纪之交传入中国。此际还同出"公和"一词。曾留学早稻田大学的汪荣宝（1878—1933）与另一留日学生叶澜编《新尔雅》（1903年出版），称"共和"为"公和"，文曰：

　　立宪政体又别之为民主立宪，君主立宪。由人民之愿望，建立公和国家，举大统领以为代表，而主权属人民者，谓之民主立宪政体。

这大约反映了清末立宪派对共和制的认识。这种制度在法、美两国得到较完整的实行。由法、美两国实践的共和主义观念经由日本传入清末中国，成为与君主立宪相并列的供国人选择的政体模式。而共和主义未为主张君主立宪的改良派采纳，却被孙中山为首的革命派所接受。

　　孙中山 1894 年 11 月在《檀香山兴中会盟书》中即明示"创立合众政府"，并称兴中会会长为"伯理玺天德"，即英语 president（总统）的汉语音译，显示了建立共和政体的明确意向，不过此时孙中山还没有使用"共和"一词。京都大学教授狭间直树的论文《对中国近代"民主"与"共和"观念的考察》引述，据《原敬关系文书》第二卷载，1895 年 3 月 4 日、4 月 17 日日本驻香港领事报告，其间孙中山与日本领事交谈，孙中山谈到总统制和起义成功后，"使两广独立为共和国"。这是孙氏共和思想的早期证据。

　　1897 年 8 月，孙中山在《与宫崎寅藏、平山周的谈话》中，以汉文直书自己的政治精神是"执共和主义"，他还批驳那种认为"共和政体不适支那之野蛮国"的论调。孙中山说：

　　　　共和者，我国治世之神髓，先哲之遗业也。我国民之论古者，莫不倾慕三代之治，不知三代之治实能得共和之神髓而行之者也。勿谓我国民无理想之资，勿谓我国民无进取之气，即此所以慕古之意，正富有理想之证据，亦大有进步之机兆也。[1]

---

[1]《孙中山全集》第一卷，第 172—173 页。

按照孙中山的说法，既然中国古来即有共和传统，中国人民便可称为"共和之民"。将中国的"三代之治"释为共和精神，是孙中山对古代贤人政治的一种理想化诠释，也是孙中山在书面文献中使用"共和"一词的较早例子。

至 20 世纪初，邹容的《革命军》更呼唤"中华共和国万岁"口号。章太炎认定"合众共和"乃不可抗拒的时代潮流。现代义及世界义的"共和"与"革命"一起成为革命派的中坚词汇。总之，"共和"一词经历了跨国度、跨文化的横向传播过程和古义向今义转变的纵向发展过程。

（二）法政大学"清国留学生法政速成科"与"共和"在中国的传播

日本明治维新确立强化天皇威权的君主立宪制，但为什么大批清国留学生却成为热烈的共和主义者，并使之在清末民初得以播扬，这与前述日本法政大学颇有干系。这个以宣介法国共和主义著称的学校，曾于 1904—1908 年办"清国留学生法政速成科"，前后五期收中国留学生二千人，一千二百人结业，陈天华、胡汉民、汪兆铭、宋教仁、朱执信、居正、张知本、沈钧儒等在"速成科"受到共和思想洗礼（汤化龙在法政大学专门部学习法律），其中宋教仁（1882—1913）尤为共和主义的鼓吹者、践行者，他于辛亥武昌首义后赶至武昌城（长江对岸正激烈展开阳夏战争），在湖北军政府约同汤化龙（1874—1918）、张知本（1881—1976）等昔日法政大学同学，编撰《鄂州约法》。据共进会员王保民回忆，汤化龙对《约法》的第一条设计便是"共和国体"[①]。《鄂州约法》共七章六十条，要旨有二：一为主权在民，二为三权分立。这是中国第一部正式拟订并公布的共和制大法。拙作《辛亥首义史》

---

① 王保民：《汤化龙先生片断见闻录》，《黄石师范学院学报》1981 年第 4 期。

有专节议此。[①]

（三）民初"共和"的实践与遇挫

至辛亥革命以后，"五族共和"已不绝于书报、口谈，国人耳熟能详。以"共和"命名的社团联翩出现，如"共和国民会""共和建设会""商界共和团""共和统一会"等。共和制度带来若干新气象，包括词语的新旧更迭。民国元年的报刊文字说：

> 共和政体成，专制政体灭；中华民国成，清朝灭；总统成，皇帝灭；新内阁成，旧内阁灭；新官制成，旧官制灭；新教育兴，旧教育灭；枪炮兴，弓矢灭；新礼服兴，翎顶补服灭；剪发兴，辫子灭；盘云髻兴，堕马髻灭；爱国帽兴，瓜皮帽灭；爱华兜兴，女兜灭；天足兴，纤足灭；放足鞋兴，菱鞋灭；阳历兴，阴历灭；鞠躬礼兴，拜跪礼灭；卡片兴，大名刺灭；马路兴，城垣卷栅灭；律师兴，讼师灭；枪毙兴，斩绞灭；舞台名词兴，茶园名词灭；旅馆名词兴，客栈名词灭。[②]

辛亥革命后，共和国成为新的法统象征，执掌军政大权的袁世凯（1859—1916）在谀臣、子弟拥戴下，"帝制自为"，立即成为"天下共击之"的独夫民贼。时为民国副总统的黎元洪（1864—1928）拒绝袁氏"武义亲王"头衔，坚守民国的共和正朔。蔡锷（1882—1916）更潜离北京，赴云南高举"护国"

---

① 冯天瑜：《辛亥首义史》之第五章第九节"鄂州约法：共和宪政史上的里程碑"，湖北人民出版社 2011 年版，第 379—390 页。
②《新陈代谢》，《时报》1912 年 3 月 5 日。

义帜，捍卫共和体制，天下景从。袁氏的"洪宪皇帝"梦，83 天即告破灭。这与"共和"的古典义（"相与和而共政事"）在中国早有传承相关，更与"共和"的近代义经辛亥革命前后十余年的传播大有干系。这当然是袁世凯及力主恢复帝制的"筹安会"诸公万万没有料及的。

然而，这仅仅是问题的一个方面。另一方面，中国人推翻清朝后，虽不再希望帝制复辟，但"共和国"为何物，却也鲜为人知。"共和"的"公"（共和政体是公平、公正政体）、"共"（国权是公民共有事业）、"和"（以和平方式参与政事）三义真正为国人所认识并付诸实施，尚需要一再缴纳学费，经历一个漫长而痛苦的过程。

早在 1903 年，章太炎（1869—1936）就已指出，"革命"可以做到"攘臂一呼，四海呼应，推倒政府，驱除异族"，但要实现共和主义政治，则须待以时日，在革命功成，"天下已定，而后实行其共和主义之政策……则所革者政治之命耳，而社会之命，未始不随之而革也"。[1] 可见，革命派意识到共和政治是一个系统工程，实现共和理想殊非易事。

共和政治在中国难以实行，与中国缺乏真实意义的共和传统有关。民国初年，主张复辟帝制的劳乃宣（1843—1921）曾于《民是报》发表《共和正解》，赞扬君主政体，攻击共和政体，其立论的根据，便是中国古典义的"共和"本来即是君主制内部的一种修正案，而并非独立的政体。文称：

> 宣王即位，共和罢。《索隐》云："二相还政宣王，称元年也。"此共和一语所自出也。其本义为君幼不能行政，公卿相与和而修政事，故曰共和。乃君主政体，非民主政体也。故宣王长，共和即罢。

---

[1]《驳革命驳议》，《章太炎政论选集》中华书局 1977 年版，第 230 页。

伊尹之于太甲，霍光之于汉昭，皆是此类。今日东西各国所谓君主立宪绝相似。而不学之流，乃用之为民主之名词，谬矣。夫君主立宪，有君者也；民主立宪，无君者也。古之共和，明明有君，恶得引为无君之解哉？①

劳氏的论调代表了复辟逆流，理当被时人所弃，但其所言"古之共和，明明有君"，"共和"不过是在"君幼不能行政"之际，由公卿"相与和而修政事"的暂时性措施，这一说法符合中国古代政治的实情，揭示了中国古来并无民主共和国传统的事实。

近人用古典词"共和"翻译英语 republicanism，使"共和"的内涵发生根本性改变——从古典义的贵族分权、诸公卿"相与和而共政事"，变为近代义的国家权力机关和国家元首由民众公选、受议会制衡的一种国家制度。而数千年间在专制帝王治理下的中国人难以理解这种意义的变化，更不用说实行这种制度改革。近代义的共和传统欠缺，专制主义传统强大，正埋下中国近代共和历程艰难曲折的伏笔。民国初建，政权随即落入军阀政客之手，连力倡建立共和主义政党政治的宋教仁也惨遭暗杀，议会则被军队包围，勒令议员按军头旨意投票。"民国""共和"沦为空名和笑柄。辛亥武昌首义的重要参加者蔡济民（1886—1919）吟诗，表达了对民初"共和"的极大失望：

无量金钱无量血，可怜购得假共和。②

此后，军阀专权愈演愈烈，曹锟（1862—1938）1923 年以贿选出任民国

① 转引自章士钊：《复辟平议》，《甲寅杂志存稿》上册，商务印书馆民国十一年初版，第191—192页。
② 蔡济民：《书愤六律》，《中华民国公报》1912 年 7 月 18 日。

第五任总统，此类丑剧频繁上演。共和制热烈倡导者陈独秀（1879—1942）沉重指出：

> 吾人于共和国体下，备受专制政治之痛苦。[①]

历史事实表明，由于君主专制传统的悠久深厚，在中国去"君治"之名易，行"民治"之实难；挂"共和"招牌轻快，成"共和"政治艰困。"共和"作为一种新时代的中坚理念若要深植于民族文化心理内层，是不可能一蹴而就的。

然而，近代中国先进的人们并未丧失信心，挫折激励他们继续为"共和"而奋斗。还是那位陈独秀于民国初年说：

> 自经此次之实验，国中贤者，宝爱共和之心，因以勃发；厌弃专制之心，因以明确。[②]

近代义的"共和"，是超越沿袭两千余年君主政治的新型政体，其价值当然在废除世袭君主统治的合法名义，"敢有帝制自为者，天下共击之"，此一壮语似乎说到也做到了，但"共和"更重要的功能在于，杜绝君主专制的基本弊端——公权力的私家占有及由此导致的权力滥用，从制度上确保国家权力的公共性、公平性和法治性。这一要旨的真正实行，殊非易事。近代百余年来，虽历经坎坷，而大趋势是：共和精神日渐深入人心；共和制的践履，在深度与广度上在不可阻遏地前进。

---

①② 陈独秀：《吾人最后之觉悟》，《青年杂志》1 卷 6 号，群益书社 1916 年春。

明清之际"四杰"创识——"近代性"语义辨析 ①

引论

明清之际，恰值中国文化从中古形态向近代形态转轨的前夜，其时早期启蒙思潮萌动，昭显中国文化内生的走出中世纪的趋势，表明中国文化近代性的获得并非全然外铄，而是 19 世纪中叶以降东渐之西学与中国 17 世纪前后自生的早期启蒙文化相激荡、相汇合的结果。

现以明末徐光启（1562—1633），明末清初黄宗羲（1610—1695）、顾炎武（1613—1682）、王夫之（1619—1692）等学术四杰为例，阐发此一题旨。

一、徐光启：锻造"新工具"——实证研究和数学语言

徐光启坚持以经验事实作为科学理论的有效验证，在天文观测和农学实验方面作出努力，他认为，天文历法"必准于天行，用表、用仪、用晷"，昼测日，夜测星，使"私智谬巧，无容其间"。

———

① 据冯天瑜未刊文化史讲义稿件整理。

（一）"新工具"

1. 中古学术以模糊性、猜测性为特征，走出其旧轨的近代文化需要"新工具"，这便是实证研究和仰赖数学语言的归纳法。

2. 英国文艺复兴思想家弗郎西斯·培根（1561—1626）把实验和归纳视作科学发现的工具，从而在方法论角度开启近代文化，是人类文化史上的一个里程碑。

3. 明末徐光启几乎在同一时期运用实证、实验方法和重视数学语言，徐氏的这一成就，知之者甚少。

4. 亲种试验田，在选种、用肥等方面实验精研，并力推农作物新品种（如上《番薯疏》，推广从南美洲引入高产红薯，作为"救荒本草"）。

5. 主修《崇祯历法》（使用至今的农历以此为基础）和撰著的《农政全书》便是实证研究的杰作。

（二）徐氏学术又一特色：重视数学的方法论功能

1. 将数学比喻为工人的刀斧和量尺，掌握此种工具，"历律两家，旁及万事"都能顺利处理。

2. 把数学方法比喻为掌握金针刺绣技术，"其绣出鸳鸯，直是等闲细事"。

3. 将数学方法定量分析运用于人文社会领域。

4. 认为由"数"达"理"方可进入学术堂奥，"百千有用之学出焉"，并"旁通十事"，如天文学、气象学、测量学、水利学、兵器制造学、舆地学、会计学、医学等。

（三）将数学方法定量分析运用于人文社会领域

如田赋问题、人口问题、宗禄问题，徐光启指出"生人之率，大抵三十年而加一倍",是中国乃至世界较早提出的人口增殖概念,又通过数学计算,揭示宗禄将成为国力不可承担的重负。

1. 徐氏的数学最大贡献:与意大利耶稣会士利玛窦合译欧洲数学经典《几何原本》。将高度公理化的学说介绍给中国,并译制一批汉字数学术语。对每一术语作精准诠释,这些术语沿用至今,整个汉字文化圈(中、日、朝、韩、越)皆受其赐。

2. 徐光启的学术路线在明末至清中叶并未推广,但也不是绝无仅有,如稍晚于徐氏的方以智将学问分为宰理(政治学)、通几(哲学)、质测(实证科学)。

3. 这种将实证科学提升到关键位置的观念与徐光启类似,是具有近代色彩的学术思想。

二、顾炎武:区分"天下"与"国家"

顾炎武,生于明清鼎革之际,是热烈的爱国者,曾冒死参加抗清斗争,并终生拒绝清廷招聘,其民族精神深为后世景仰。

顾氏不是狭隘的民族主义者,他有十分前卫的政治观念,如主张区分"天下"与"国家",这是一种超乎"君国一体""忠君报国"等中古意识的近代性理念。

《日知录》卷十三《正始》:

> "有亡国,有亡天下。亡国与亡天下奚辨?曰:易姓改号,谓之亡国;仁义充塞,而至于率兽食人,人将相食,谓之亡天下。"

> "保国者,其君其臣肉食者谋之。保天下者,匹夫之贱与有责焉。"

顾氏不赞成为一姓一朝的"国家"灭亡如丧考妣，但直至绝无功名的老百姓在内的每个人，都对蕴涵国土、人民、文化意义的"天下"承担着莫大的责任。这种天下观挣脱了君本位的桎梏，转而以人民命运为本位，以文化传承为本位，这是具有近代性的思想。

三、王夫之创见四题

明清之际学人中，王夫之最富于哲理深度，他的若干哲思直逼近代思辨。

（一）包蕴"物质不灭""能量守恒"思想萌芽的"元气不灭"论。

（二）驳斥退化史观。上古决非黄金时代，"轩辕以前，其犹夷狄乎！太昊以上，其犹禽兽乎！"人类祖先"亦植立之兽而已矣"，所谓三代圣王"无异于今川广之土司"，由野蛮向文明演进才是历史真实。

（三）"文化中心多元"论。突破华夏中心论，推测"中国"以外另有发达文明。

"文化中心转移"论。诸文明"衰旺彼此迭相易"："吴、楚、浙、闽，汉以前夷也，而今为文教之薮；齐、晋、燕、赵，唐隋以前之中夏也，而今之椎钝駤戾者，十九而抱禽心矣。"

（四）透过表象发现历史发展的深层动因，规律性，建立"势—理—天"相贯通的理性主义历史观。

四、黄宗羲：开辟民主主义先路

（一）两种极端之论不符历史真实

1.中国没有民主传统，民主主义是近代从西方传入的舶来品。

2.民主思想中国古已有之,《尚书》的"民为邦本",《左传》的"不死君难",《孟子》的"民贵君轻"即是。

(二)先秦即有民主思想之说何以不能成立

1.民主主义包含"民有、民享、民治"三个缺一不可的方面,而中国先秦以降的民本主义者只谴责昏君、暴君,如夏桀、殷纣之类(甚至不承认其为君,而称之独夫民贼),却从整体上维护君主统治。为君主谋划长治久安之策是民本论者的基本使命,从孟子与滕文公、梁惠王的对话能够清楚看出这一点。

2.民本主义可以抽象地容纳民有、民享(如《吕氏春秋》声言"天下者天下人之天下,非一人之天下",一些帝王声称"朕与臣民共天下",连以专制著称的清代雍正皇帝也说过类似的话),民本论却绝未给"民治"留下空间。

3.而一旦"民治"缺位,"民有""民享"必然落空。先秦以降的民本主义是中国传统政治学说放射光辉的部分,其重民、恤民思想至今仍有教化价值,但民本主义并非民主主义,而只是君主主义的组成部分。

(三)另一种偏颇:中国断无民主传统,民主主义只能从西方进口

此论截断了民主主义的民族文化根脉,无益于今天中国的民主建设。

事实上,自宋明以来,随着商品经济的发展、市民阶层的成长,由程朱理学所代表的礼教分化出带有个性解放意味的陆王心学,至明代中晚期,反映市民意愿的泰州学派显出异端倾向,何心隐、李贽等辈发出对君权和孔圣人的微词,而江南士人以书院结社形式,品议朝政,不以朝廷之是非为是非,一种挣脱君主专制的思想在潜滋暗长,这种思想既继承着《左传》《孟子》的民本主义,又隐然有所突破。

而将这种走向发挥到极致的是明末清初的黄宗羲(1610—1695),其政治哲学著作《明夷待访录》为代表作,追随其后的有唐甄(1630—1704)的

《潜书》。《明夷待访录》以空前鲜明的态度宣示告别秦汉以下的君主专制，不十分确定地迈向近代民主制度：

1.超越传统民本思想只批判暴君的设限，赞扬"古之君"（"公天下"时代的尧舜禹），谴责"今之君"（"私天下"时代的全体专制君主），否定皇权政治。（《明夷待访录·原君》）

2.超越传统民本思想为了"尊君"而"谏君"的设限，破除沿袭两千年的"君臣主奴"论，倡导君臣皆为天下苍生服务的"君臣同事"论。（《明夷待访录·原臣》）

3.为克服政治权力世袭制，力倡发挥选贤而出的宰相的功能（《明夷待访录·置相》），抨击绝对君权的派生物——宦官干政。（《明夷待访录·奄宦》）

4.法制当以天下为本位，称颂为天下苍生服务三代之法为"公法"，秦汉以下作为帝王之具的法为"一家之法"，是"非法之法"，这样的法愈繁密，"天下之乱即生于法之中"。（《明夷待访录·原法》）

5.超越传统民本思想"庶人不议""不在其位不谋其政"的设限，主张学校议政，"天子所是未必是，天子所非未必非"，应当"公其非是于学校"，以制衡朝廷把持舆论。（《明夷待访录·学校》）

6.突破"重本（农）抑末（商）"传统，倡导"工商皆本"。（《明夷待访录·财计》）

走出中世纪，从农本型自然经济迈向工商发达的商品经济，政治从"君治"通往"民治"，《明夷待访录》或鲜明或朦胧地昭示了通往近代社会的诉求。

1.黄宗羲著书时代，西方近代政治—经济学说尚未传播到中国，耶稣会士当时仅向中国介绍西洋科技和宗教，黄氏拥有的学术资源基本上是中国本土的——因袭并变通先秦以降的民本思想，扬弃魏晋隋唐带有道家色彩的无君论、非君论，直承中明以来党社议政之风及市民文化的精髓，综合创新于

《明夷待访录》之中，显现了中国本土文化自生的"近代性"趋势。

2.由于明清之际历史条件的限制，《明夷待访录》之类论著被排斥在主流文化之外，其书名冠以"待访"，类似的李贽书称《藏书》《焚书》，唐甄书称《潜书》，都表明具有早期"近代性"的思想在近代前夜的中国深受压抑。

3.然而，它们埋伏于17世纪，影响力则发皇于19世纪末20世纪初，近代中国民主主义运动既得自西方近代政治理念的启迪，梁启超谓"卢孟高文吾本师"，提出"人民主权"论、"社会契约"论的法国启蒙思想家卢梭，作"三权分立"设计的另一法国启蒙思想家孟德斯鸠的是中国民主主义者的导师，而同时，中国近代民主主义者又承继"晚明遗献"的早期"近代性"思想。

4.梁启超说："我们当学生时代，（《明夷待访录》）实为刺激青年最有力之兴奋剂。我自己的政治运动，可以说是受这部书的影响最早而最深。"（《中国近三百年学术史》）

孙中山也是《明夷待访录》的崇奉者，他给自己的同志和日本友人赠送条幅，写得较多的除《礼记·礼运篇》的"天下为公"外，便是《明夷待访录》第一、二两篇的篇名"原君"与"原臣"。

1.另外，李贽、顾炎武、王夫之、傅山、唐甄等明末清初思想家也被中国近现代改革者、思想者视作精神先驱，近现代科学家则从徐光启、方以智、徐霞客那里吸取营养。

2.可见，中国近代文化的资源除来自西方外，还取用于中国自身的文化传统，尤其是明清之际的早期启蒙思想，而徐、黄、顾、王等"四杰"是提供本土资源的突出代表。

从张之洞忌讳"新名词"说开去

西洋新语入华，自明末以降，已历三百年，然直至 1896 年以前，因力度有限，并未引起人们重视，孙家鼐于光绪二十二年（1896）上《议复开办京师大学堂折》，还称京师同文馆及各省广方言馆等外语学校的功能，"斤斤于文字语言，充其量不过得数十译翻人才而止"，对外来词进口颇有不屑挂齿之慨。但 1896 年以后，日本新名词的成批涌入，使得视语文传统为命脉的士大夫阶层十分惊恐，遂起而抵制。

张之洞是游学东瀛和广译东书的重要倡导者，故也是"日本新名词"入华的早期推动者。然而，当"游学"和"广译"导致的必然结果——新语汇及其负载的新思想大举入华之际，张之洞却油然而生厌恶与抵触，活现出"叶公好龙"式的窘态。这也正是张氏"中学为体，西学为用"文化模式矛盾性的表现。

1903 年，张百熙、张之洞等拟《奏定学堂章程》（此即所谓"癸卯学制"）。该章程的《学务纲要》专列"戒袭用外国无谓名词以存国文端士风"一条，对外来词（特别是日本名词）大张挞伐：

> 近日少年习气，每喜于文字间袭用外国名词谚语，如团体、国魂、膨胀、舞台、代表等字，固欠雅驯。即牺牲、社会、影响、机关、组织、运动等字，虽皆中国所习见，而取义与中国旧解迥然不

同，迂曲难晓。又如报告、困难、配当、观念等字，意虽可解，然并非必需此字。

张之洞等人以卫道者的口气发出警告：

> 大凡文字务求怪异之人，必系邪僻之士。文化既坏，士风固之。……倘中外文法，参用杂糅，久之必渐将中国文法字义尽行改变。恐中国之学术风教，亦将随之俱亡矣。

张氏等人虽然疾言厉色地指斥新语，以为将导致"中国学术风教，亦将随之俱亡"，但他们自己亦无法回避迎面袭来的新语大潮。如张之洞本人的论著文辞古雅，却也采用外来词，其《劝学篇》中，就有"牧师""刚巴度"（英文买办的音译）、"上下议院""自由党""代数""对数""化学"等新语。张氏这种既排拒外来词（尤其是"日本名词"），又难以摆脱新语造成的强大"磁场"的窘态，常常溢于言表。据江庸《趋庭随笔》载，张晚年任体仁阁大学士，兼管学部，决计利用职权抵制日本名词在中国泛滥。《随笔》对张氏有传神描述：

> 凡奏疏公牍有用新词者，辄以笔抹之。且书其上曰："日本名词"。后悟"名词"两字即新名词，乃改称"日本土话"。

该《随笔》还写道，当时学部拟颁一检定小学教员的章程，张以"检定"一词来自日本，想更换而不得，犹豫再三，该章程终被搁置。

同类故事还见于其他笔记小说，如讲到张之洞见部属文书中有"取缔""报告"一类日本名词，心生反感，奋笔疾批：此类新名词"尤可痛恨"。

部属复文，反唇相讥曰："名词"也是日本新语，更可痛恨！这可能是时人杜撰的故事，部属大概不敢如此顶撞"中堂大人"。但这类故事表现的张氏既厌恶新名词，又对其嫌而难弃的矛盾状态，却是历史真实的写照。张之洞力倡"游学""广译"，而又拒斥"新语"，这种矛盾状态说明，转型时代纷至沓来的文化事象在历史人物心理深层引起的反映，是何等错综复杂。对新事物的企盼、追求，对旧格局的眷恋、固守，可能同在一人身上兼具。然而，一种富于生命力的新的文化事象，其前行、拓展的趋势是不可阻挡的，即使是这种文化事象的创始者出来干涉，也无济于事。

厌恶新名词可以说是旧人物的通例。清末曾任练兵大臣、军机大臣、陆军部尚书的铁良（1863—1938），曾任东三省总督的锡良（1853—1917）也有类似故事。《新燕语》载：

> 新名词有"改良"二字，众皆习为口头禅。昔年铁良长陆军部，有某司员，陈说军械须改良。铁良曰："你刚才说什么？"某惧而谢罪。近闻人言，东督锡良，亦最恶此二字，有人提及，锡必斥之曰："改什么良？简直改我罢了！"①

"改良"是日本明治间的流行语，"衣服改良""社会改良""饮食改良""改良新药"等语遍见书报、口头。这一新语随汉译日籍传入清末中国，颇能触动一些国粹气浓厚人士的神经。精通西洋语文而思想守旧的辜鸿铭（1857—1928）也曾对"改良"大发其难。据冯友兰记述，辜氏1919年9月在北京大学开学典礼上说：

---

① 《新燕语·改良》，沈云龙主编《近代中国史料丛刊》正编第53辑，文海出版社。

现在人做文章都不通，他们所用的名词就不通，譬如说"改良"吧，以前的人都说"从良"，没有说"改良"，他既然已经是"良"了，你还"改"什么？你要改"良"为"娼"吗？①

其实，辜氏对新词"改良"的抨击完全是强词夺理。"改良"是一个动补结构，前面的"改"是动词，后面的"良"是对前面动词的补充，指出"改"的方向。"改良"从语法上讲并无错误，也易于理解。辜氏歪曲"改良"的词义，然后大加嘲讽，只能表明他对新词的抵触与反感，并无损于新词的正当性，也不可能阻挡新词的流行使用。

清末抗拒新名词的人群中，有的还把"新名词"与"革命党"（又称"新党"）联系起来，一并加以抨击。1904年《东方杂志》第11期发表《今日新党之利用新名词》一文是其代表。文曰（重点号引者所加）：

自庚子以后，译事日兴，于是吾国青年各拾数种之新名词，以为营私文奸之具。虑事不周，率意轻举，逞其一时之兴会，弃信用而不顾。苟有责之，则曰冒险也。此可利用者一。学问寡陋，志趣卑污，不见齿于通人达士，不得已日与二三无赖、四五流氓相征逐。苟有责之，则曰运动下等社会也，又曰人类平等也。此可利用者二。趁一时之风潮，慷慨激烈，不转瞬间颓然若丧，自居于冷血动物。苟有责之，则曰手段平和也。此可利用者三。热心利禄，谄事朝贵，气节不讲，廉耻无有。苟有责之，则曰运动官场也。此可利用者四。

---

① 冯友兰：《三松堂自序》。

313

伦纪不修，天性刻薄，作色于父，敢为忤逆。苟有责之，则曰家庭革命也。此可利用者五。酣歌恒舞，时谓巫风，郑乐秦声，诓称同调，而彼则废弃百事，日流连于剧场，以为看戏亦吾党之要事，颜不稍怍。苟有责之，则曰谋戏曲之改良，音乐之改良也。此利用者六。丰衣美食，大厦安居，身本贫贱乃独不行其素，偶茹小苦，弃之若浼。苟有责之，则曰不适于卫生也。此可利用者七。千年礼法，辨别男女，今也溃堤决防，各思逞其兽行，文明万事均不暇及，首议结婚。苟有责之，则曰婚姻自由也。此可利用者八。……未有新学，犹有旧之可守，既有新学，并此几微之旧而荡亡之矣。孰谓近来风气之有进步耶!……

作者对"冒险""下等社会""人类平等""冷血动物""手段平和""运动官场""家庭革命""戏曲改良""音乐改良""适于卫生""婚姻自由"等来自日本的新词、新短语极尽讽刺之能事，归之为"营私文奸"。

1906 年，《东方杂志》在第 12 期发表题为《论新名词输入与民德堕落之关系》的文章，更指责"新名词"导致国民精神的堕落（重点号引者所加）：

自新名词输入，中国学者不明其界说，仅据其名词之外延，不复察其名词之内容，由是为恶为非者均恃新名词为护身之具，用以护过饰非，而民德之堕遂有不可胜穷者矣。

……不如抵力压力之名词，为物理学之恒言。乃今之为学生者，习焉不察，于学校实行规则者，称为压力；于生徒破坏校规、抗辱师长者，称为抵力。而学界之风潮日以多。守旧维新之名词，为报章中之惯语。今之自命新党者，空疏不学，不欲施徵实之功，而又欲自文其陋，于是以灭古为趋时，以读书为无用。而中国之国粹日以亡。不惟此也，如合群为强国之基，而今之所谓合群，则朋比为奸，乃古人所谓阿比也。自由为天赋之权，而今之所谓自由则肆无忌惮，乃古人所谓放纵也。且世有平等之说出，而后狂妄之民以之助自傲自骄之习。然于在上者，则欲其降尊；于在下者，则欲其服从。有共产之说出，而后无赖之民恃为欺诈银财之用。

……是新名词未入之前，中国民德尚未消亡。既有新名词之输入，而后宗教不足畏，格言不足守，刑章不足慑，清议不足凭，势必率天下之民尽为作奸之举，而荡检逾闲之行，不复自引为可羞。殆荀子所谓资名者欤？推其极弊，实为亡国之阶也。今也欲求其失，其惟定新名词之界说而别创新宗教乎！

值得注意的是，晚清士人拒斥外来词，多发自民族主义情结。国粹派邓实（1877—？）认为：

今之灭人国也，不过变易其国语，扰乱其国文，无声无臭，不战而已埋人国圮人种矣，此欧美列强所以多灭国之新法也。[1]

章太炎则指出：

国于天地，必有与立，非独政教饬治而已。所以卫国性、类种族者，惟语言历史为亟。[2]

---

[1] 黄节：《国粹学报叙》，《国粹学报》第 1 年 1 期。
[2] 章太炎：《重刊〈古韵标准〉序》，《章太炎全集》第四卷，第 203 页。

章氏称"汉种历史"可分三项,第一项便是语言文字(二为典章制度,三为人物事迹)。正是从捍卫"汉种语文"的角度,章氏力主对外来语持警惕、戒惧态度。

晚清文士士樊增祥(1846—1931)忧心忡忡地说:

> 比来欧风醉人,中学凌替,更二十年,中文教习将借才于海外矣。吾华文字,至美而亦至难,以故新学家舍此取彼。①

其文义在于——新名词泛滥,必将导致汉文化中绝。

晚清古文家对新词汇有独特的看法。桐城派后期代表作家林纾在翻译西洋小说时,采用新语不少(如普通、程度、个人、团体、反动之力、活泼之精神,等等),他的译作《块肉余生记》(今译《大卫·科波菲尔》)文曰:"觉脸上一丝肌肉未尝少动","果嫁者,良足自由""今日相逢,乃至幸福","且在此小社会中",肌肉、自由、幸福、社会皆为时髦的新名词,林纾运用得体。但与此同时,他又在理论上极力贬低"东人新名词",林氏1918年为《古文辞类纂选本》作序时,批评"报馆文字""时时复搀入东人之新名词",以为"不韵"。林氏把新名词分作两类,一类在中国古典里有出处,如"进步"出自《陆象山文集》,"顽固"出自《南史》,"请愿"出自《汉书》,日本人借以对译西洋概念,中国人可以接受;另一类无出处,则为"刺目之字",应予排斥。为了避用"东人新名词",他往往采用音译,如用威克译week,却又担心读者不解其义,于是作注"今所言'礼拜'",林氏企图绕过日本意译

---

① 《批高邮州学正王同德世职王伟忠禀》,《樊山政书》卷二〇,第40页。

词，而终究无法回避。

留日学生彭文祖所撰《盲人瞎马之新名词》，更直指日本名词滔滔入华为灭国灭族之事，他攻击那些套用日本名词的人"恬不知耻"，并着力批评"支那、取缔、取消、引渡、目的、宗旨、权利、义务、卫生、要素、法人、文凭、经济、引扬、相场、切手、让渡、差押、第三者"诸词"不伦不类"，认为中国人袭用是"瞎眼盲从"，力主改新还旧。如认为应当废止来自日本的"取缔"，代之以古汉语禁止、管束；又主张将"场合"改为时、事、处，"第三者"改为他人，"动员令"改为动兵令，"打消"改为废止，"目的"改为主眼，"取消"改为去销，"手续"改为次序、程序，"引渡"改为交付、交出，等等。彭氏颇为欣赏日制新名词"辩护士"，他说："余以为日本辩护士之名甚佳，非取之不可"，力主以之代替"大律师"这一中国名词。可见彭文祖也并未全然排斥日源词。彭氏还就"取缔"一词的来龙去脉及其不合文理，作了一大篇文章，其中虽多偏颇之见，却也不乏有价值的语源追溯和语义诠释，故特引述如下：

> 留学生谁不日取缔规则，取缔规则，报纸亦无日不大书取缔取缔，政界中与学堂中无时不日非取缔不可、非取缔不可。寻其义与夫来历，则茫然不知，咄！是何盲从之深也。殊此二字之魔力甚大，不独弥漫全国，响映大多数人之心理。大总统之命令文中，且备其位。民国二年六月某命令中，有"自应严加取缔"之句，永为将来史书中之一革命文章，其魔力诚可惊矣。虽然褒姒之得宠，由子弧人；取缔二字之见用，由于吾国现号称为大文豪之梁启超也。梁之文章中，新名词故多不可数，以《新民丛报》为嚆矢，是其建功于国之第一阶也，国人不可不佩服而宗仰者也。今言取缔二字之来源。先说取字，取字在日文中毫无意义，所谓接头语是也。如《左传》"翳

我独无"之"毉"字，祭文首句"维万国元年"之维字，同无意思者也。此非据余一面之言，乃据参考者也。日本东亚语学研究会出版之小红本《汉译日本辞典》441页上格取字注下，明言此字加于他字之上，未有意义。凡留学日本者，其初未有不购一册者也，岂视而不见乎！日文中所谓接头语接尾语者，不可胜数，大半皆无意思者也。在吾国言接尾语，亦为数甚多。如呦罗吗等音，皆书不出字，仅表其状态耳。取字已明，兹再言缔字。据《康熙字典》，则缔者，缔结也，结而不解也。闭也。日文取缔二字，即取后二者之意思，而结而不解之意，即不放之意；不放之意，即与闭之意无何差别。再广解闭字之意思，即封锁也；封锁之意思，即禁止不许动也；禁止不许动之意思，即拘束也，管束也。所谓取缔规则，即管束学生之规则，自应严加取缔，即自应严加管束（禁止）。警察对于吊膀子之恶风，所谓非取缔不可，即非禁止不可。吾国人是何心理，偏嗜不伦不类牛蹄马腿之取缔二字，而唾弃光明磊落之禁止管束等字哉！呐，余欲骂之曰瞎眼盲从。殊大总统犹欢迎之，亦难言矣。

彭氏把日本名词畅行中国，归咎于梁启超一类"时髦领袖"的推动，这是夸大了文坛骄子梁氏的作用。其实，新语的涌现，究其根本，是新事物、新思想层出不穷的语文表征，绝非单凭少数人的推动。当然，梁氏的生花妙笔，增添了新语的魅力，加强了新语传播的力度，也是不争的事实。彭氏的"痛恨"日本名词，与其痛恨日本侵华直接相关。1931年"九一八"事变后，彭氏重版《盲人瞎马之新名词》一书，便昭示了这一意旨。然而，爱国主义激情毕竟不能代替理性的学术辨析，将对侵略国日本的愤懑转移到入华日本名词身上，既不合理，也不利于中国自身语文的分展。

外来新词不可避免地会造成民族语言某种程度上的异化，而清末民初生搬硬套新名词，引起歧义、曲解的也不在少数，时人批评这种现象为"非驴非马，足以混淆国语"。[①]但日源汉字词入华的积极效应是主要的，而且，与语言异化相伴生的语言归化也在潜滋暗长，随着时间的推移，入华的日源汉字词愈益转化为中国汉字文化的有机组成成分，当年一些人"国语沦丧"（也即汉语异化）的担心，多半是杞人忧天。

---

① 胡以鲁：《论译名》，《庸报》第二十六、二十七期合刊。

中国传统文化
两极评判的当下启示

中国文化延绵久远，仪态万方，蕴藏丰富，视角各别、价值取向有异的中外人士对它的评议往往见仁见智、各执一端，甚至同一位思想者在不同语境作出截然悖反的判断。

一、西方对中国文化的两极评判

（一）佳评如潮

西方早在希腊罗马时代即有关于遥远而神秘的东方文化的种种传说。

13、14世纪之交入华的意大利人马可·波罗在其《东方见闻录》（又名《马可·波罗行纪》）中描述了"契丹"（实为元代中国）文化的繁盛发达。而抵达富庶的"契丹"（中国），成为15、16世纪开拓新海道的哥伦布、达·伽马（1469—1524）等人冒险远航的动力。

16、17世纪之交，意大利人、耶稣会士利玛窦进入明朝，发现"契丹"即"支那"（中国）[①]，并由衷赞扬人民勤劳、知礼，国家奉行和平：

---

① 《利玛窦中国札记》，中华书局1983年版，第541—566页。

中国人是最勤劳的人民。①

以普遍讲究温文有礼而知名于世。②

虽然他们有装备精良的陆军和海军，但他们的皇上和人民却从未想要过 发动侵略战争。他们很满足于自己已有的东西，没有征服的野心。③

利玛窦尤其欣赏中国通过国家考试从平民选拔官员的文官制：

他们全国都是由知识阶层，即一般叫做哲学家（指儒士）的人来治理的。④

利玛窦对中国文化也有批评：

中国所熟习的唯一高深的哲理科学就是道德哲学……他们没有逻辑规则的概念。⑤

大臣们作威作福到这种地步，以致简直没有一个人可以说自己

---

① 《利玛窦中国札记》，中华书局 1983 年版，第 19 页。
② 《利玛窦中国札记》，中华书局 1983 年版，第 63 页。
③ 《利玛窦中国札记》，中华书局 1983 年版，第 58 页。
④ 《利玛窦中国札记》，中华书局 1983 年版，第 94 页。
⑤ 《利玛窦中国札记》，中华书局 1983 年版，第 31 页。

的财产是 安全的……人民十分迷信，难得信任任何人。（皇上出巡
戒备森严）人们以为他是在敌国旅行，而不是在他自己的子民万众
中出巡。[①]

明清之际，艾儒略、汤若望（1591—1666）、张诚（1654—1707）等天主
教传教士怀着"中华归主"的梦想，联翩入华，一方面向中国传播西学，另
一方面又向西方译介中学，中国经典和文学作品流播西土，中国民间以至宫
廷生活的实态及中国文化渐为西人知晓，西洋人对中国及其文化有了非传说
的、较为实在的认识，从而开启西方汉学的端绪，早期汉学论著迭现——门
多萨《中华帝国风物志》，卢哥比安、杜赫尔德、柏都叶编《耶稣会士通信录》，
杜赫尔德等主编《中华帝国全志》，勃罗堤业、萨西等编纂《中国丛刊》，冯
秉正著《中国通史》，丹维尔《中华新图》等，与康熙皇帝过从甚密的法国
人白晋（1656—1730）撰《中国皇帝传》，详介康熙文治武功。

17、18 世纪以降，西洋人对中国文化经历了从客观译介到主观评断的转
化，而这种评断与西洋人自身的不同观念和文化诉求相联系。欧洲人的中国
观大略呈现赞赏与贬抑两极状态。先议佳评。

西方对中国文化赞赏一极，以德国哲学家沃尔夫（1679—1754）、法国
启蒙思想家伏尔泰（1694—1778）、法国重农学派魁奈（1694—1774）等人为
代表。

承袭莱布尼茨（1646—1716）的沃尔夫欣赏中国的哲学与政治，其弟子
毕芬格著《古代中国道德说并政治说的样本》，肯定中国政治与道德结合的
传统，认为康熙皇帝几近柏拉图推崇的"哲学王"那样的理想君王。

[①]《利玛窦中国札记》，中华书局 1983 年版，第 94 页。

伏尔泰希望在清除现存的基于迷信的"神示宗教"之后，建立一个崇尚理性、自然和道德的新的"理性宗教"。在伏尔泰心目中，中国儒教乃是这种"理性神教"的楷模。他的哲理小说《查第格》说，中国的"理"或"天"，既是"万物的本源"，也是中国立国古老和文明完美的原因。他称中国人"是在所有的人中最有理性的人"[1]。他推崇孔子，称赞他"全然不以先知自认，绝不认为自己受神的启示，他根本不传播新的宗教，不求助于魔力"[2]。

狄德罗（1713—1784）见解类似，他主编的《百科全书》关于"中国"的一段，介绍先秦至明末的中国哲学，认为其基本概念是"理性"。他特别欣赏儒教"只须以'理性'或'真理'便可以治国平天下"。中国的这种理性观念对欧洲启蒙运动时期出现的自然神论有所启迪。

欧洲启蒙思想家还从历史中看到了以伦理道德为主要内容的中国文化的力量。万里长城未能阻止异族入侵，而入主中原的异族无一不被汉族所同化。启蒙思想家认为，这种"世界上仅见的现象"，究其原因，乃在于中国所特有的伦理型文化强大的生命力。伏尔泰对此深有所感，遂仿照元曲《赵氏孤儿》创编诗剧《中国孤儿》，剧中崇尚武功、企图以暴力取胜的"成吉思汗"（这是一个移植的代称，《赵氏孤儿》本来讲的是战国故事，伏尔泰却将剧中的王者取名"成吉思汗"，乃是鉴于欧洲人最熟悉的东方暴君是成吉思汗），最后折服于崇高的道义。伏尔泰在这个诗剧的前言中写道："这是一个巨大的证明，体现了理性与才智对盲目和野蛮的力量具有自然的优越性。"[3]

伏尔泰的《诸民族风俗论》（1756）等著作展示的中国文化，闪耀着理性、人道的辉光，中国的儒学深藏当时欧洲现实难得见到的"自由"精神及宗教

---

①《伏尔泰小说选》，人民文学出版社 1980 年版，第 31—33 页。

②《伏尔泰全集》第七卷，第 330—331 页。

③《伏尔泰全集》第一卷，第 680 页。

宽容。伏尔泰发现，孔子和西方古代贤哲一样，"己所不欲，勿施于人"，"己欲立而立人，己欲达而达人"，并"提倡不念旧恶、不忘善行、友爱、谦恭"，"他的弟子们彼此亲如手足"，这就是"博爱"的本义，因而也就和"自由"与"平等"的信条息息相通。伏尔泰对经验理性、仁爱精神等东方式智慧大加推崇，借以作为鞭笞欧洲中世纪神学蒙昧主义的"巨杖"。

魁奈更多地肯定中国的制度文化，他在《中国的专制主义》（1767）中称中国的政治是"合法的专制政治"，中国的法律都是建立在伦理原则基础上的，法律、道德、宗教、政治自然地合为一体。他认为孟德斯鸠等政治作家把中国政治的专制性"大大地夸大了"。魁奈对《周礼》均田观、贡赋制十分推许，对中国思想家崇仰备至，有"一部《论语》可以打倒希腊七贤"的名论。魁奈视中国为"一个世界上最古老、最大、最人道、最繁荣"的国度。

在英国，启蒙学者常常引用"中国人的议论"来批驳《圣经》。例如18世纪早期的自然神论者马修·廷德尔在其思精之作《自创世以来就有的基督教》中，把孔子与耶稣、圣保罗相提并论，将其言行加以比较，从中得出"中国孔子的话，比较合理"的结论。英国哲学家休谟（1711—1776）曾说："孔子的门徒，是天地间最纯正的自然神论的学徒"，将中国哲学引为自然神论的思想数据。

中国哲学宗教色彩淡薄，而伦理准则渗透本体论、认识论、人性论，这一特质引起欧洲思想家的广泛注意。法国启蒙学者霍尔巴赫（1723—1789）认为："伦理与政治是相互关联的，二者不可分离，否则便会出现危险"。而在世界上，"把政治和伦理道德紧紧相联的国家只有中国"。[①]德国哲人莱布尼茨也说道：

---

① 霍尔巴赫：《社会体系》，第174页。

如果请一个聪明人当裁判员，而他所裁判的不是女神的美，而是民族的善，那么我相信，他会把金苹果送给中国人的。

就我们的目前情况而论，道德的败坏已经达到这样的程度，因此，我几乎觉得需要请中国的传教士来到这里，把自然神教的目的与实践教给我们，正如我们给他们派了教士去传授启示的神学那样。

直到法国大革命，中国哲学中的德治主义还对雅各宾党人发生影响，罗伯斯庇尔（1758—1794）本人起草的1793年《人权和公民权宣言》的第6条引用中国格言：

自由是属于所有的人做一切不损害他人权利的事的权利；其原则为自然，其规则为正义，其保障为法律；其道德界限则在下述格言之中：己所不欲，勿施于人。①

中国哲学对欧洲思想家的影响是经过他们自己的咀嚼和消化才发生作用的，他们所理解和表述的中国文化，带有明显的理想化色彩。这种理想化的中国哲学对于18世纪欧洲启蒙运动思想体系的完善发生了不可忽视的作用。法国学者戴密微高度评价这一东方哲学流向西方的现象。他认为：

从十六世纪开始，欧洲就开始了文艺批评运动，而发现中国一举又大大推动了这一运动的蓬勃发展。②

①《法国宪法集》，1970年版，第80页。
②［法］戴密微：《中国和欧洲最早在哲学方面的交流》。

中国哲学于欧洲的影响并不局限于 18 世纪。从 19 世纪中叶开始，欧洲加速了同中国的文学、艺术、哲学的融合。就德国而言，19 世纪末叶至 20 世纪初，出现一种可称之为"东亚热"的思潮。

第一次世界大战后出现的欧洲文化危机，使不少知识分子再次把目光转向东方，希望在东方文化，尤其是中国哲学、文学中去寻找克服欧洲文化危机的办法。德国哲学家、戏剧家布莱希特（1898—1956），便注目中国古代哲学，赞赏墨子学说对于解决个人与社会取得和谐问题的探索，其"非攻""兼爱"等思想常被布莱希特援引。老庄修身治国、"柔弱胜刚强"的理论也为布莱希特所赞赏。他的《成语录》采用中国古代哲学著述常见的对话体裁，处处流露出将墨翟引为忘年交的感情。中国哲学不仅给布莱希特与德国表现主义戏剧家的哲学论争提供了有力的论据，开阔了他的眼界，还使他从一个欧洲学者变成一个世界性哲人。

中国传统文化在 19 世纪的俄国也颇有影响。俄罗斯近代文学奠基人普希金（1799—1837）深受启蒙时代法国出现的"中国热"感染，作品吸纳中国元素，诗歌《致娜塔丽娅》出现"谦恭的中国人"，《鲁斯兰与柳德米拉》出现"中国的夜莺"，《骄傲的少女》出现"去长城的脚下"等句，显示了对中国文化的向往。[1] 俄国文豪托尔斯泰（1828—1910）对中国传统哲学极感兴趣，他研究过孔子、墨子、孟子等中国古代哲学家的学说，而对老子著作的学习和研究则持续到暮年。他在日记中说，"孔夫子的中庸之道——是令人惊异的。老子的学说——执行自然法则——同样是令人惊异的。这是智慧，这是力量，这是生机。""晚上全神贯注修改墨子。可能是一本好书。"[2] 他认为，

---

① 柳若梅：《普希金笔下的中国》，《中国社会科学报》2012 年 7 月 20 日。

② 转引自清华大学思想文化研究所编：《世界名人论中国文化》，湖北人民出版社 1991 年版，第 546—547 页。

孔子和孟子对他的影响是"大的"，而老子的影响则是"巨大的"，托尔斯泰主义的核心——"勿以暴力抗恶"——在很大程度上是受到老聃"无为"思想的启迪。

（二）谪评渐深

18世纪以降，欧洲的中国观还呈现贬抑的另一极，代表人物有法国社会学家孟德斯鸠（1689—1755）、英国经济学家亚当·斯密（1723—1790）、德国哲学家黑格尔（1770—1831）等。

与推崇中国文化的伏尔泰同时代的孟德斯鸠也十分关注中国文化，但他反对美化此一东方文化。作为西方近代国家学说奠基人的孟德斯鸠，把政体归为共和、君主、专制三类，三者奉行的原则分别是品德、荣誉、恐惧，而"中国是一个专制的国家，它的原则是恐怖"。[①] 他认为，中国的立法者"把宗教、法律、风俗、礼仪都混在一起"：

> 这四者的箴规，就是所谓礼教。……中国人把整个青年时代用在学习这种礼教上，并把整个一生用在实践这种礼教上。……当中国政体的原则被抛弃，道德沦丧了的时候，国家便将陷入无政府状态，革命便将到来。[②]

英国哲学家休谟18世纪中叶便提出"中国停滞论"，他将中国停滞的原因归结为国土庞大、文化单一、祖制难违。休谟说：

[①] 孟德斯鸠著，张雁深译：《论法的精神》，商务印书馆1987年版，第129页。

[②] 孟德斯鸠著，张雁深译：《论法的精神》，商务印书馆1987年版，第312—313页。

在中国，似乎有不少可观的文化礼仪和学术成就，在许多世纪漫长的历史发展过程中，我们本应期待它们能成熟到比它们已经达到的更完美和完备的地步。但是中国是一个幅员广大的帝国，使用同一语言，用同一种法律治理，用同一种方式交流感情。任何导师，像孔子那样的先生，他们的威望和教诲很容易从这个帝国的某一角落传播到全国各地。没有人敢于抵制流行看法的洪流。后辈也没有足够的勇气敢于对祖宗制定、世代相传、大家公认的成规提出异议。这似乎是一个非常自然的理由，能说明为什么在这个巨大帝国里科学的进步如此缓慢。①

亚当·斯密的中国停滞论在西方更有影响。他将17世纪耶稣会士提供的中国观察与此前数百年的《马可·波罗行纪》的中国记述加以比较，发现二者几无差异，证明中国自古就繁荣富庶，而久未进展。他于18世纪70年代指出：

中国，一向是世界上最富的国家。其土地最沃，其耕作最优，其人民最 繁多，且最勤勉。然而，许久以前，它就停滞于静止状态了。今日旅行家关于中国耕作、勤劳及人口状况的报告，与五百年前客居于该国之马哥孛罗的报告，殆无何等区别。若进一步推测，恐怕在马哥孛罗客居时代以前好久，中国财富，就已经达到了该国法律制度所允许之极限。②

---

① 休谟著，杨适等译：《人性的高贵与卑劣——休谟散文集》，上海三联书店1988年版，第47页。

② [英]亚当·斯密著，郭大力、王亚南译：《国富论》上卷，上海中华书局1949年版，第85页。

亚当·斯密着重从经济学层面分析中国社会停滞的原因，如劳动工资低廉，劳动货币价格固定；欧洲处于改良进步状态，而中国处于不变静态；又如中国重农抑商，轻视对外贸易。

德国哲学家赫尔德（1744—1803）认为亚细亚专制制度是一种僵化的政治制度，实行这种制度的中国"就像一座古老的废墟一样兀立在世界的一角。"这是"中国停滞论"的较早表述。

稍晚于赫尔德，作为欧洲中心论者的黑格尔，在《历史哲学》中把中国称之"那个永无变动的单一"，在《哲学史讲演录》中把孔子视作：

> 一个实际的世间智者，在他那里思辨的哲学是一点也没有的——只有一些善良的、老练的、道德的教训，从里面我们不能获得什么特殊的东西。

20世纪美国社会学家帕森斯（1902—1979）大体承袭赫尔德、黑格尔的理路，并进而推衍：儒家价值观与现代社会价值观相左，妨碍中国社会的现代转型。[1]

时至当代，西方人对中国文化的认识在逐步深化，但大体仍在上述两极间徘徊。其一极蔑视中国文化，发皇者来自西方政坛、学界，并往往与"中国崩溃论""中国威胁论"交织在一起；另一极则对中国文化高度赞许，尤其将《老子》《周易》奉为天纵之书，以为是克服"现代病"的良药，甚或认为中国是未来世界的希望，这类对中国传统文化的褒词，

---

①[美]帕森斯：《中国》，《世界名人论中国文化》，湖北人民出版社1991年版，第615—626页。

往往发自西方学界，不乏一流思想家、科学家（包括诺贝尔奖得主）发表此种赞语。

西方的中国文化观形成悖论，17—18 世纪的主流是向往、颂扬中国文化（常有对中国文化的理想化描述），19—20 世纪的主流是批判、贬抑中国文化（不乏西方式的傲慢与偏见），分别反映了启蒙时代和资本主义发达时代西方文化的两种诉求：前者是寻找突破中世纪蒙昧的借鉴，后者是为西方文化优越性作衬托。

二、近世中国人的中国文化两极论

（一）以梁启超清末抨击传统弊端为例

近代中国人自身对传统文化评价的分歧之大，并不亚于西方人。这种分歧不仅指西化派对中国传统文化的贬斥与东方文化本位论者对中国传统文化的坚守之间形成的强烈对比，而且，在同一位中国思想家那里，先后对中国智慧的褒贬扬抑，往往形成巨大反差。如现代中国著名文化人严复、梁启超自清末到民初评价中国文化的言论，其骤变性和两极化走势，便是典型案例。这里侧重从梁氏展开。

梁启超是中国近代重要的革新运动——戊戌变法的领袖之一和主要宣传家。1898 年变法失败后，梁氏流亡日本，潜心研习西方文化，以寻求强国之借鉴，与此同时，又解剖中国文化的病端，尤其激烈地抨击专制帝制。梁氏1902 年曰：

> 专制政体者，我辈之公敌也，大仇也！……
>
> 使我数千年历史以浓血充塞者谁乎？专制政体也。使我数万里土地为虎狼窟穴者谁乎？专制政体也。使我数百兆人民向地狱过活

者谁乎？专制政体也。[1]

他号召新中国之青年，"组织大军，牺牲生命，誓翦灭此而朝食"。[2]洋溢着对中国制度文化的核心——专制帝制不共戴天的批判精神。这种对中国专制政治的谴责，与孟德斯鸠十分类似。

1899 年，梁氏东渡太平洋，造访美国，目的是"誓将适彼世界共和政体之祖国，问政求学观其光"[3]。1903 年 2 月梁氏再次离日游览北美，在加拿大与美国逗留 8 个月，并于 1904 年 2 月在《新民丛报》增刊发表《新大陆游记》，大力推介美国的现代文明，特别是民主政治。他发现，美国实行共和宪政，是拥有"市制之自治"的基础，而中国仅有"族制之自治"，人民仅有"村落思想"，不具备共和宪政的条件。他由此出发，尖锐批评中国固有文明，在这部游记中列举"吾中国人之缺点"如下（仅引纲目）：

> 一曰有族民资格而无市民资格。
> 二曰有村落思想而无国家思想。
> 三曰只能受专制不能享自由。
> 四曰无高尚之目的。[4]

此外，梁氏还痛论中国人行为方式的种种不文明处，诸如：

> 西人数人同行者如雁群，中国人数人同行者如散鸭。西人讲

---

① ②《拟讨专制政体檄》，李华兴、吴嘉勋编《梁启超选集》，上海人民出版社 1984 年版，第 380 页。
③《二十世纪太平洋歌》，《饮冰室合集》第 5 册，中华书局 1989 年版，第 17 页。
④《新大陆游记节录》，《饮冰室合集》第 7 册，中华书局 1989 年版，第 121-124 页。

话……其发声之高下，皆应其度。中国则群数人座谈于室，声或如雷；聚数千演说于堂，声或如蚊。……吾友徐君勉亦云：中国人未曾会行路，未曾会讲话，真非过言。斯事虽小，可以喻大也。[①]

1899—1904 年间的梁启超，具体考察西方现代文明（从民俗、经济到政治制度），并给予肯认，同时又对中国传统社会及文化加以痛切的批评。梁氏 1899—1902 年热烈倡导民主共和，1903—1904 年间则转向君主立宪，寄望于"开明专制"，正是他通过中西文化比较后，意识到当时的中国不具备实行民主共和的文化条件，他认为，在缺乏"市制之自治"等文化条件的情形下，贸然推行民主共和，必致天下大乱。总之，19 世纪末 20 世纪初，梁启超是中国传统文化犀利的批评家，正如冯自由所说，《新民丛报》开初一二年，梁启超所倡之"破坏论"，极具感召力，"影响国内外青年之思想甚巨"[②]；黄遵宪 1902 年致函，称赞梁启超在《新民丛报》发表的文章"惊心动魄，一字千金，人人笔下所无，却为人人意中所有，虽铁石人亦应感动"。梁氏诚为"言论界的骄子"也！

（二）梁启超第一次世界大战后对中国传统的高度赞美

时过十余载，历经辛亥革命的大波澜，又目睹第一次世界大战对人类（尤其是西方世界）创巨痛深的打击，敏感的"言论界骄子"梁启超对于中西文化有了新的体悟。

1918 年 12 月，梁启超与蒋百里（1882—1938）、丁文江（1887—1936）、张君劢（1887—1969）、刘崇杰、徐振飞、杨鼎甫等 7 人赴欧（其中丁文江、

---

① 《新大陆游记节录》，《饮冰室合集》第 7 册，中华书局 1989 年版，第 126 页。
② 冯自由：《开国前海内外革命书报一览》。

张君劢二位后来成为 20 年代"科玄之争"科学派与玄学派的主将），于旁观巴黎和会前后，遍游英、法、德、意等欧洲列国，1920 年 1 月离欧，3 月回归上海。梁氏一行访欧一年又两个月期间，正值第一次世界大战刚刚结束，西方现代文明的种种弊端一并充分暴露，一批西方人，尤其是西方的人文学者对西方文明持批判态度（德国人斯宾格勒 1918 年出版的《西方的没落》为其代表作），有的甚至对西方文明陷入绝望，并把希冀的目光投向东方。梁启超回国后发表的《欧游心影录》描述这一情形：

记得一位美国有名的新闻记者赛蒙氏和我闲谈，他问我："你回到中国干什么事？是否要把西洋文明带些回去？"我说："这个自然。"他叹一口气说："唉，可怜，西洋文明已经破产了。"我问他："你回到美国却干什么？"他说："我回去就关起大门老等，等你们把中国文明输进来救拔我们。"①

曾几何时，在《新大陆游记》（1904 年印行）中梁氏历数中国社会及文化的种种病态，认为唯有学习西方才有出路，而在《欧游心影录》（1920 年印行）中，梁氏却一百八十度转弯，向中国青年大声疾呼：

我可爱的青年啊，立正，开步走！大海对岸那边有好几万万人，愁着物质文明破产，哀哀欲绝的喊救命，等着你来超拔他哩。我们在天的祖宗三大圣（指孔子、老子、墨子——引者）和许多前辈，眼巴巴盼望你完成他的事业，正在拿他的精神来加佑你哩。②

---

① 《饮冰室合集》第 7 册，中华书局 1989 年版，第 15 页。
② 《饮冰室合集》第 7 册，中华书局 1989 年版，第 38 页。

这里梁启超申述的不仅是"中国智慧救中国论",而且是"中国智慧救世界论"。必须指出的是,1920 年的梁启超与 1904 年的梁启超相比,其爱国救世的热情和诚意别无二致,其笔锋也都"常带感情"。然而,同样是这位有着赤子之心的梁启超,何以在十余年间对东亚智能现世价值的评判发生如此截然背反的变化?

三、"现代化诉求"与"后现代反思"

西方关于中国文化的两极评论的动因前已略加评述,此不另述;这里也不拟就梁启超个人的心路历程作详尽分析,而只简要考察梁氏十余年间对中国文化评价系统的变化,进而探求如何整合这两种评价系统。

梁启超 1904 年撰写《新大陆游记》,洋溢着对中国传统文化的批判精神,这是那一时代中国先进分子"向西方求真理",以谋求现代化出路的典型表现。梁氏当年对传统产生锥心之痛,缘故在于,东亚社会及文化未能导引出现代化,其若干层面还成为现代化的阻力,以致中国社会及文化落伍于西洋,一再被动挨打,陷入深重的民族危机。为解除危机,梁氏选择了现代化走向,揭露中国传统社会及文化的种种病态,可谓爱之深、责之切,即使今日读来,人们也能产生会心之叹。梁氏批评传统,所秉持的文化评价尺规是西洋文化呈现的现代化模型,出于对现代文明的渴求,梁氏扬弃旧学,宣导新学,力行"新文体""新史学""诗界革命",以新文化巨子现身 19、20 世纪之交,如惊雷闪电般辉耀于那个风雨如晦的年代。

梁启超于 1920 年撰写的《欧游心影录》,则是在对西方文明的弊端(或曰"现代病")有所洞察后,再反顾东方,发现中国传统智慧具有疗治现代病的启示价值。这种以中国传统智慧挽救现世文明的论断,与现代西方初萌的反思现代病的思潮相呼应，就尚未实现现代化的中国而言，是一种早熟的后现代思维，虽然缺乏细密深入的历史分析，却颇有切中时弊的精彩宏议，包蕴着若干真理的颗粒，身处现代文明之中、为"现代病"所困扰的今人读到此类评论，亦有切肤之感。

于是，呈现在人们面前的有"两个梁启超"：

激烈批判中国传统文化的梁启超
高度称颂中国传统文化的梁启超

人们往往因梁启超 1904 年所撰《新大陆游记》与 1920 年间所撰《欧游心影录》的思想大转变，而讥讽他的"多变"，梁氏自己也曾以"流质易变""太无成见"自嘲。其实，对传统文化先后持两种极端之论，并非梁氏个别特例，在其他近代文化大师那里也有类似表现。如严复戊戌时期在《救亡决论》中历数中国传统文化弊端，并昌言：

天下理之最明而势所必至者，如今日中国不变法则必亡是已。

而严氏晚年力主回归传统，高唤：

回观孔孟之道，真量同天地，泽被寰区。

我们今天对此种现象的认识，不能停留于对梁氏、严氏等前哲跳跃式思维的一般性批评，不应止于"早年激进、晚年保守"的皮相之议，而应当进一步考析：梁启超、严复等这种对于传统文化从"离异"到"回归"的心路历程，报告着怎样的时代消息？

否定与赞扬中国传统文化的两种极端之论集于一人，是近代中国面对多层级变革交会的一种反映。西方世界几百年间实现工业化与克服工业化弊端这两大先后呈现的历时性课题，都共时性地提到近代中国人面前。面对中国社会"多重性"的国人颇费思量。力主汇入"浩浩荡荡"世界文明大潮的孙中山，一方力主发展资本主义经济，实现工业化，同时又在中国资本十分薄弱之际便警告，要"节制资本"，便是交出的一种有民粹倾向的答案。而梁启超于20世纪初叶的两种极端之论是试交的双重答案：

1904年批评东亚社会及文化，是一种"现代化诉求"；

1920年呼唤以东亚智慧拯救西方，拯救现代文明，其着眼点则是"后现代思考"。

梁氏在短短十余年间发表两种极端之论，给人以"大跳跃"印象，是因为他在尚未厘清前一论题时，便匆忙转向后一论题。这当然与梁氏个人学术性格有关，但也是20世纪的中国面临文化转型的多重性所致——

作为"后发展"的中国，以经济层面的工业化和政治层面的民主化为基本内容的现代化刚刚起步之际，已经完成现代化任务的西方世界面临的"后现代"问题，也通过种种渠道朝着中国纷至沓来。这样，中国人（特别是知识精英）一方面要扬弃东亚固有的"前现代性"，以谋求文化的现代转型；另一方面，又要克服主要由西方智慧导致的现代文明病，此刻，以原始综合为特征的东亚智慧又显现出其"后现代"启示功能。

梁启超敏锐地把握了东亚智慧在历史不同层面上的不同功能，各有精彩阐发，双双留下足以传世的谠论，当然，他未能将两种历时性的论题加以必要的厘清与整合，留下思维教训。

今人需要在梁氏等前辈的基点上，迈出更坚实的步子。

　　我们今日讨论中国传统文化的现代价值，当然不应重蹈先辈的故辙，在"一味贬斥"与"高度褒扬"的两极间摆动，而理当历史地考察传统文化的生成机制和内在特质，既肯认中国智慧创造辉煌古典文明的既往事实，又研讨中国智慧未能导引出现代文明的因由，还要深思中国智慧对疗治现代病的启示意义。在展开这些思考时，应当把握历史向度，而不能作超时空的漫议，同时还必须真切把握西方智慧这一参照系，克服夜郎自大的东方主义和心醉西风的西化主义两种偏颇，充分而又有选择地弘扬传统，促成其现代转换，以为今人师法，为万世开太平。

观照文化史的两个重点：
开创期与近代转型期

（在"中国文化近代转换"高峰论坛上的开幕词）

中国文化源远流长，以创用文字为开端的文明史亦有三千多年，其间发挥自性，又汲纳异域，大开大合，起伏跌宕，却始终传承不辍，成为全球诸文化中罕见的延续型文化。把握延绵不断、异彩纷呈的中国文化，要综览全局，尤须深入细部，所谓"宏观着眼，微观入手"，运作中又当疏密有度，抓住重点，集中用力。当然，对"重点"可作多种理解，如可以唐代为重点，因"唐诗""诗唐"尤显中华文化恢宏气度；也可以宋代为重点，因中国文化"造极"于宋代（陈寅恪语），而武大中国传统文化研究中心（包括其前身中国文化研究所、中国文化研究院）成立二十年来，诸同仁在历史段落上、学科分野上各有专攻，而其研究重点逐渐集结于两处——中国文化的"开创"与中国文化的"转型"。

文化开创期，约指三代，其关键时段在两周——官学的西周和私学的东周。"周监于二代，郁郁乎文哉"，承袭夏商两代的文化积淀，至周代出现中国第一个文化繁荣期。两周八百年，恰置亚斯贝尔斯所谓之"轴心时代"（公元前 6 世纪前后几百年），人类的精神导师（如古希腊群哲、希伯来诸先知、南亚佛陀、中国先秦诸子）不约而同诞生于此际，具有思想奠基意义的文化元典创制于此际。后世文化虽各有拓展，却大体环绕着这个轴心转行，作螺旋式上升。西哲有言，一部西方哲学史，无非是柏拉图的注脚；中国人也可以说，一部中华精神史，大略是先秦诸子的演绎和不断重铸。因此，研讨中国文化史，必须用力用心于先秦，特别是元典成型期的晚周（春秋战国）。孙中山在谈到革命史考究时说："穷理于事物始生之处，研几于心意初动之时。"诚哉斯言！我们认识中国文化史也当作如是观。

对于轴心时代的精神成果，要作全方位的深度观照，如中国先秦不能仅仅关注后来成为主潮的儒家，道家以"自然"为最高范畴的思想，墨家的"兼爱"及墨辩，法家的"法不阿贵"及社会进步观，兵家的军事辩证法，等等，都各有辉煌处。儒家的仁学与礼学有许多卓越思想，尤其是"民本主义"烛照千古，然帝王专制之术虽依凭法家学说，儒家也具有被改铸为"帝王之学"的潜质，汉以后的历史反复证明此点（中古、近古儒学的官学化与亚里士多德学说在欧洲中世纪教条化颇具类似性），而学说官学化、教条化是值得学人警惕的。此外，儒家肯认劳心劳力分工，有力地反驳农家反分工的历史倒退论，这是儒学的重要贡献，然儒学进而将体脑分工绝对化，无限推崇劳心，贱视劳力及技艺。中国文化重政轻技、手脑分离的偏颇，难以产生亚里士多德、达·芬奇那样人文与科技并富的巨匠，而且"万般皆下品，唯有读书高"的观念普被雅俗两层面，这与儒学扬劳心、贬劳力的传统确有干系。而墨家手脑并用，政技兼理，初现劳心劳力协调发展的方向，惜乎秦汉以下墨学中绝（其中绝的原因，除统治者打压、儒学贬斥外，也与墨学自身的缺陷有关）。中国难以自生近代科技，与工业革命失之交臂，当然有多方面原因，但与墨学中绝所代表的手脑分离风尚相关。略述以上，意在提示：对中华元典精义应有全面把握、理性辨析，应作历史主义的批判性继承。

文化转型期则指文化发生全局性质变的阶段。"近代转型"，是指从自然经济为主导的农业社会向商品经济占主导的工业社会演化的过程。与物质文化层面的变迁相为表里，在制度文化层面，彼此隔绝的"鸡犬之声相闻，老死不相往来"的静态乡村式社会，转化为开放的、被种种资讯手段紧密联系起来的动态城市式社会，礼俗社会变为法理社会，人际关系由身份演为契约，"宗法—专制政体"为"民主—法制政体"所取代。作为物质文化、制度文化的精神先导和思想反映的观念文化，也在这一过程发生深刻的变异，诸如神本转向人本，君本位（官本位）转向民本位，教育从少数特权阶层的专利变为大众所享有。社会重建和文化重建任务，分别由中产阶级的形成与壮大、知识分子的形成与壮大而逐步得以实现。

近代转型，以往多把启动期定在第一次鸦片战争。此说强调西力东渐的影响，其实，中国文化自身也存在着近代转型的内力，转型是外因与内力综合影响所致。略举一例，1840 年前两个世纪的明清之际，黄宗羲所撰《明夷待访录》，承袭先秦民本主义，又在若干方面有所突破，不仅如孟子那样谴责暴君，而且批判秦以来全部"今之君"，也即否定君主专制制度，提出"君臣同事论""公是非于学校论""工商皆本论"，我把这种思想称之"新民本"，已直逼近代性的民主主义。而"新民本"是西学东渐之前中国自生的产物，刘师培、胡适等称《明夷待访录》为"中国的《民约论》"。近代改革派的民主理念并非仅仅来自西欧的民主主义，而且还取法于"中国的《民约论》"——《明夷待访录》，梁启超、孙中山对此都有明白无误的说明。

中国近代文化转型是依凭传统又变革传统的过程，如从元典的忧患意识到近代救亡思潮，从"穷变通久"到近代社会改革论，从"汤武革命"到国民革命、共产革命，从原始民主、民本主义到民权主义，从"华夷之辨"到反帝的民族自决，从"厚生—养民"到民生主义，从"均富—大同"到社会主义，在在皆与中国文化自身的辩证转化过程相关，当然其间西学东渐的外部助力也是巨大的、不可或缺的。故中国社会及文化的近代转型，既非列文森、费正清、邓嗣禹、赖肖尔等的"外因论"所可诠释，也非沟口雄三、狄百瑞、傅衣凌、杜维明等的"内因论"所可包举，而应当视作内因与外因共构的"合力"所致（罗荣渠、耿云志与吾等持此见）。考析古今转换、中西交会的历史场景，以求得对中国文化近代转型的真解，学术意味深厚，现实启迪性无穷。

过往的二十年，武大中国传统文化研究中心诸同仁探讨文化开创期和文化转型期，乐此不疲，但成绩只是初步的，今后还将继续努力，希望得到诸位高明的指导与帮助。

2017 年初冬病笔匆匆

"预流"与"不入流"

美籍华裔学者、前香港中文大学校长高锟获得诺贝尔物理学奖，在学界又一次引起议论：海外华裔学者，自20世纪50年代杨振宁、李政道以下，已有多人获得诺贝尔奖，而庞大的中国本土却至今无人入围，原因安在？若论聪明才智、勤奋努力，不能说国内学人不及海外学人，于是便向客观环境、研究条件追讨原因，这当然是应予深究的一大方面，但也需要从科学研究本身求索缘故，这便引出学术的"预流"问题。自然科学我们难赞一词，以人文社会科学为例，或许可以略窥里奥。

"预流"本为佛学用语，指修行之初果。"初果"为佛教用语"果位"（修佛所达到的境界）的初级阶段。小乘佛教共有四个果位，分别是阿罗汉、阿那含、斯陀含和须陀洹。大乘佛教共有三个果位，分别是阿罗汉、菩萨和佛。"初果"指阿罗汉（初级果位），"预流"指跨入佛境，成为罗汉。陈寅恪将"预流"引申到为学之道：预流者，升堂入室、汇入学术潮流之谓也。

做学问何以方可升堂入室呢？陈寅恪在《陈垣敦煌劫余录序》中说：

> 一时代之学术，必有其新材料与新问题。取用此材料，以研求问题，则为此时代学术之新潮流。治学之士，得预于此潮流者，谓之预流。其未得预者，谓之未入流。此古今学术史之通义，非彼闭

门造车之徒，所能同喻者也。[①]

这里议及学术研究是否步入前沿的两个关键题旨：新材料与新问题。掌握新材料，用以研讨新问题，方得以参与时代学术新潮流，此谓之"预流"。远离新材料、隔膜于新问题，便与学术前沿相去甚远，其劳神费力，难免"闭门造车"之讥，从科学研究的创新义言之，则可谓之"不入流"。

20世纪30年代，陈寅恪在《吾国学术之现状及清华之职责》一文中，总结清华大学建校二十年以来中国学术界的状况，认为在自然科学领域，尚处在译介西学阶段，"凡近年新发明之学理，新出版之图籍，吾国学人能知其概要，举其名目，已复不易"，还没有进入前沿研究。而西洋文学、哲学、艺术、历史等外域学问，与自然科学相似，"苟输入传达，不失其真，即为难能可贵，遑问其有所创获"。社会科学尚无自己的系统调查材料，"则本国政治社会财政经济之情况，非乞灵于外人之调查统计，几无以为研求讨论之资"。教育学不出"仕而优则学，学而优则仕"故辙。本国史学、文学、思想、艺术史等，本属独立研究的领域，却其实不然。陈氏指出：

> 近年中国古代及近代史料发见虽多，而具有统系与不涉傅会之整理，犹待今后之努力。

综观当时中国的自然科学、社会科学、人文学，在新材料的掌握、整理方面，新论题的提出、研究方面，往往处于"不入流"状态。这是近代中国的学术文化落后的表现。

[①]《金明馆丛稿二编》，上海古籍出版社1980年版，第236页。

当然，即使在学术文化总体水平落后于世界先进国家的民国年间，也有若干学者把握"预流"，在学术前沿锐意精进。就人文学领域言之，如王国维运用二重证据法，破译甲骨文，在古文字、古史研究上直逼前沿；陈垣依据敦煌所出摩尼教经，考证宗教史、中西交通史；陈寅恪据多种西域文字材料，研讨中古以降民族文化之史；冯友兰以"了解之同情"著《中国哲学史》，"取材谨严，持论精确"。以上皆达到国际领先水平。这些成果，当然并未穷尽真理，其具体结论颇有修订空间，然其所昭示的"得预潮流"的治学路径（占有新材料、提出新论题），则具有久远的启示意义。

陈寅恪提出"预流"说，至今已大半个世纪，此间中国学术多有进展，然检视其成就，皆不出"预流"之境。诸如：

> 甲骨文研究之于殷周史研究
>
> 敦煌吐鲁番文书研究之于魏晋南北朝隋唐史研究
>
> 明清大内档案之于明清史研究
>
> 满铁调查报告之于民国社会史研究

等等皆因"新材料"的开掘与"新论题"的提出，而使文史研究"得预潮流"，取得国际水平的新进展。

以近年而论，人文学领域"得预潮流"可略举三例。

其一，在古史及思想史研究领域，因楚地简帛文字的大量发现与破译，国内外史哲工作者因为占有先秦及秦汉间社会实际流行的文献原态，从而使得先秦史、秦汉史及先秦思想史、秦汉思想史研究一展新生面，人称"重新改写先秦及秦汉思想史"。

其二，在概念史研究领域，国内外文史哲研究者广为占有、系统整理清末民初辞书、教科书、期刊、汉译西书，对上一个世纪之交各学科术语的生成机制（古今演绎与中外对接）展开系统考索，从而对近代中国观念世界的变迁、中西日文化的互动有了深入一步的认识。

其三，译介明末清初入华耶稣会士当年发回欧洲的巨量涉华文献，打开中西文化交流史资料宝库；蒋介石日记、张学良口述史等关键人物文献面世，提供民国史、抗日战争史参考材料；解密苏联涉华文献，提供国际共运史、中共党史研究参考材料；译介出版巨量东亚同文书院中国社会调查报告，为清末、民国社会史研究提供材料……

诸如此类第一手文献的占有，达成"预流"的例子还可列举多种，人文社会科学研究的创新之途正寄寓其间。

2009 年 11 月记

2015 年 12 月补记于武昌珞珈山

《冯永轩集》序

　　教书、撰著、搜集鉴赏文物（有《冯氏藏墨》《冯氏藏札》《冯氏藏币》出版，合称"冯氏三藏"），是先父冯永轩（1897—1979）终身致力的几项彼此联通的工作，其撰著多以讲义形态围绕教学需要展开，并以文物与典籍共为二重证据，论断古史。

　　2012年始，今之清华大学国学研究院主编《清华国学书系》，搜集20世纪20年代清华国学研究院导师、教师、四届国学院弟子（有"七十子"之称）的论著，由江苏人民出版社刊行，已成若干册。作为清华国学研究院一期生（1925年入学）的先父，其关于中国史学史、新疆民族史、楚史的论著集成《冯永轩文存》（余婉卉编），以"书系"之一种，于2014年1月出版，流传学林。

　　自2014年开端，湖北省编纂大型丛书《荆楚文库》，分甲编"文献"、乙编"方志"、丙编"研究"，《冯永轩文存》更名《冯永轩集》入选甲编，武汉大学出版社出版，由笔者重新选辑整理，期以较完整地呈现先父的学术著述。

　　《荆楚文库》之编纂宗旨，甲编收录先秦至1949年前湖北籍学者论著及外省学者研究荆楚史地文化的撰述。先父籍属湖北黄安（今红安），1949年以前，先后任新疆编译委员会委员长，安徽学院（安徽大学前身）、西北大学、湖南大学历史系教授，研讨西北史地、楚史，担任中国古代史、中国史学史、史学通论、古文字学、声韵学等课程，所编纂论著，题旨鲜明，史料新颖、翔实，评断富于创识，如其商周史、汉代边防史、楚史研究，以地下之遗物与纸上之遗文相比照，运用综汇辨析过的第一手史料推衍论证，不乏睿见，时过大半世纪的今日读来，仍觉生趣盎然、启示良多；又如其古文字研究，在肯定《说文解字》价值的前提下，又不囿于章黄学派以《说文解字》为圭臬的理路，发扬罗振玉、王国维先生遗风，大量采用甲骨文、金文作实据，突破未见甲骨文、少见金文的东汉许慎所著《说文解字》的局限，将考释汉字原起及演变历程的视野，推前到商周，故每每有纠谬归正的发现；再如其作史学史、史学通论，显系承继梁任公先生风范，古今中外纵横捭阖，简约中见史学大气象。

依据《荆楚文库》体例，本次选编，保留《文存》中 1949 年以前作品，基本舍去 1949 年以后的篇什（仅存《〈史记·楚世家会注考证〉校补》，该篇虽在先父辞世后十余年的 1993 年出版，然书稿撰于民国年间），补入笔者新近发现的先父 1949 年以前书稿六种:《商周史》《古文字学》《金文研究》《声韵学》《史学通论》《史部目录学》，论文四篇:《冯承钧〈西域地名〉补正〔附〕帕米尔》《略论封建制度与井田制度》《论中国中央集权专制政体形成的原因》《汉代边防之设施》，另有父亲为先祖父作《先府君事略》。如此，先父自武昌师范大学（武汉大学前身）师承黄侃先生，自清华国学研究院师承王国维、梁启超诸导师从事的各项研究领域——古文字学、西北史地、先秦史、史学史、史学通论、楚史，均有实绩展现。

先父洞达世事，感同民艰，深悟"民贵君轻"精义，奉行"远权贵，拒妄财"人生哲学，终身清贫自守，又屡历坎坷，然在颠沛四方、艰难困顿中始终坚持学术研究，重视实地考察，旁搜远绍，兼采有字书、无字书，深思默识，笔耕不辍，精进无已，乐以忘忧。直至晚年半身不遂、僵卧八载（1971—1979），仍博览群籍，以颤抖之手笔，在书刊天头地角批注心得，并时常召我从工作单位所在的汉口回到武昌老家，至病榻旁讨论文史问题（如中国历史分期、新近出土文献、乾嘉考据学之优长与缺失，乃至中外史事种种细节），每议至夜深，耄耋老翁常作广涉古今中外的崇论宏议，其情景鲜明如昨（大哥天琪、四哥天瑾也有类似记忆）。惜乎先父从事的古文字学、西北史地、楚史诸专学，我多未沿袭下来，时感汗颜，然先父治学精神及方法对我日后从事中国文化史、历史文化语义学、湖北区域史志及元典研究、封建社会研究，多有浸润、启迪，而其"远权贵，拒妄财"的处世风格，更树立楷范，吾辈兄弟于数十年间，追迹不舍。

近年笔者两患重症，得老伴精心照料、医生全力治疗，方脱险境，今出院半载，尤觉光阴难再，来日无多，遂怀"抢救"之念，勉力搜集、整理先父遗著。百余天来，于青灯黄卷间，思绪泉涌，每忆及先父半世纪前为我讲授《史记》等典籍时旁征博引，品议古今人物、事变的神态；而阅览老人家工整典雅的斑斑墨迹，亲炙其守先待后，向先哲时贤请益不止又辩难不已的情志，深为那种"大著述者必深于博雅，而尽见天下书，然后无遗恨"（郑樵《通志略》语）的风仪所激励，故以病躯而莫能止歇习读、辨析。

本集有若干先父遗著详本（如《商周史》《中国史学史讲稿》《史学通论》《古文字学》《西北史地论丛》等）；有的篇什（如《〈史记·楚世家会注考证〉校补》）是先父著《楚史》（三四十万言文稿于"文革"中被抄家失踪）的准备材料；有些是书稿略本（如《金文研究》《声韵学》），用笔简约，却可见其构思大著的脉络，且不乏细密考释和精辟论断；诸书所列甲骨文、金文释例，有些尚未分类、条贯，一如不少乾嘉考据学著述所呈现的散记状态，然碎金片玉，光华不掩，可供考古者选取参酌，故保留集内。

依老辈学人习惯，先父引用典籍常作缩语，如《左传·昭公十年》以《左昭十年》示之，《汉书·地理志》简作《汉志》，《说文解字》以《说文》示之，有时还将"许慎《说文解字》"简谓"许书"、《〈说文解字〉段玉裁注》简作《段注》；征引文献往往取其大意，并未逐字录文；某些人名也作简称，如汉武帝谓"汉武"、司马迁谓"马迁"、段玉裁谓"段氏"，地名抑或作略写，或用古称；甲骨文、金文无标准印刷体，则手描笔摹。诸如此类，今编《冯永轩集》保持文稿原貌，望阅览诸君明鉴。

以笔者有限的闻见学识，编辑整理前辈博大精深遗著，每有力不能企之感，所幸武汉大学出版社不避繁难，将先父以行楷书写的多部手稿转化为印刷体文本，并容许在清样上再三修改，又获康和平、张智勇二君助力校勘、标点，终于编就新本，由《文存》三十余万字增至《冯永轩集》八十万言，可概见先父著述生涯大貌，略存清华国学研究院遗泽于百一，不亦幸乎！

2017 年 11 月 30 日 谨记于武昌珞珈山南麓寓所

《冯氏藏墨》序

山高水长中有神悟，风朝雨夕我思古人。

——左宗棠 八言联

冯氏两代致力文物收藏，略涉三方面：书画、信札、货币，合称"冯氏三藏"。

本书辑录"三藏"之甲编"书画"，包括先父20世纪20—60年代收藏之唐人写经、明代山水及大量清代、民国文士政要书画，并选辑1978年以来笔者集藏近现代书画作品。

一

先父冯德清（1897—1979），字永轩，以字行，又字永宣，号无尘，湖北黄安（今红安）人，出自耕农家庭，1923年入读国立武昌师范大学（武汉大学前身），师从文字学家黄侃。1925年，清华国学研究院开设，先父考取为一期生，受业国学家梁启超、王国维，语言学家赵元任（1892—1982）（"四大导师"之一的陈寅恪第一期时尚未到清华），并开始搜集文物，这发端于对梁、王二先生惠赐墨宝的珍藏。

梁启超赠冯永轩六言对联，书宋词集句。其原委略如：1924年春夏，梁夫人李蕙仙（1869—1924）病重住院，先生陪护数月间，从随携《宋词选》中择句，组成联语二三百副。此后数年，手撰集句赠送友朋、弟子。先父1926年（丙寅）从清华研究院毕业时，梁先生所赠，正是其中之一，上题"永轩仁弟"，落款"梁启超"，记时"丙寅四月"，白文名章"新会梁启超印"，白文闲章"任公四十五岁以后所作"；上联"遥山向晚更碧"（北宋词人周邦彦句），下联"秋云不雨常阴"（北宋词人孙洙句）。

同时王国维所赠条幅，撰东晋陶渊明《饮酒诗》之一，上题"永轩仁弟属"，落款"观堂王国维"，白文名章"静安"，朱文名章"王国维"。先父在国学院的研究题目为"诸史中外国传之研究"，毕业论文"匈奴史"由王先生指导。

梁、王条幅常年悬挂武昌老家堂屋，先父常谈及二先生道德文章，偶议逸闻（留下印象颇深的是：因梁启超乃南海康有为学生，王国维乃逊帝宣统师傅，第二期开始任教清华研究院的陈寅恪戏称诸生为"南海圣人再传弟子，大清皇帝同学少年"），故自幼我们兄弟对梁、王两位有一种家中长老的亲切感。

1927年，王国维先生自沉颐和园昆明湖，其时先父任教武汉，清华研究院在校学生（三期生）向校友发讣告。此讣告连同王先生为先父所开书目纸单，梁、王所赠诗幅，皆珍藏，历经战乱、政乱，不离左右。这大约是冯氏收藏之端绪。

二

父亲师承王学，致力古史考证及边疆史地探究，素有赴西域考察之志。大舅张馨（号敬丹）20世纪30年代任新疆教育厅厅长，诚邀父亲赴新。其时统治新疆的盛世才（1895—1970）正以开明面目现世，招纳内地进步文化人士（如茅盾、杜重远、萨空了、赵丹等），先父也在其列，1935年与先母张秀宜（1901—1971，号稚丹）带我大哥、二哥赴新（二哥过继给大舅，故有张姓）。抵新疆首府迪化（今乌鲁木齐），盛世才委以迪化师范（当时新疆最高学府）校长、新疆编译委员会委员长，礼遇甚隆。然父亲发现盛是野心家，阴鸷可怖，遂决计离新。

父亲虽在新疆一年，然集藏颇丰：①吐鲁番（古称高昌）文书——署名魏徵的手抄《妙法莲华经》长卷、贝叶经等。②清人墨迹，一如清两江总督牛鉴（1785—1858）对联，父亲边批两处；又如画坛"清六家"之首王翚的山水数幅（戊戌变法幕后功臣张荫桓素喜王翚画作，戊戌后张充军新疆，随带王画多幅，存留迪化，为先父收藏）；三如左宗棠（1812—1885）率楚军平定阿古柏（1821—1877）、收复天山南北两路时留下的手书八言联，笔力遒劲，气象雄阔。字幅多油迹，估计是新疆人吃手抓羊肉时沾上的，另有左公篆字诗幅。

父亲对盛世才的观察是准确的。父母离新后，大舅张馨被盛逮捕，继遭屠戮（中共驻新代表陈潭秋、毛泽民、林基路也被盛杀害，与政治关系不大的赵丹也下狱五年之久），随父亲赴新的四叔入狱，二哥及两位表姐颠沛流离数载。1944年盛世才在新疆的权力被国府削夺，1945年张治中主政新疆，与内地重新通邮，父母才联系上二哥，迎回武汉家中。

三

1938年秋日寇侵占武汉前夕，先父母举家乘木船东下鄂东山区避难。父母的方针是，生活用品尽量缩减，而藏书及字画、古器物全数带走。乡居数年，先父教过私塾，又在湖北省第二高中执教，曾任该校校长。因日军反复"扫荡"，家里多次"跑反"（逃难），衣物多抛却，而藏书、文物则始终保存完好，乡间亲友为此肩挑背扛，出力甚勤。在鄂东山区期间，先父与避居罗田的国学大家王葆心（1867—1944）时常切磋鄂东史地及西北文献诸问题，王先生为先父收藏高昌出土文书题写横批。

1942—1945 年，先父应聘任安徽学院（安徽大学前身）历史系教授，在极其困难的条件下，筹划举办文物展览，以期激励师生及民众爱国热情。

1945 年抗战胜利，先父母率全家返回武汉，木船所运主要仍然是藏书和文物。年底先父应聘国立西北大学历史系教授，所著《西北史地论丛》《商周史》《古文字学》《中国史学史》成稿于斯，此期也是藏品丰收之际。

西安乃千年古都，20 世纪 40 年代中后期，旧籍、古器物遍于坊间，品真而价廉。先父与相随西安就学的天琪大哥徜徉于街头古董摊前、城郊汉唐陵园，时有收获。大哥追忆诗云："秦陵探胜，茂陵访古。偶得刀币五铢，幸获未央瓦当。喜不禁，父子且歌且舞。"

先父对抗战胜利后国民党政府腐败不满，课堂上下多作批评，被当局戴上"红帽子"，常有"职业学生"尾随、盯梢。先父遂于 1949 年初离开西北大学，转任湖南大学教授。其时内战正酣，似有划江而治之势，先父离湘回汉。

中华人民共和国成立初期，先父任湖北师专（旋改为武汉师范学院）历史系教授，得以较系统地从事楚史研究，收藏古籍文物的情志有增无减。20世纪 50 年代，余念中小学时，常见一位戴深度近视眼镜的长衫客（大约姓高）造访武昌老宅，其人总是挟着一个灰布包袱，神秘兮兮地走进父亲书房，闭门良久，出来时多半只拿着叠成小方块的包袱布。显然，这位来自汉口的古董商又在父亲处推销了几本古籍，或几幅字画。家中的衣食照例是简朴的，且不说我做老五的历来穿补旧衣装，就是父母也没有一件完好的毛线衣，工资半数用在购置书籍、古董上。家人早已对此视作当然，节俭是生活常态。

四

父母于 20 世纪 60 年代初退休，归武昌矿局街老宅所在居委会管辖。

1966年"文革"爆发,居委会"扫四旧"之狂热不让于学校,老宅被抄家数次,颇丰厚的藏书一再遭扫荡,其中一些善本、孤本或被撕毁,或充作街巷妇人糊鞋样的材料,父亲作为楚史研究先驱,其撰著多年的三四十万言楚史稿本(1960年前后余曾协助抄誊)也不知所终,呜呼哀哉!为减少损失,我们通知母亲任职多年的湖北图书馆,该馆派人以麻袋装、板车运方式从冯宅抢救部分藏书(省图书馆还派汽车到街道办事处拖走一部分抄家后堆放那里的冯家藏书)。父亲踉踉跄跄尾随板车走了好长一段路。今之湖北图书馆特藏部还有若干盖冯氏印章的古籍,它们是逃过抗日战火、"文革"浩劫的幸存者。1996年,笔者为萧放、孙秋云、钟年等君著《中国文化厄史》作序,追述中国历史上惨烈的"书之十厄",而家中藏书的遭际,过电影似的在眼前一一闪现。

比藏书幸运的,是字画、信札与古钱币,因其一向放在七八只旧箱子里,置于堂屋天花板之上的漆黑空间(无固定楼梯,须搭临时梯子上去),抄家者未能发现。这样,字画、信札、古钱币大部分得以保存。先父辞世前夕(约在1978年岁末),冯家将古钱币数百件捐给复建不久的武汉师范学院(今湖北大学)历史系,成为今之湖北大学博物馆钱币馆的基本馆藏,业内专家评价甚高。

五

先父收藏书画,时代较久远的是唐人佛经抄本及明代画作,主体乃清朝、民国文士手笔。

(一)字幅(包括条幅、扇面)

最早当为签署"贞观六年 魏徵"的唐代手写佛经长卷。其他挥毫者是——

1. 文士书家：明清之际诗人查士标（1615—1698），礼部侍郎、诗人沈德潜（1673—1769），康熙五十三年状元、书法家汪应铨（1685—1745），刑部尚书、乾隆"五词臣"之一张照（1691—1745），"诗、书、画三绝"郑板桥（1693—1766），乾隆"五词臣"之首梁诗正（1697—1763），其子、书法与刘墉齐名的梁同书（1723—1815），与翁方纲、刘墉、梁同书并列的王文治（1730—1802），古文家、桐城派主将、擅草书的姚鼐（1731—1815），"清代四大书法家"中的两位：翁方纲（1733—1818）、铁保（1752—1824），思想家、数学家、戏曲理论家焦循（1763—1820），与袁枚齐名的诗人、诗论家、书画家张问陶（1764—1814），嘉道间内阁大学士、总成《十三经注疏》的一代文宗阮元（1764—1849），道咸间文学家、篆刻家吴熙载（1799—1870），朴学家、章太炎老师俞樾（1821—1907），创内圆外方"张字体"的张裕钊（1823—1894），文史学家、《越缦堂日记》作者李慈铭（1830—1894），与虚谷、吴昌硕、任伯年等并称"清末海派四杰"的蒲华（1839—1911），戊戌变法参与者、上海强学会发起人、金石学家黄绍箕（1854—1907），等等。

2. 重臣兼书法妙手：嘉庆间军机大臣、礼部尚书那彦成（1763—1833），道光间两江总督牛鉴（1785—1858），咸丰同治光绪间执掌军政的曾国藩（1811—1872）、曾国荃（1824—1890）兄弟，左宗植（1804—1872）、左宗棠（1812—1885）兄弟，李瀚章（1821—1899）、李鸿章（1823—1901）兄弟，湖北巡抚胡林翼（1812—1861），兵部尚书彭玉麟（1816—1890），荆州将军巴扬阿（？—1876），军机大臣、总理各国事务衙门大臣沈桂芬（1818—1880），兵部尚书毛昶熙（1817—1882），闽浙总督何璟（1816—1888），光绪间出使英法大臣、较早倡导宪政的郭嵩焘（1818—1891），军机大臣、藏书及金石收藏家潘祖荫（1830—1890），戊戌变法中坚人物、同光两代帝师翁同龢（1830—1904），湖南巡抚、金石学家吴大澂（1835—1902），光绪间出使美、西、秘大臣张荫桓（1837—1900），状元外交官、元史大家、赛金花的丈夫洪钧（1839—1893），书法名家、宗室中少有支持维新变法的盛昱（1850—1899），管学大臣、中国近代学制奠基人张百熙（1847—1907），等等。

3.清民之际学人、政要：历史地理学家、书法家杨守敬（1839—1915），诗人樊增祥（1846—1931），保路运动领袖、书法家刘心源（1848—1917），戊戌变法主将康有为（1858—1927），同光体诗派代表陈三立（1853—1937，陈宝箴之子、陈寅恪之父），民初江苏都督、故宫博物院早期负责人庄蕴宽（1866—1932），清末军机大臣、民国总统徐世昌（1855—1939），史学家屠寄（1856—1921），主讲两湖书院、辛亥后以遗老终守的梁鼎芬（1859—1919），清末湖南布政使、后为伪满洲国总理、书法家郑孝胥（1860—1938），张大千的两位老师：晚号"梅道人"的海派画家曾熙（1861—1930）、晚号"清道人"的书画家李瑞清（1867—1920），自强学堂－方言学堂提调、诗书精绝的程颂万（1865—1932），甲骨学开创者罗振玉（1866—1940），国学大师章太炎（1869—1936）、梁启超、王国维，近代出版业先驱、商务印书馆总经理张元济（1867—1959），清末湖北宪政派代表之一、民初湖北省省长夏寿康（1871—1923），清末宪政派领袖、民初众议院议长、司法总长、教育总长汤化龙（1874—1918），辛亥革命后四川副都督、广东省省长朱庆澜（1874—1941），民国元老、书法家于右任（1879—1964），北洋时期司法总长、教育总长、学者章士钊（1881—1973），理学大师马一浮（1883—1967），早期同盟会员、国民党中央执行委员邓家彦（1883—1966），文字音韵学家、章黄学派创立者黄侃（1886—1935），等等。

（二）绘画（立轴、横幅和扇面）

此为先父集藏重点之一，然一批精品（如郑板桥、任伯年、吴昌硕、齐白石等大师画作）于十几年前损失，令人痛惜。作品尚存的有：明代弘治—万历间画家陆治（1496—1576），清初画家笪重光（1623—1692）、黄云（与石涛为友），"清六家"之一王翚（1632—1717），清中叶画家钱载（1708—1793）、朱筠（1729—1781）、奚冈（1746—1803）、刘德六（1805—1876），有"画石第一"之称的周棠（1806—1876），军机大臣、擅山水画的张之万（1811—1897，张之洞族兄），与任伯年、吴昌硕齐名的海上画派吴公寿（1823—1886）、朱偁（1826—1900），清民之际画家贺良朴（1861—1937）、与齐白石并称"南黄北齐"的黄宾虹（1865—1955）、人物画家王震（1867—1938，号白龙山人）、艺术教育家陈衡恪（1876—1923，陈寅恪兄）、逸笔超迈的陈曾寿（1878—1949）、兼通中西的黄山派代表刘海粟（1896—1994）等。古文家、以翻译西洋文学名作著称的林纾（1852—1924，字琴南），山水画也十分了得。

一些书画、篆刻获于先父友人，如国学家王葆心（1867—1944），沈肇年（1879—1973），篆刻大家唐醉石（1886—1969），文史学者关百益（1882—1956），文学史家、钱钟书之父钱基博（1887—1957）、考古学家黄文弼（1893—1966）、思想史家刘盼遂（1896—1966）、文化史家吴其昌（1904—1944），藏书家徐恕（1890—1959，字行可），"画坛三老"张肇铭（1897—1976）、王霞宙（1902—1976）、张振铎（1908—1989），画家侯中谷（1890—1955）、薛楚凤（1902—1976）、赵合俦（1902—1982）、徐松安（1911—1969）等。

笔者少时多次在家中迎谒耄耋之龄的唐醉石，叹服其制印的古拙、清雅，成年后方知唐老是西泠印社健将、东湖印社创始人；接待湖北文史馆首任馆长沈肇年；王霞宙曾来宅茶坐，谈艺颇精；作品参加民国首届美展的侯中谷盛年辞世，常被先父念及，其风骨遒劲的画作常悬冯家厅堂；薛楚凤曾任冯玉祥秘书，乃先父至交，画作清峻古雅，题字常带机锋。

六

笔者自 20 世纪 70 年代末以来研习中国文化史及湖北史志，与学者、美术家优游艺文，四十年来所获书画乃多位师友所赐——

画家陈作丁（1922—2010）、何冠智（1924—2008）、汤文选（1925—2009）、邵声朗（1931—2014）、冯今松（1934—2010），健在如周韶华、陈立言、唐小禾、张善平、李寿昆、徐勇民、刘一原、贺飞白、魏扬、薛浚一、鲁永欢、严其昌、冷军、樊枫、孔奇、施江城、闻立圣、吴欢、谈士屺、刘三多、汪国新、张伟、虞小风、余楚民、杨秀坤、陆惟华等。

书法家黄亮（1903—1987）、陈义经（1914—2007）、吴丈蜀（1919—2006）、曹立庵（1921—1991）、钟鸣天（1928—2009），健在如欧阳中石、唐翼明、徐本一、孔可立、铸公、黄德琳、刘永泽、杨坤秉、万军、邓成龙、李福林等。黄亮 20 世纪 80 年代初所赠四言联"曾三颜四　禹寸陶分"，笔力苍古，意旨高妙。欧阳中石所赠横批"德和天下"，力透纸背。

享寿最高的辛亥老人喻育之（1889—1993）、作家姚雪垠（1910—1999）、文学史家程千帆（1913—2000）、国学家饶宗颐（1917—2018），健在如历史学家刘绪贻（1913—　）等所赠墨宝，尤为可贵。

笔者近年购得张大千（1899—1983）中年时的青绿山水。

七

"书画鉴藏千古事，山川吟啸六朝人。"

金石、书画之学，创于宋代，清代此学复兴，其收藏、著录、考订，皆本宋人成法，可谓精深博大，先父承其绪。少时我常听其谈及：一旦得宽余，将著文介评藏品，以方便后人利用。父亲的努力，散见于若干字画的眉批、边批，还可见于与先父切磋文物内涵的沈肇年、钱基博的遗墨。1957年后灾祸迭兴，先父母晚境艰难，上述工作中辍。半世纪后吾辈重理旧物，续接先人未竟之业，常发水深难测之叹。藏品作者生平材料，名士易得，知名度不高者则颇费周折；考析赠受关系，辨读行文、题签（甲骨文、金文及篆、隶、行、草、楷）及印章（名章与闲章，朱文与白文，引首章、压角章、鉴藏章等），抉发书画信札意义内蕴，更须用心费力。经一番探幽致远，也确有收获，一些作品的美学价值、史料价值渐次昭显，若干文化史中不可忽略人物（如焦循、张问陶、王锡振、蒲华、程颂万、曾熙、李瑞清、马一浮、林纾等）的书画，原来在家藏中隐而未彰，这次得以"昏镜重磨"，每有"发现新大陆"之快感。至于收藏故事，当年先父偶有谈及，今日追忆、揣摩，参照藏品及相关文献提供的线索，每能打开新的认知门径。

编纂藏品的一项工作，是追溯书画所涉诗文出处。在此过程中，发现书画所题诗文与传世刻本多有差异，而且书家、画家变通的文字，往往更为生动或更为准确（当然也有不太妥当的改动）。这里存在两种可能，一为书家、画家当年见到并引述别的版本；二为书家、画家有意变更原文（这种可能性更大），这也是书家、画家的一种再创作。本书并非考据学专著，主要功能是赏析书画作品，为了不影响阅读节奏，各条释文很少列出书画题写诗文与传世刻本的差别，然这种比勘考据工作，从版本学、诠释学视之，自有其学术价值，将另作专文阐述。

整理昔贤遗墨，须国学知识（涉及史学、文学、哲学、宗教学以及书法、绘画、文字、金石诸专学）的综合运用，并仰赖历史洞察力和艺术体悟力。老来事此，可以说是对少时身处文物丛中而未能系统研习的补课。

名士文墨，历来有赝品、仿作渗入，故"辨伪"是书画之学不可或缺部分。我们在整理藏墨时，对一些古旧而又署以大人物名号的作品特别用心反复研讨，不敢贸然定论。如题签"中书令臣魏徵重译妙法莲华经卷第五 贞观六年二月十六日"的佛经手写字幅，经认真考辨，特别是与大英图书馆东方部所藏斯坦因从敦煌莫高窟获得的唐人抄写妙法莲华经卷第二作比较，发现二者的材质（硬黄纸）、书写格式、字形都十分相近。敦煌、吐鲁番（古称高昌）文书除被斯坦因等西方人运走外，尚有散留民间者，先父1935—1936年间在新疆以"编译委员会委员长"身份获得一件，当在情理之中，自此他将其视为最重要的藏品，多次邀学者题跋：抗日战争期间在鄂东，国学大师王葆心撰"高昌出土唐人写经"横幅；在安徽，1945年文物学者孙百朋作跋；抗战胜利后任教西北大学，1947年请西北大学历史系关百益教授题词；回武汉后，1953年又有篆刻大家、西泠印社重镇唐醉石题词。这些精研文物的学者都仔细观摩该写经，认定其可靠性。综合以上，初步判断高昌出土墨绘纸本为唐人写经，是冯氏藏墨中历史最久远的一件。

有些遗墨的真伪，经历"肯定—否定—肯定"的辨证，如题签"姚鼐"的草书诗幅，初以为是姚作；后据压角章，推断是"同里后学"手摹姚作；进而对印章"臣鼐私印""姬传"反复考辨，又对以珍珠白在青笺上撰写草书与传世之姚鼐书法比照，基本认定此件系姚之手笔，压角章乃收藏者补盖之闲章。

另如文尾"子瞻书"的字幅，曾以为是后人冒充子瞻（苏东坡）的赝品，经反复查览比对，确认此件乃清末顾印愚（字蔗荪）对苏子瞻"元祐二年二月八日"《跋画苑》一文的抄件，以往我们忽略的顾印愚所钤名章"蔗荪"可证此情节。

这些推测是否确切，入选藏品中是否另有赝品未能识别，切望方家法眼明辨，并不吝赐教。

八

本书展示的藏品，由仅有公教薪水收入的学人在长达半个世纪间，孜孜不倦地访辑，节衣缩食地购置，终于集腋成裘，蔚为艺文大观。藏品又遭逢战乱、政乱一再袭扰，历尽坎坷方得以部分保存，它们遭遇的灾厄和今日得到的善待，以一滴水珠映照出中国现代文化史的曲折与悲壮。

随着国家经济文化实力的提升，时下进入文物及艺术品集藏兴盛期，"淘宝""鉴宝"已成热门话题。这一轮次收藏热的一个显著特色，是文物及艺术品的市场售价被格外关注并极度放大于台面，人们言及藏品，津津乐道于拍卖价几万、几百万或几千万（近年甚至出现某一画作数以亿计的售价），而对文物的历史价值、美学价值的认知则退居次席。以上种种，似与笔者自幼的闻见大相异趣：先父每有收获，评议的多是文物何等美妙、包蕴的史料价值何等深邃，从未言及某件值钱若干，将来会增值多少倍。

对于以下两种状态我们充分理解：①权力及资本拥有者往往青睐文物，中外帝王（如乾隆皇帝、法王路易十四、俄国女皇叶卡捷琳娜二世等）以及财团、金主，不乏文物收藏巨擘，构成文物的会聚中心；②在商品—货币发达时代，文物及艺术品判定含金量，是其价值的一种毋庸回避的衡量标尺；文物及艺术品论价授受，合理合法，无可非议；对文物及艺术品拍卖市场的培育，是集藏事业健康发展的需要。

然而，笔者又确信：①文物集藏并非只是寡头专属，而当有民众参与、欣赏、利用；②文物及艺术品首先是文化载体，不应降格成金钱等价物，如果集藏的主要目的衍为金钱贮备与增值手段，藏品被铜臭掩没，实在是集藏事业的异化。

中国现代收藏大家张伯驹（1898—1982）、王世襄（1914—2009）们将文物文化价值置于金钱之上，不惜破己财以护文物，倾力于保存、弘扬民族文化瑰宝，彰显其存史、教化功能，指示了集藏事业的正道，我们对其表示最大的敬意，并愿追迹后尘。友人何祚欢称：收藏事业应多些文化，少些商业。余深以此议为然。

有人询问：冯氏藏品值金多少？余无以回答，因为自己的文物市场知识几近空白，也于此难生兴趣，引动关注的只是文物的史料价值和艺术魅力。近四十多年来，余不时于清夜翻检图籍、把玩藏品，沉醉于历史现场感，在与先贤对话、相与辩难之际，思逸神超，偶尔迸放出意象奇瑰的火花，这可能是自己研习中华文化史的一种知识补充与灵感源泉。

古哲今贤的书画可供观摩把玩，然其作为形下之"器"，又包蕴形上之"道"。于学术有兴趣者既可以从中获取细节性史料，也可借以领悟天道自然与人生哲理。本书收入的历史人物的字幅，多未收入诸人文集，故这批藏品系罕见甚至仅见之文献，包藏难得的历史文化信息。

美术爱好者可以从观摩书画真迹中得到构图、笔法及题旨启示，本书收入先贤墨迹，可谓丹青溢彩，不乏艺术上的范本法帖。而林纾、姚雪垠、程千帆、饶宗颐及先父母等前辈学人，并非专业书画家，然墨迹所展示的功力，实在令我辈汗颜。观其墨宝，也有敦促今之学者提升人文素养（书道、文采仅为其一）的意义在。

而我们兄弟于藏品的认识价值、美学价值之外，还能透见先父那通常是蔼然仁者、偶尔也如怒目金刚的形象，记忆起他为余讲授中华元典时的滔滔议论，以及母亲在一旁倾听时的慈祥目光。

惠赐墨宝的多位师友，联翩乘鹤西去。睹其遗墨，宛若再识音容笑貌，聆听清教，不胜追怀之至！

2016 年 2 月 24 于武昌珞珈山寓所

《冯氏藏札》序

烽火连三月，家书抵万金。

——杜甫《春望》

"信"，含消息、函件之意，别称有书、缄、鸿雁、华翰等。

"札"，本指古代用来写字的小木片，引申为公文及书信。造纸术发明前，我国的书写材料，早期为甲骨、石料、金属（如青铜器），因其笨重，又采用纺织品（称"帛"）、木片（书写后称"札"）或竹片（书写后称"简"）。

东汉以降，纸张成为主要书写材料，但信函仍习惯性地称"书札""笔札""手札"，又称"书简""尺牍"（牍，一尺长书写文字的木板，引申为公文或书信），更通常的称呼是"信札"。

信札是人类发明文字后传递信息的重要方式。我国现存较早写在纸上的书札，是西晋陆机（261—303）的《平复帖》。陆机"少有异才，文章冠世"（《晋书·陆机传》），还是一位杰出的书法家，他为了祈求友人病体康复而致信问候，此即《平复帖》（"平复"即康复），是存世较早的名人书法真迹，也是存世较早的纸本书信（现藏北京故宫博物院）。

魏晋时期，书札应用普遍，不仅有传递信息的实用功能，而且透现文学及思想成就，书法艺术也得以展示。魏晋士大夫崇尚玄学清谈，讲求风度文采，其往还书信，文辞简洁渊雅、书法劲拔潇洒，锺繇（151—230）、王羲之（303—361）、谢安（320—385）等文豪都是信札高手，文义、书法并美。此后千余年间，这种信札传统流播于文士，并影响民间，成为中华文化典雅风范的一种表现，当为今人继承与发扬。至唐代，信札广用，并出现专门用以写信的纸张。明清以来，特别是民国年间，信纸愈益专门化，出现所谓"笺纸"（"笺"为制作精良、尺幅较小的纸张）。笺纸，也称诗笺、信笺，指以传统雕版印刷方法，在宣纸上印以精美、浅淡的图饰，为文人雅士传抄诗作或信札往来的纸张。民国时著名的"十竹斋笺""芥子园笺"，上有梅兰竹菊等隐画，或印有吴昌硕（1844—1927）、齐白石（1864—1957）、陈半丁（1876—1970）等人作的笺画，十分清丽。本藏札多以笺纸书写。

信札收藏，或重其人（历代名士书信入选），或重其书（笔法雄健的书信入选），或重其文（富于文采的书信入选）。本藏札有兼备三长者，有特具一长或二长者、其百余通，主要是先父冯永轩（1897—1979）于20世纪20—60年代收藏的清代中期至民国年间文士、政要议的书札手迹，另收有先父友朋函件以及笔者师友来信。其编目为：

文士论艺　湘淮谈兵　左营密函　花溪札丛　新疆政书　冯氏飞鸿

一、文士论艺

本目汇集清中晚期及民国间文士所撰信札，多有评议学术、艺文的内容。如清中叶著名思想家、扬州学派代表学者之一焦循（1763—1820），在致扬州学派宗师阮元（1764—1849）从弟阮亨（1783—1859，字梅叔）函中，于春江食鲞闲议之后，介绍自编《北湖小志》已然成书，而《（扬州）足征记》正在资料收集，可见焦氏著述之勤，笔锋又转议书法大义。此函确为雅士论艺之佳品。

又如清乾嘉之际四大书法家之一、文学家、金石学家翁方纲（1733—

1818）致友人函中，讨论某抄本与刻本的优劣异同，力主"刻出一部正经书"，批评"明朝人千百种集，皆不成书耳"，表现了乾嘉学风的谨严及对明人编书粗制滥造的不齿。

金石学家张廷济（1768—1848）的一通短简，评议玉龙钩拓文及汉铜虎符，字字珠玑。

曾门四弟子之一、晚清学者、书法大家张裕钊（1823—1894）与藏书家莫绳孙函商《经籍纂诂》补刷事。

曾主持湖北学务的清末学者黄绍箕（1854—1907）与友人书，议存古学堂开学事宜，并乞友人检讨《兵法史略学》《中国历史》等教材。

文学家陈衍（1856—1937），议《国学专刊》上海发行、《武夷山志》检核、刊刻《通志》诸务，以及门人龙沐勋（龙榆生，1902—1966，20世纪最负盛名的三大词学家之一）等注诗情形，指出"注诗颇难，不如先注其出正史者，次则诸子，次则大家诗集"，不啻为注家之方法圭臬。

历任两湖书院院长、湖北教育司司长的姚晋圻（1857—1916），为某学堂定名与友人切磋，提出"滋兰""清汉""规楚"或"楚规"诸名，并加文字考训。

李晋年（1860—1910），渊博的历史地理学家，《新疆图志》多出其手笔。此函戏拟八股一篇，又拟试帖诗《赋得政在养民》，再议两碑释文，表现了晚清士人的志趣情志。

曾任江夏知县、武昌知府的陈树屏（1862—1923），函议"留学毕业生具有实在价值，定有应行考试地方"，又议教育会的职能。

武昌方言学堂主事者、博学多艺的程颂万（1865—1932）与黄庵议丝竹金石之学。

美术教育家、书画家、张大千（1899—1983）的老师李瑞清（1867—1920，号清道人）信函议书道精髓，又考析一碑文的历史。

　　吴其昌（1904—1944），与先父冯永轩为清华国学院一期同学，后任武汉大学教授。其致外交家、汉学家时昭瀛（1901—1956）函，申述自己留日经费困难，议及讲稿中国文化史第二部"社会之部"中某事，得李剑农先生（1880—1963）称赏，七年前有期刊有意刊载，然吴氏慎重未发表，现因留学需款，遂拜托时氏推荐刊发。

　　此目诸函，表现清民之际文士的生活百态及治学讲艺情形。

二、湘淮谈兵

　　清咸丰同治光绪间形成湘系、淮系两大军政系统，权倾一时。湘淮两系多儒将，往还书信切关大政，其文章、书法皆有可观处。本书收集诸函，以致信者齿序排列，先后有——

　　楚军统帅左宗棠之兄左宗植（1804—1872），函中左宗植恭贺李鸿章（1823—1901）之兄李瀚章（1821—1899）由湖广总督转任浙江巡抚，并感谢对其子澂的训诲；湘军主帅曾国藩（1811—1872）致函李鸿章之弟李幼荃（1834—1873），详论攻剿捻军诸务，是一篇有史料价值的军政文书，其正文当是曾国藩口述，由文案用工整楷书撰写，信尾长篇批文，系曾国藩亲笔，边款"一等侯曾"。

　　湘军又一主将、咸丰间任湖北巡抚的胡林翼（1812—1861）致李续宾（1818—1858）书，论及在湖北与太平军苦战情形及湖北崇阳民心向背的状况，称崇阳"四次造反，遍地皆贼，贼胜则举国庆贺，贡献不绝；贼败则士子掩卷而泣，农夫辍耒而叹。人心至此，尚忍言哉！"民心向着太平军，故胡林翼力主"宜杀"。这是清方高级将领关于当年人心向着太平军的记述，也坦白了清军滥杀的事实和出发点。

　　湘军重要将领彭玉麟（1816—1890）于战争之隙致函王闿运（1833—

1916），请其为先慈撰文纪念；湘军将领何璟（1816—1888）致弁嗣龙函中详介汉水沿线炮船数量及部署，此皆为湘系要员对太平军、捻军作战的记述。

湘军主将曾国荃（1824—1890）致祁寯藻（1793—1866）二函，议及与太平军的战事，第三函致其兄曾国藩，落款署"一等伯曾国荃"，显系湘军攻取天京、曾国荃封伯爵之后；第四函致李昭庆，议与捻军作战事，当在1867年主持湖北剿捻之际。

本目还包括淮系主帅李鸿章、要员沈桂芬（1818—1880）、丁日昌（1823—1882）、张荫桓（1837—1900）等论军政事务的信函。

状元出身的史学家、外交家洪钧（1839—1893）（人们对他的另一身份更熟悉——赛金花的丈夫）青年时代给李瀚章写信，言及光绪年间汉水航道情形。可见光绪间淮系影响渐超湘系，士子投效淮系者多矣。

本目另附朱庆澜（1874—1941）、汤化龙（1874—1918）等清末民国政要书信，可略观其与曾李时代的联系与变异。

三、左营密函

19世纪70年代，清廷发生"海防"与"塞防"之争。淮系主持人李鸿章主张放弃西北塞防，集中力量于东南海防。此时湘系主帅曾国藩已经辞世，湘系另一代表、时任陕甘总督的左宗棠（1812—1885）坚决反对放弃新疆，力主塞防、海防并重，并以高龄挂帅，率楚军远征新疆，平定沙俄支持的阿古柏（1820—1877）叛乱和回民起事。有诗纪其卫疆业绩："大将筹边尚未还，湖湘子弟满天山。新栽杨柳三千里，引得春风度玉关。"先父冯永轩景仰左公，20世纪30年代在新疆工作时，集得左公条幅和诗笺手本，并汇集左公部将致左公军情密札多通，此为研究当年西北卫边战事的宝贵史料。

刘祥汇 1874 年（左宗棠以钦差身份出征新疆的前一年）密禀左宗棠，介绍西北地情民状，特别逐个汇报西北军政官员的政绩品行，这显然是左宗棠出征西北前夕了解当地民情官风的一种举措。

曾任甘南各军提督的刘明灯（1838—1895）致函左宗棠，言及光绪元年甘肃发生的与"贼"之骑兵交战情形，这是关于西北回民起事的记述

湘军名将王德榜（1837—1893）时在广西，他致函左宗棠，言及广西军队北上之际，遭遇两粤边境战事牵制，一时难以挺进西北。

满洲白旗人额尔庆额（？—1893）率吉林、黑龙江马队参与左军平定新疆，其致左帅信札，言及入疆之初的情形。以后额尔庆额部收复吐鲁番、迪化（今乌鲁木齐）。

左军收复新疆是中国近代史的大事，西北领土得以保存实赖此役，而左军将领致左宗棠密札是这场战事的片断记述，有史料价值。

四、花溪札丛

花溪札丛在先父藏札中数量最丰，此次选取 42 通，反映晚清湖北教育文化在内忧外患中逆势成长的情形，可见清末社会生活之侧面。

赵章典（1826—？），字花溪，湖北江夏人，生而磊落，交游甚广。往来最密者，为"姻如弟"屠仁守（1832—1904）。屠系湖北孝感人。咸丰二年（1853），太平军攻破武昌，赵家被难九人，赵章典以身救父，反得免杀戮。屠仁守信中也记述自己"两次为贼所得"侥幸逃脱的窘境，目睹了家乡孝感从繁华城郭化为灰烬的瞬息巨变，他描述的"英、法舰直沽，苗、回乱云贵，骷髅恣肆于蜀中。豫州捻匪号数十万，屋无不焚，人无不掳"，"田园寥落，骨肉流离"，正是咸丰乱局的写照。

屠仁守自谓"遗落世事，厌弃词翰，懒于治经"，但又终能自振，以为"人

不可不识忧愁，亦不可竟为忧愁缚。睁开眼孔，则天地大；竖起脊梁，则山岳凝"。凡此种种，皆是乱世文人千回百转的心态投射。

屠仁守与赵章典也论及时事，如左宗棠收复新疆，称誉"左侯真天人，必令当轴处中，乃能运筹全局"，又指出"新疆虽有红旃之捷，善后尤为不易。外人窥伺已久，长蛇封豕，非伐狐搏兔之技可了"，指出新疆善后治理的艰难，实为睿智卓见。

赵章典作为湖北文坛名宿，与友朋往来论艺。如广东南海人谢朝徵著《白香词谱笺释》《郢中酬唱集》，来信商讨校书误字、赐助刊印诸事，体现清人文集流通之状貌。又如湖北恩施人樊增祥（1846—1931），清末民初著名诗人、文学家，在汉江行后，作诗八首，录奉赵章典教正。樊增祥的这八首诗，清光绪十九年渭南署刻本《樊山集》中仅收录一首，且与信札手书有数处异文，如信札手书"短袂西风里"句，刻本《樊山集》作"旅袂西风里"，显然优于刻本。至若其余七首，刻本均失收，弥见这件信札手书的珍贵。

本目还收录不少地方要员和社会名流的通信，如浙江盐使、江西布政使黄祖络（1837—1903），江南道监察御史陈懋侯（1837—1892）、安陆等府知府陈建侯（1837—1887）孪生兄弟，曾国藩幕僚、湖北光化县知县胡启爵（1838—? ），福建书法家蔡敦益（1853—1895）等。通信内容涉及广泛，从私人契据、饮食起居（如胡启爵屡言为痔患所苦），到子女教育、时事新闻，悉皆言意谆谆，深自肺腑。赵章典于咸丰六年（1856）"取二三交好所往来书札文词"，汇为一卷，名曰《同心言集》，取《周易·系辞》"同心之言，其臭如兰"之语，共计五十六篇，辑录与屠仁守、王嘉穀等人酬唱及研讨诗画之道的书信。本册札丛所选书信悉为《同心言集》所未收录，可作为《同心言集》稿本的姊妹篇，反映赵章典与晚清时贤的切磋往来。

五、新疆政书

新疆有"亚洲心脏"之称，晚清至民国，国家风雨飘摇，新疆成为中外各种势力的角逐之地。

本目受信的中心人物张荫亭，民国创建初期安徽大通绅商代表，皖系早期核心成员，生卒不详，民国初年为新疆军事首脑之一，本册有多位新疆政要致函张氏，多称其"旅长"。致信者以齿序排列如次：

潘震（1851—1926），安徽当涂人，辛亥革命后，任新疆省国税厅筹备处处长，后任新疆省财政厅厅长；

汪步端（1858—? ），安徽当涂人，民国建立后塔城首任道尹；

朱瑞墀（1862—1934），安徽人，1913年在新疆古城营务处负责军需工作，后任新疆省政府主席；

陆洪涛（1866—1927），江苏铜山人，后任甘肃督军、甘肃省省长。

陆洪涛虽然不是安徽人，但出身皖系，其他三人均为安徽人，因此他们在给张荫亭的信中均自称"乡（愚）弟"。潘震信函用"新疆国税厅筹备处"笺纸，汪步端称"俄乱方殷，边防吃紧"。

辛亥革命后，朱瑞墀与张荫亭"同事北庭"（北洋政府），时有乡关之思，而又相互慰藉："我先在省想蒙督军慰留，不许出省，而南疆之盼望者尤多，时局艰难，尚望免任其难，共维大局。关内人心不靖，旋里一节，暂可不必作此计议也。"朱瑞墀称"喀什文武、中外历前任，久不相睦，此中细节，一言难罄，若两方面有一方能识大体者，决不至于如前之决裂。弟到任后，比即以中外多事，推诚相布。嗣后均当确守范围，和衷共济。近月以来，所有一切，尚称相安"，此系辛亥革命前后新疆喀什政局的记述，可资民国史参考。

陆洪涛与段祺瑞（1865—1936）为同学，作为陕甘总督陶模（1835—1902）的随从到了甘肃，任甘肃常备军第一标标统，辛亥革命后，陆洪涛部被编为振武军。1915 年 3 月，陆洪涛为陇东镇守使，成为甘肃的实力派。同年 12 月，袁世凯（1859—1916）称帝，孙中山等兴师讨袁。陕西革命党人胡景翼（1892—1925）、曹世英（1885—1944）诸人积极响应。陆洪涛致信张荫亭："团长胡景翼、曹世英诸人，皆以与陈督军（树藩）交恶，先后称兵占据渭北、泾原各县，屡攻省城。而卢匪亦以不得志于甘，由陕北鄜州、保安走耀县窜三原，与渭北各股联合，近日布满乾、醴、兴、武、盩、鄠、岐、郿等处，众已数万。"反映的正是当时的史实。

陆洪涛同时提到"西安战事"进展："京派援陕奉军，现已进驻咸阳，其兴平、武功已经陕军先后克复。又闻滇党退出陕境。"记述奉军、陕军与滇军交战的情形。当时，奉军因张作霖（1875—1928）投靠袁世凯而形成，陕军旅长陈树藩（1885—1949）效忠积极拥护袁世凯称帝的陆建章（1862—1918），滇军由蔡锷（1882—1916）领导，武力讨袁。

陆洪涛、张荫亭作为甘肃、新疆的军事头目，密切关注"西安战事"。陆洪涛给张荫亭的信函中说："现在陕局糜烂日甚，川警又复频来，陇上地阔兵单，三面受敌。""陇东三面与陕接壤，防务必更吃紧，弟惟有督饬将士，扼要堵击，以尽我保境安民之责耳。"同时，他预估形势，并提醒张荫亭防御外敌："近日长沙克复，合肥出山，南北问题可望有一定办法。惟德、俄单独媾和，迭见报纸，顷闻已成事实。果尔，则西北万里之边防宜早筹备御之方略。"陆、张等人均寄望合肥（段祺瑞）出山，收拾乱局。时任宁夏总兵（宁夏护军使）马福祥（1876—1932）也致信张荫亭："自去秋南北纷争以来，乱者四起，吾甘狄道肃州之变可为寒心，幸能迅速扑灭，不致星火燎原"，"陕局糜烂"，"而各界遣代表求援宁军"，此为宁夏形势；"新省托鼎帅及台端维持，军民相安，干戈不动，视内地为乐国"，相比之下，张荫亭治军有方，新疆局势稳定。所有这些，均可资民国史研究。

张荫亭事迹，湮灭不彰。藉本信函可探吉光片羽。陆洪涛称誉张荫亭"据鞍矍铄，依然伏波精神也"，可推知张荫亭时或已年过六旬。伏波精神，用东汉名将伏波将军马援（前14—49）的典故。马援在六十二岁时，请缨南征，"据鞍顾眄，以示可用"，光武帝刘秀（前5—57）称赞："矍铄哉是翁也。"陆氏又云："回忆曩岁同舟，不禁晨星之感。知公一言，旧好必有同情。"足见关系匪浅。陆氏信函"龙骧著绩，虎帐延釐，军中一范，关外同钦""勋高豹略，令肃鸦军，引企戟门，莫名鼓舞"诸语，对张荫亭赞誉有加；马福祥恭维张荫亭"精神矍铄，威德炳扬，功在异域，诚倾远荒，知宿将风流不减，定远畴曩，博望昔日也"，将之比作定远侯班超（32—102）、博望侯张骞（前164—前114），朱瑞墀对张荫亭也有"勋高一代望重三边"赞语，可见这位荫亭旅长的人望。

周务学（1886—1921）的信函更是十分恭敬："久钦鸿范，沐惠露之均沾。远隔龙门，荷仁风之渐被。结蚁私于两地，徒鳌戴夫三山。敬维荫亭旅长大人鼎被云蒸，泰祺日丽，仰见金汤巩固。""弟忝摄道篆，时形愚拙，惊心岁序，虚掷驹光。"1918年任新疆阿尔泰道尹，1921年白俄窜犯阿山，城陷，自戕殉国。由此可以推测这组荫亭旅长信函所反映的前后时间，大致是在1914年到1920年之间。

乱世纷纭，给生活带来极大不便。陶保廉（1862—1938），新疆巡抚、陕甘总督陶模之子。随父赴新疆巡抚任，于光绪十七年（1891）辛卯四月，做西北之行，到达迪化（今乌鲁木齐），将随行经历著成《辛卯侍行记》。辛亥革命后，他在给裕堂的信函中说："自军兴以来，商家多靠不住，拟暂存横滨正金银行（上海有分行），一年为期，其息约四五厘，票据当代收存，惟日人呆板，非到期不得支取。到期时需原经手人领取，或改票再存，皆可。"可资经济、货币流通研究之参考史料。

本册还有杨彝庚（1864—1928）写给花溪（赵章典）的书信七通。杨彝庚1900年任甘肃提学使兼武备学堂总办，光绪三十三年（1907）年入疆，1912年被袁世凯任命为新疆督军、省长。1928年通电拥护南京国民政府，宣布易帜，不久被政敌刺杀，主政新疆十六年。这七通书信，作于杨彝庚入疆后不久，信中有"弟到此月余，局事已就绪"诸语。信函多叙家常，如"偷闲课子作山居计，度日尚可敷衍"，但贫病交加，不免颓废，自谓"精神疲惫，竟成老耄之躯。自顾生平，劳薪久积，直不能再为子孙役耳"，"以寒士之生涯，进退每多顾虑，然以老惫思之，宜于冬间差满暂退为佳"，萌生隐退官场之意。所有这些，真实地记录了杨彝庚主政新疆之前的生活境况。

杨彝庚遇刺后，金树仁（1879—1941）被推举为新疆省主席。1933年，金树仁去职后，手握重兵的盛世才（1895—1970），攫取了新疆最高统治权，成为"新疆王"。盛世才统治初期，以开明面目现世，招纳内地进步文化人，先父1935年应邀前往，抵新疆首府迪化（今乌鲁木齐），盛世才委以迪化师范（当时新疆最高学府）校长、新疆编译委员会委员长，礼遇甚隆，不久先父发现盛的野心家面目，便于1936年设法离开新疆。

本目书信为先父于1935—1936年间在新疆工作所集藏，其中涉及杨增新、朱瑞墀等新疆军政人物的往来信件。朱瑞墀致我大舅张馨（字敬丹1898—1940，任新疆教育厅长）函，内容尤其丰富。该信写于1917年3月，称"中德已失感情，驻京德使已离北京。此件关系绝大，不无可虑。英、俄两领得此消息，固属得意，而我之对待更形棘手。刻间俄领来署密告，言该俄皇现已逊位，彼京亦颇有风潮。印度亦叠起叛乱，英领已照会前来"，述及新疆喀什动乱，英、俄借机干涉；北洋政府拟对德宣战，新疆与英、俄、德关系微妙；俄国发生革命（当指二月革命）、俄国沙皇逊位：新疆政界对动荡局势忧心忡忡，我大舅希望离开新疆，而督军（当指杨增新）竭力挽留。这些情节构成第一次世界大战后期深处亚欧大陆内地的新疆的社会生态。

我四叔冯德浩在 1939 年后被盛世才关押牢狱，1950 年先父寻找其弟下落，写信给中华人民共和国初期新疆省府主席鲍尔汉（1894—1989，30 年代与我父亲相熟），鲍立即复函，说明冯德浩及我大舅女儿的现状。鲍信纸有"新疆省人民政府用笺"字样，印章"鲍尔汉"，上汉文，下维吾尔文，此种印鉴少见。

以上信札为西北近代史、民国史研究提供难得一见的材料。

六、冯氏飞鸿

本目收有与清华国学院相关文书，如王国维（1877—1927）自沉颐和园昆明湖后清华国学院在校生发出的讣告、清华国学院一期同学刘盼遂（1896—1966）致冯永轩函二通等，论学议事，皆具学术史价值。

1938 年日军侵占武汉，父母迁居鄂东山区，家中什物多抛弃不顾，但文物书籍悉数保存。父亲在鄂东任省立第二高中校长，与避居罗田的国学大师、方志学家王葆心（1867—1944）先生书信往还，切磋鄂东史地及文物考辨诸问题，又及子女教育事宜（本册收王葆心致冯永轩信函七通）。父亲在艰苦的抗战期间与多人通信，讨论文物收藏、保护、展览，于文化传承念念在兹。一代篆林宗师易忠箓（1886—1969）为先父挚友，1928 年出任湖北省图书馆馆长，与先父四通信函中谈及收藏信札、鉴赏书画心得，指出"昔人有以作一佳书画如产一佳儿为喻者，然则获之者其乐又当云何"，论断清代著名学者张船山（1764—1814，名问陶）"于书画用力相若，当在其诗之上"，并于 1937 年 7 月 27 日介绍先父加入中国国学会。20 世纪五六十年代与钱基博（1887—1957）、沈肇年（1879—1973）等文史专家通信，辨识文物，求得学术"精进贯通"。大图书收藏家徐恕（1890—1959，字行可）、段永恩（1875—1947）等与先父书信述"旧藏清鉴"之乐。展读诸函，前辈学人风貌历历在目。

先父20世纪40年代先后任教于安徽学院（今安徽大学）、西北大学，李则纲（1891—1977）、黄文弼（1893—1966）、刘盼遂、彭泽陶（1898—1989）、张西堂（1901—1960）等先生有多通书信往来，与先父讨论教学、教务等话题，也依稀可见先父当年所教科目有古文字学（金文）、考古学、史部目录学、声韵学。当时，李则纲为安徽学院教务长，时贤称李则纲先生与顾颉刚（1893—1980）、闻一多（1899—1946）齐名。黄文弼为著名考古学家、西北史地专家，从1927年至1966年前后39年间先后四次赴新疆考察，对西北史地和新疆考古研究多有贡献，乃新疆考古的先驱者和奠基人、"西北考古第一人"。刘盼遂是著名古典文献学家、语言学家，与先父同考取清华国学研究院第一期，为先父至交。张西堂先生亦海内名家，时任西北大文学院院长和中文系主任。这些信札，可资丰富各校校史，探寻民国学人生活史、学术史、教育史。

最后一组为吾之师友来信。较早有姚雪垠（1910—1999）先生来信，告及拙稿发排以及他的《李自成》第五卷的创作与发表情况。稍后有程千帆（1913—2000）、耿云志、陈立言等先生以及外国友人俄罗斯汉学家布罗夫、日本汉学家伊原泽周等来信，切磋论学，商决议事。唐翼明、余秋雨、郭齐勇、陈锋等教授，分别就笔者的《中国文化生成史》《封建考论》《中华元典精神》等畅谈宏论，启人良多。刘大钧教授更是翻检旧稿，抄录1987年与笔者一起赴美参会之日记，以及途中如何巧遇星云大师结下情缘诸事。"友直，友谅，友多闻，益矣。"往事历历，仿佛如昨，倍感温馨。

本册收入信札内容丰富，言之有物，为先父在北京、武汉、乌鲁木齐和西安等多地集藏，装订成册并注有眉批，所涉人物主要为军政要员和文人学者，对于研究近现代史、楚文化史、西北边疆史等有着重要的学术价值。此外，信札中呈现曾国藩、胡林翼、洪钧等人亲书笔墨，或雄健奔放，或优雅端庄，不让一流专业书家。李瑞清信札，笔力苍古，堪称极品。张裕钊信札之书道颇见功力，其名刺（名片）亦有意趣。这批信札兼具史料价值和美学价值，可谓读书人收藏读书人的信札，体现了先父守护、传承中华文化的拳拳之心。

本书对诸信札试加释读，东北师范大学刘奉文、王春伟勉力前期工作，胡新用心于关键问题考证，武汉大学钟书林、王三山，辽海出版社马千里，复旦大学王亮参与后期释读。诸君卓识可佩，多有教我，在此一并深致谢忱。

2016 年 9 月 26 日于武汉大学人民医院楚康楼 801 室

《冯氏藏币》序

一

笔者少时，父亲在西北大学任教（1946—1949），寒暑假从西安回武昌，总是携带一口大木箱，我们兄弟好奇，迫不及待地打开箱子一观内里，父亲一旁笑道："里面是好吃的'点心'——大块的是西安有字的城墙砖，雕花的是汉代瓦当，较小的长方形、圆形'糕饼'是战国及汉唐明清的青铜货币。"在笑谈中，我们兄弟初识了夏商的"贝币"，战国的燕"明刀"、齐"大刀"、赵"铲币"、楚"鬼脸钱"、秦"圆钱"，以及随后的"秦半两""汉五铢"，唐高祖以下直至明清的"通宝""元宝"。

读初中时，假期我还从事一项劳务：用粗针将古钱币以索线缝在马粪纸上。父亲偶尔在一旁指点：某马粪纸缝的是魏国布币，某马粪纸缝的是楚国蚁鼻钱，某马粪纸缝的是新莽的货泉……至于清代的"康熙通宝""乾隆通宝""光绪通宝"则是我们小时候熟悉的钱币，踢毽子往往以这些当年广存民间的"通宝"做底板。我的古币知识，便是少时从先父的收藏中不经意获得的。

今日整理出版先父大半个世纪之前的古币收藏，不由得想起儿时经历，引动对先父音容笑貌间跳跃着的"贝币—布币—半两钱—五铢钱—通宝钱"的生动记忆。

二

货币，本质上是商品所有者与市场关于交换权的契约，是商品交换过程中的约定。经济学界关于货币的定义，包含以下意蕴：

（一）人们普遍接受的用于支付商品劳务和清偿债务的物品。

（二）充当交换媒介——价值、贮藏、价格标准和支付标准的物品。

（三）购买力的暂栖处。

货币作为政治经济学范畴的术语，其含义涵盖：①由政府法律规定强制使用，可充当交易媒介、价值标准、记账单位及延期支付的工具；②作为交易媒介正在流通的东西，包括硬币、纸币、银行券；③流通中的纸币。

从古到今，货币形态的发展经历了四个阶段：

（一）实物货币阶段：以实物（粮食、布匹、毛皮、工具、陶瓷、家畜、装饰品等）为等价物。

（二）称量货币阶段：金、银、铜、铁、铂金，以及模拟实物金属币的镍币等。

（三）纸币货币阶段：价值符号（包括可流通金融证券，如支票、股票、债券等）。

（四）电子货币阶段：银行卡、支付宝、微信。

无论是当今还是以往的某个历史时期，在社会交换领域里往往是上述多种货币形态并存，而非只有一种。

钱币既是商品交换手段，也是文化载体，是各时期政治、经济、文化状况的反映。

我国钱币名称的由来，蕴含着丰富复杂的历史文化信息。单以命名为例：

1.以币面名字命名。如"齐刀""明刀""五铢""元宝""重宝""通宝"等。

2.以币面图案命名。如清代银圆中央有盘龙纹，称"龙洋"。

3.以币体形状命名。如东周"针首刀""圆首刀""三孔布"，秦以下"方孔钱"。

4.以币体重量命名。如秦"半两"，汉文帝"四铢"，汉代通用的"五铢"。

5.以流通地区命名。如"边币"。

钱币的一些专有概念命名，也颇具鲜活的文化气息。如钱范，将钱币铭文反刻范内，经浇铸取出铜币，范即毁坏，一范只用一次。印钱正面的是面范，印钱背面的称背范。

"文"作为钱币的基本单位名称，一枚小平钱称一文。而铸钱场在钱孔中穿的木条或绳头，称"贯"。古代铜钱用绳穿，千钱为一贯。古代有著名戏曲《十五贯》。沙汀《防空》："家有千贯，不如朝进一文。"将"千贯""一文"对举并称，一言多，一言少。

钱币正面称"面"或"文"，又称"月（ròu）"。钱币正面的文字称"面文"，又称"月文"。钱币背面称"背"，又称"幕（màn）"。钱币背面文字称"背文"，也称"好（hào）"。钱币背面没有文字称"光背"，又称"素背""素幕"。钱币内外郭之间无文字图案的地方称"肉"，厚者称"厚肉"，薄者称"薄肉"。钱币背面凸起的圆圈称"日"，又称"日文"。钱币凸起的圆弧称"月"，又称"月文""甲文""月痕"，圆弧向上称"仰月"，向下称"偃月"。从春秋战国开始，钱币始有文字，如本《藏币》收录的齐国刀币（齐之法化）、赙化钱（赙六化）。不同时期，情况不一，但基本规律是从单面文字到双面文字，从"光背"到"日文""月文"，钱币形态日趋丰美多姿。

钱币文字阅读也很有讲究。有左读、直读、旋读等方式。"左读"指钱币文字由左向右读。"直读"指按照钱币文字上下、左右排列而读，又称"顺读""对读"。"旋读"指按照钱币文字上右下左排列而读，又称"环读"。由于读法不同，在一些钱币文字的释读上，不免产生分歧。如本书收录的唐高祖武德四年（621年）"开元通宝"，一般顺读为"开元通宝"，但也有学者采用旋读的方式，将其读为"开通元宝"，从而形成"××通宝""××元宝"两种习称。

除满足日常商品交换正式通货的"正用钱"外，富有各种文化场景的钱币也不断涌现。如用于压邪取吉性质的厌胜钱（押胜钱），作为"非用钱"，又称为"花钱"，多用于吉庆、上梁、供奉、悬挂、佩带等，不进入货币流通领域。花钱币文多用吉祥语，如"长命富贵""五子登科"等。

类似的还有以下几种："宫钱"，作为旧时代皇宫内节日庆典装饰、赏赐用的特制钱；"佩钱"，古人佩带在身上作为装饰品的钱币；"供养钱"，寺观内作为供品的钱币，一般藏于佛像腹中或挂于佛龛之旁，又称佛脏钱；"春钱"，妇女用作首饰的一种金银小钱；"打马钱"，用作打马游戏中的棋子；等等。

人们还根据钱币的色泽情况分出生坑、老坑、熟坑。"生坑"指新出土的钱，表面氧化严重；"老坑"指出土已久，铜锈被传世色泽新掩；"熟坑"指未经入土的传世古钱，一般呈黑色，光泽鲜亮。

钱作为"阿堵物"，人们还赋予它一些雅致的称呼。例如汉代出于聚财的愿望（一说王莽篡汉后，忌于"刘"字之"金""刀"），将"钱"改称"泉"。泉是四面八方汇集之意，又流向四面八方。泉，分解为白、水，因而又称"白水真人"。又如，孔方兄，铜钱孔方形，称孔方，"钱"字由"金戈戈"组成，"戈"与"哥"同音，故"钱"称"兄"，"孔方兄"称呼由此而来。

三

货币产生于物物交换，如一羊交换一斧头。交换双方都接受的物品，又称为实物货币。原始货币形态有牲畜、羽毛、粮食、贝壳、布帛等。

中国是世界上最早使用货币的国家之一，至今已有五千年的历史。纵观历史，中国货币经历了五个发展阶段：①由自然货币向人工货币演变；②由杂乱形状向统一形状演变；③由地方铸币向中央铸币演变；④由文书重量向通宝、元宝演变；⑤由金属货币向纸币（交子）演变。

（一）由自然货币向人工货币演变

中国最早的货币是天然海贝，即以特殊的海贝充当的原始货币。夏代（公元前 21 世纪—前 16 世纪）始用，盛于商、西周，东周以来金属铸币兴起，取代贝币。

商代通行贝币，汉字凡与价值有关的字，皆从"贝"，如"货""贵""资""贪""贫""财""购"，即为贝币通行的历史痕迹。

随着商品交换的发展，货币需求量剧增，海贝已无法满足需求，商代开始用铜仿制海贝，铜币自此出现。这是货币史上由自然货币向人工货币的重大转变，海贝也因此逐渐退出中国货币舞台。

（二）由杂乱形状向统一形状演变

周代有一铲形农具叫"钱"，近"大"字，古人将其用作交换介物，后金属货币仿它而造，因而钱成为货币通称。

战国时期不仅诸侯自铸货币，且诸侯国内各地也自铸货币，币形多样。主要有：①赵国的铲币；②齐国、燕国的刀币；③秦国的圆形方孔钱（环钱）；④楚国的蚁鼻钱（鬼脸钱）。刀币是春秋战国行用针首刀、尖首刀、明刀、蔺刀、圆首刀等刀形货币的总称。布币是春秋战国行用空首布、平首布等铲状货币的总称。

秦统一后，公元前 210 年颁布中国最早的货币法，"以秦币同天下之币"，在全国范围通行半两钱。

（三）由地方铸币向中央铸币演变

汉初，允许郡国自由铸钱。《汉书·食货志》载，文帝时"除盗铸钱令，使民放铸"，于是"盗铸如云而起"。公元前113年，汉武帝收回郡国铸币权，由朝廷统一铸造五铢钱，成为当时唯一合法货币。从此确定中央政府对钱币铸造、发行的统一管理。

（四）由文书重量向通宝、元宝演变

秦汉铸币，钱文示明钱的重量，如"半两""五铢"（二十四铢为旧制一两）等。唐高祖武德四年（621）改币制，废轻重不一的古钱，取"开辟新纪元"之意，铸"开元通宝钱"，钱文不书重量。自此，各朝钱币都以通宝、元宝称呼，一直沿用到辛亥革命后的"民国通宝"，持续使用长达1300年。

（五）由金属货币向纸币（交子）演变

金属货币发展至北宋，货币流通额增加，宋太宗时年钱币高达八十万贯，铜料紧缺，铸钱困难，携带不便，在此背景下，在唐代"飞钱"（一种汇兑券，又称"便钱"）的基础上，川蜀之地的纸币"交子"开始问世。"交子"的出现，开启了商品交易中纸币作为货币支付的崭新时代。

四

我国货币史源远流长，在长达数千年的发展中，逐步形成一套成熟的货币体系，无论是货币形态的演变，还是制造技术的水平，都曾经多次领先于世界各国，对世界货币文化的发展发挥了举足轻重的作用。

《冯氏藏币》（以下简称《藏币》）基本囊括诸朝代钱币（未收纸币），而

尤以先秦较为宝贵。

贝币是先父藏品的一个门类。我国最早的货币——天然海贝，是伴随人们生产、生活与消费的发展而产生的。"贝"字甲骨文"⟨₷⟩"，从"⟨⟨⟩⟩"（贝壳）原始形态演变而来，甲骨文字形像壳打开的贝，里面的短画代表贝的软体。贝币的计量单位是"朋"，"朋"字的甲骨文字形，如珏、珏，均像两串玉（贝）串（玤）系在同一根绳子（一）上，形成更大的一挂玉（贝）串。"朋"作为贝币的计算单位，过去有一朋二贝、五贝的说法，但经王国维、郭沫若等考证，最终确定"十贝为朋"。

除自然海贝外，在公元前 16 世纪—前 11 世纪的商代墓葬中，也发现了成批的金属铸造的铜贝。这是我国作为世界上最早使用金属铸币的一个显著标志。

铜贝，进入春秋战国后在南方的楚国发展成为一种有固定形制、铭文的"蚁鼻钱"。从天然贝到铜仿贝，再到蚁鼻钱，体现了一脉相承的发展轨迹。蚁鼻，喻小，"蚁鼻钱"意为小钱；因其造型似鬼，又俗称"鬼脸钱"。

中原腹地的赵、韩、魏三国和周王室流行布币，从农具铲——镈演变而来。而北部沿海的齐、燕地区流行刀币，则是从渔猎工具——刀演变而来。

布币（"布"通"镈"，一种铲状农具）主要是空首布，即有装柄的空心镈。由于其取相农铲，形似铲，故又称"铲布"。到战国时，布币主要是平首布，已无有装柄的空心镈，形似铲状铜片。按形制之不同，可分为尖足布、方足布、锐角布、圆足布、三孔布等。

齐、燕所用刀币，分"燕明刀"（刀身面文"明"字）、"齐大刀"两类，齐刀多有"化"字而称"刀化"。

秦始皇统一中国后，铸行"半两钱'，以半两为单位，钱文"半两"与实重相符。"秦半两"的出现，避免了以往钱文复杂难辨、轻重不一、币值不明等混乱状况。这是我国钱币史上的一次变革。其外圆内方的钱币形制，历代沿袭，直至清末。

西汉初期，承袭秦制，推行"半两"钱。汉文帝前元五年（前175），改铸"四铢半两"。汉武帝元狩五年（前118）废"半两"，行"五铢"。"五铢钱"从西汉、新莽、东汉、三国、晋、南北朝、隋，沿用长达739年，成为我国历史上铸行数量最多、行用地域最广、时间最久的长寿钱。

汉武帝的五铢钱制，至西汉末王莽称帝时曾经一度遭受破坏。王莽推行新政，发行三种新币：① "错刀"，值五千；② "契刀"，值五百；③ 大泉（重十二铢），值五十。后来又废止"错刀""契刀"，新铸"货布""货泉"，史称"新莽币"。东汉光武帝建武十六年（公元40），又恢复了五铢钱制度。

至东汉末，董卓坏五铢钱，铸小钱，开启此后三四百年货币混乱的端绪。三国时期，刘备在蜀汉铸行"直百钱"，孙权在东吴铸行"大泉五百"；五胡十六国时期，后赵石勒铸造"丰货"钱，钱文"丰货"，开始突破西汉以降的五铢钱制。稍后，四川成汉李寿汉兴年间（338—343）推行"汉兴钱"，这是我国最早的年号钱。北魏孝文帝迁都洛阳后，铸造"太和五铢"，其后孝庄帝新铸"永安五铢"、北齐文宣帝铸造"常平五铢"、北周静帝铸行"永通万国"。这些丰富多元的钱币形态，在《藏币》中都有所展现。

唐朝统一后，废五铢钱，新铸"开元通宝"（书法家欧阳询题写）。开元通宝问世，是我国钱币史上的又一次重要变革。

终有唐一代，除唐高宗、唐肃宗新铸"乾封泉宝""乾元重宝"年号钱以及安史之乱叛将史思明新铸"顺天元宝"外，唐代通行货币均多为定制的"开元通宝"。故《藏币》中的唐代藏币相较于其他历史时期，略显单一，但价值不菲。

五代十国时期，南唐李璟铸行"唐国通宝"、前蜀王衍铸行"乾德元宝"、周世宗铸行"周元通宝"。其中，"唐国通宝"钱面文为真书、篆书配对铸造，是中国最早的对钱。

宋代推行年号钱，宋太宗太平兴国年间铸行"太平通宝"钱，从此，中国货币历代所铸的基本都是年号钱。每逢皇帝改元，几乎都会新铸年号钱，并形成定制，历经宋、元、明、清，长达千年。

据统计，我国古代年号钱有 160 多种，其中两宋 16 位皇帝改了 55 次年号，共铸造 45 种年号钱，近占古代年号钱的三分之一。《藏币》收录宋代年号钱共计 43 种，几乎囊括两宋年号钱。

宋代还开始流行"御书钱"，宋太宗"至道元宝"相传由宋太宗手书，从而开创"御书钱"先河，后继君王多相仿效。如有名的"大观通宝""崇宁通宝"，均出自宋徽宗"瘦金体"手书。这些钱币在《藏币》中都有所展现。

辽、西夏、金、元政权，受中原文化影响，也先后铸行钱币，《藏币》收藏有辽道宗"大安元宝"、辽天祚帝"天庆元宝"、西夏仁宗"天盛元宝"、西夏神宗"光定元宝"、金海陵王"正隆元宝"、金世宗"大定通宝"、金章宗"泰和重宝"、元顺帝"至正通宝"等年号钱，为探究此时期的经济文化与社会生活提供了货币资料。

明太祖朱元璋为吴王时，铸行大中通宝，流通较广，如《藏币》有小平钱、济十、浙十、鄂十。明朝初年主要用纸币，中叶以后主要用银两，铜钱发行量少，存世更少，一些皇帝在位时甚至没有铸钱。明代年号钱有十种，《藏币》有"洪武通宝""万历通宝""天启通宝"三种。

明末清初，各地割据政权纷纷铸行新币。1644 年，李自成推翻明朝，铸行"永昌通宝"。同年，张献忠在四川发行"大顺通宝"，张献忠战死后，其义子东平王孙可望称国主，铸行"兴朝通宝"。同时期，南明福王南京称帝铸造"弘光通宝"，南明鲁王监国铸行"大明通宝"，南明唐王福建称帝铸造"隆武通宝"、南明桂王称帝铸行"永历通宝"。这些钱币，《藏币》悉有展现。

清代的货币体系，沿袭明代中叶，以银为主，银、钱并用，商务大数用白银，民间习用铜钱。清代先后有 12 位皇帝，共使用 13 个年号，年号钱有

13 种。钱文有通宝、重宝、元宝之分。清初"三藩"中,仅尚氏父子未铸钱币,吴三桂发行"利用通宝""昭武通宝",其孙吴世璠铸行"洪化通宝",耿精忠铸造"裕民通宝"。清末及民国在新疆流通的银币、铜币,皆难得之币藏。所有这些,在《藏币》中大都有展现。

清代钱币制造的机械化,是我国钱币史上的一大变革。清末机制制钱的出现,使方孔圆形的传统钱币形式从根本上发生动摇,地位急剧下落,并逐步完全退出流通领域。

在近代西学东渐中,西方货币也逐渐进入中国市场。俗称"洋钱",广东称"番银"。

在西方国家货币体系中,主币为金币、银币,辅币为铜、铜合金制造。最初的纸币以金为基础,与黄金可自由兑换。这种以黄金为本位币的货币制度被称为"金本位制"。1971 年 8 月,美元停止与黄金自由兑换,布雷顿森林体系崩溃,进入符号货币时代。《藏币》收入外国 70 多种硬币及欧元硬币。

五

本书呈现的中国古钱币,系先父冯永轩先生在新疆、安徽、陕西、湖南、湖北任教时集腋成裘的珍品。其中以在十三朝古都西安所获较多。这批钱币历经抗日战争、"文革"等劫难而得以保存,实乃万幸!

先父最后一个任教单位是武汉师范学院(1984 年更名湖北大学),其历史系在"文革"期间停办,1978 年复建,本人协助退休多年的先父于 1979 年辞世前夕,将古钱币全数捐赠给武汉师院历史系,以示对重建的支持。此批藏品成为后来兴建的湖北大学博物馆钱币馆基本馆藏。

2013 年以来,笔者致力于将先父及我们兄弟收藏的几类文物印制出版。获湖北大学博物馆钱币馆支持,当年先父捐赠之古币在湖北大学博物馆蔡莹女士协助下，由湖北省博物馆高级摄影师郝勤建作高清晰拍摄；长兄天琪、四兄天瑾和笔者诸兄弟搜集的多个国家和地区硬币，加上尹阳硕博士的贡献，共七十余种外国硬币，由一级摄影师刘建林拍摄，与先父所藏中国钱币合为《冯氏藏币》。此卷编纂间，得武汉大学文学院钟书林教授、武汉大学阿拉伯研究中心主任李荣建教授、武汉大学中国传统文化中心李小花、文创中心程玉梅诸同道助力。编辑胡新、李春龙，张中良主任用心甚深。如此，《冯氏藏币》与《冯氏藏墨》（书画作品）、《冯氏藏札》（名士信札）并称"冯氏三藏"，一并由长春出版社精心编辑印制，以呈献同好者展阅利用，我们兄弟深以为乐，先父在天之灵必亦欣然。

丁酉春节于武汉大学人民医院楚康楼 801 室

忆家藏梁、王条幅

少时的生活大多已经淡忘，而忆念中也还保存着某些吉光片羽，例如，协助父亲往老宅斑驳的墙壁上悬挂条幅一类细节，便不时在记忆的浅层底下闪现，其情景往往鲜明如昨。先父冯永轩教书为业，一辈子节衣缩食、精心收藏的那些字幅，风格各异，清雅、飘逸如乾隆间学者梁同书的"门前松菊开三径　架上图书傲五侯"，清代四大书家之一铁保的"画悬古木栖鸦影　琴谱平沙落雁声"；雄阔、豪壮如左宗棠的"山高水长中有神悟　风朝雨夕我思古人"，康有为的"南使宜天马　由来万匹强"。老宅的这些联语不时变更，恰似春雨与秋阳交替。然而，条幅也有常年陈列，很少置换的，记得一为梁任公手撰宋词集句"遥山向晚更碧　秋云不语常阴"，边款"集周清真孙巨源词"。周邦彦（号清真，1056—1121）、孙洙（字巨源，1032—1080）皆北宋词人，梁氏书写的是两位的词作中恰相对偶的句子。二是王国维亲书陶渊明《饮酒诗》："羲农去我久，举世少复真。汲汲鲁中叟，弥缝使其淳。凤鸟虽不至，礼乐暂得新。洙泗辍微响，漂流逮狂秦。诗书复何罪，一朝成灰尘。区区诸老翁，为事诚殷勤。"王氏所书虽为古人诗，却借抒胸臆，实乃夫子自道。

先父冯永轩（1897—1979）是清华国学研究院一期生，师从梁启超（1873—1929）、王国维（1877—1927）。自第二期就任研究院导师的陈寅恪（1890—1969）后来戏谓清华国学研究院诸生是"南海圣人再传弟子，大清皇帝同学少年"。"南海圣人"指康有为（康氏广东南海人，以孔圣人后继自况，故称）；王国维是末代皇帝宣统师傅，故研究院诸生恰与前清逊帝同门。事隔多年，父亲曾笑议陈寅恪先生此一妙语，我少时听来，恍然觉得先贤前哲并不遥远，其音容笑貌宛在目前。

以上两字幅系父亲在清华研究院毕业前夕，梁、王二师题赠，上款皆为"永轩仁弟"。生敬师如父，师爱生若弟，这是老辈学人间的传统。梁先生条幅落款"梁启超"，两印章，上为"新会梁启超印"，下为"任公四十五岁之后所作"。梁氏四十五岁（1917年）以后告别北洋政界、重入学坛，这正是他成就一代国学大师的岁月。梁氏治此闲章，大约为着表述人生的一个转折。五十岁以后，梁氏应聘清华国学研究院，其及门弟子后来多为人文学诸学科大家。执教清华间，梁氏有一雅好：集句成佳联。1924年，梁夫人李端蕙卧病半载，终于辞世。梁先生守护病榻半载，排遣忧愁之一法，便是阅览《宋六十名家词》等词集，又信手摘妙句作对，竟集成二三百副。1926年梁先生赠冯永轩条幅，当为其中之一。梁先生素不以书家自许，而其字结体介于隶楷，平实中见情致，娟秀而凝重，所集词句，境界清远，一如梁先生的放达性格。

父亲就学清华研究院时，选题《诸史中外国传研究》，毕业论文《匈奴史》，作指导的是王国维先生。清乾隆以下，边疆史地及民族研究渐兴，显示出一统帝国的壮阔气象，而晚清国防危机日迫，此学更极一时之盛，此为治学者忧国心切的表征。王先生亦多有相关论著，收入《观堂集林》的便有《西胡考》《西域井渠考》《萌古考》《长春真人西游记校注序》等。父亲得王先生耳提面命，终生致力西北史地，20世纪三四十年代父亲先赴新疆工作、后任西北大学教授，又著《西北史地论丛》，皆为着完成王先生早年指导的此一课题。父亲对王国维先生的教诲念念在兹，一直保存着王氏为其手撰的书单，该书单撰有"《蓬莱馆地理丛书》丁谦著;《元史译文证补》洪钧（撰），广雅丛书"。书单左侧，草"康居 悦般 保塞之民 冉闵杀匈奴"等短语，显然系当年师生对话时，王氏在书单后面信笔所写，以说明讲述要点。父亲珍藏此一书单数十年，并在右首楷书："王静安师墨迹 在清华读书时王师所开书目"，又加盖印章"冯德清字永轩"，深蕴珍惜之意。父亲1979年辞世后，我在一本父藏旧籍中发现夹着的这一书单，同时发现的还有一纸启事，文曰：

敬启者 本院教授 王静安先生于六月二日赴颐和园投昆明湖自尽，同学殊深哀悼（遗书及详情见另纸）。兹拟于最近期间在清华园开会追悼。台端如有挽联哀词等件，即希赐寄本院，刘子植君收转。不胜盼切。专此敬候台祺。

研究院同学会启

六月七日

王国维先生1927年6月2日自沉颐和园昆明湖，学界震悼。一年前父亲已从清华研究院毕业，回武汉教书，启事为清华在读的研究院二、三期生所拟并邮寄。这份启事父亲收藏数十年，其间历经了抗日战争、反右和"文革"等种种厄难而终得保全，这是父亲敬师的精诚所致，也是王先生的灵明之佑。今日捧读，不胜历史沧桑之慨！

少时多次听父亲议论王国维先生自尽的原因。父亲不太赞成习常的"殉清"说，而认为王先生的"遗民"情结广远而深刻。毋庸讳言，王先生是把"逊清"归入所"殉"之中的，但他又绝非仅仅为着清亡而弃世，他"殉"的是中华文化。父亲当年讲到这些，少时的我听不大懂，时过几十年后再来回味，方觉出其中道理。

精神家园——
湖北图书馆住读八年小记

　　湖北图书馆是我国历史最悠久的公共图书馆之一，张之洞创办的两湖书院南北书库为其源头。先母系省图馆员，余少时随其住省图八年。今年（2004）适逢省图百年馆庆，特撰小文以资纪念。

　　少年时代已经是相当遥远的过去了，我又是一个对生活细节易于遗忘的人，因此每当与儿时旧友谈论往事，多半只有洗耳恭听的分儿，难以插上嘴。当然也有例外，脑海中有些往事并未如烟，例如10岁至18岁在湖北图书馆的一段泛舟书海的经历，不少情景还历历在目，鲜明如昨。

　　我的母亲张秀宜（1901—1971）新中国成立前做中小学教员，新中国成立初到湖北图书馆工作，负责儿童阅览室，直到1962年退休。我是五兄弟中最年幼的，大概也是随慈母左右时间最长的一个。自小学三年级起，我每天从武昌实验小学步行半小时，经红楼前阅马厂，到绿树掩映的蛇山之麓、抱冰堂下的湖北图书馆。开始两年，多在儿童阅览室看小人书，《三国演义》《水浒传》《说唐》《说岳》《希腊神话》《三个火枪手》一类连环画是我的最爱，除熟记那些引人入胜的故事外，还因连环画的导引而迷上了人物白描，有一段时间，我的课本、练习簿的空白处都画满中外英雄豪杰的造像，连解手纸也未能幸免。这种随手画人的习惯，一直保持下来。近20年在国内外参加学术活动，留下一批中外文化人的速写。被画者常问，你是不是接受过美术专业训练？我说没有，是小时候在湖北图书馆儿童阅览室形成的信笔涂抹习惯。

大约从小学六年级开始，主要是在初中和高中阶段，我又成为湖北图书馆成人阅览室的常客，每天放学归来，包括星期天，大都泡在阅览室里（省图只在周一休馆）。这得感谢 20 世纪 50 年代的中学教育尚无沉重的课业负担，即使像初中母校武昌实验中学、高中母校华师一附中这样的重点中学，功课在校内自习时便可做完。我对考分又一向不大经意（母亲好像也没有因我某次考分高而表扬、考分低而责备），课余便自由徜徉于湖北图书馆的书廊之间。那种纵游书海，与应试无涉，没有被功利心所驱使，唯一的动力是兴趣、好奇，堂皇言之，是求知欲望。成年后读到亚里士多德《形而上学》中的名论："人们是由于诧异才开始研究哲学……人们追求智慧是为了求知，并不是为了实用。"回想自己少时读书经历，竟与古希腊哲言相暗合！惭愧的是，中年以后阅读，多是为课题研究找材料，各类图籍大多被分割、拼合成撰写某书所用的资料长编，昔时那种悠游于名著佳篇之中的陶醉感，以及对名著的整体把握，实在是久违了。近年我多次下决心，一定要摆脱中年读书的异化状况，复归少时读书的本真情态。然而，逝去了的过往，还能重拾吗？但总该努力一试吧。

在嗜书者那里，"心游万仞""思接千载"的文学女神往往最早降临。忆昔少年时，湖北图书馆群籍中，首先令我形诸舞咏、心驰神往的，是中外文学名著。《三国》等讲史小说，《水浒》等英雄小说，《西游》等神魔小说，《红楼》等世情小说自然读得烂熟，林教头风雪山神庙的悲壮、秦琼卖马的无奈、岳飞枪挑小梁王的神勇，都使人摇情动魄；曹操得天时、孙权得地利、刘备得人和，也津津乐道，最初的"历史观念"大约由此获得。

以初中二年级为端绪，另一扇知识之窗豁然敞开：俄罗斯、法兰西、英吉利文学，如磁石般吸引了我的注意力。在那一相对禁锢、封闭的时期，这些名著打开了一个个孔隙，可以略窥广远、深邃而又新奇的外部世界。少时的阅读刻下的印象实在真切，屠格涅夫（1818—1883）描绘的林中狩猎、转型时期父与子两代人之间的精神冲突、农奴木木的悲惨遭际；列夫·托尔斯泰（1828—1910）铺陈的俄法战争壮阔场景，安德烈公爵战死前仰望苍天的冥想，比埃尔苦苦的精神探讨；陀思妥耶夫斯基（1821—1881）抒写的彼得堡白夜飘荡的那些敏感而又病态的魂灵；契诃夫（1860—1904）对孤儿万卡一类底层人物的深切同情，对专制政治和市侩风气的揭露与鞭挞，都与我们得之中国传统的民本思想和忧患意识交相呼应。而肖洛霍夫（1905—1984）展开的顿河草原上葛利高里等哥萨克们在白红两营垒间的血战，阿列克赛·托尔斯泰（1883—1945）表现的十月革命前后知识分子的"苦难的历程"，则与当时从教科书上获得的革命概念颇有相异之处。巴尔扎克（1799—1850）精工细描的巴黎社会，葛朗台的吝啬、高里奥的凄苦、拉斯蒂涅的名利追逐，皆以艺术典型永记心际；司汤达（1783—1842）展开的法国王政复辟时期贵族与第三等级的矛盾冲突，于连的个人奋斗；狄更斯（1812—1870）刻画的阴暗的伦敦下层，财产继承的惊心动魄；德莱赛（1871—1945）揭示的纽约金融界和艺术界的鏖斗，不仅引发了美学感受，还多有社会史的认知收获。以后读到恩格斯对巴尔扎克《人间喜剧》的评价：

> 在这幅中心图画四周，他汇集了法国社会的全部历史，我从这里，甚至在经济细节方面（如革命以后动产和不动产的重新分配）所学到的东西，也要比从当时所有职业的历史学家、经济学家和统计学家那里学到的全部东西还要多。

联系早年读巴尔扎克《欧也妮·葛朗台》《高老头》《贝姨》《邦斯舅舅》的印象，对恩格斯的这段论述深以为然。后来我从事文化史研究，颇服膺于陈寅恪先生"以诗证史"（这里的"诗"可泛解为各类文学作品）的路数，这与早年从文学名著获得社会史的认知启示直接相关。

中年以后，被一个又一个课题挤兑着，很少有余暇读文学作品，常常引以为憾。但早年从中外名著中获得的对中西文化的体悟，却在不断反刍，颇有助于对历史问题的理解，尤其有助于中外文化比较的展开。从某种意义上可以说，日后能从事中国文化史及中外文化比较研究，得益于早年在湖北图书馆对中外名著的大量阅读和整体、有机的把握。比照当下的大学文科教育，学生主要读的是几种通史，如历史系学中外古代史、近代史、现代史，中文系学中外文学史，辅之以少量的原著选读。这些"史"自然是应当学的，但今日大学生多是一路从严格的应试教育筛选上来的，6年中学被沉重的课业负担压得喘不过气来，难得有时间精力阅览整部名著（如果今日的孩子像我少时那样在图书馆看"闲书"，一定会遭到老师和家长的厉禁），到了大学，他们学的又是多门二手性课业，较少接触文史哲元典。美国哈佛大学的校训是"与柏拉图同在，与亚里士多德同在"，我们的大学也可以立信条为"与先秦诸子同在，与李白、曹雪芹同在"。然而，如果不读先哲元典，对元典有较深切的体悟，怎能得其真精神，怎能与先哲"同在"呢？

少时在湖北图书馆喜欢阅览的另一类书籍是游记和地理书，它们使我足未出户，而遍历大江南北、黄河上下，尾随司马迁（约前145—？）"西至崆峒，北过涿鹿，东渐于海，南浮江淮"；追迹徐霞客（1587—1641）"朝碧海而暮苍梧"。除神交古人，泛游九州外，更远涉重洋，翱翔于佛罗伦萨、斯德哥尔摩，深入亚马孙热带雨林，穿越撒哈拉大沙漠。十几岁时，我特别着迷于地图，常将湖北图书馆的各种中外地图册借来，铺在阅览室大桌上反复参看。记得某馆员笑问我是不是有周游世界的计划？这真道出了我的心思，那时我的最大愿望确乎是周游世界。由于熟读各类地理书和地图册，加之睡觉前时常想象自己到世界某地，并为某国某地设计发展蓝图，久而久之，便能如数家珍地说出中国各省乃至世界各国的简史、面积、人口、都市、山脉、河川、矿藏资源、风俗习惯，乃至国民经济总产值，钢铁及粮食产量等指标约数，并养成持续关注的习惯。20世纪80年代以降，随着改革开放的拓展，我也得以历访美国、日本、澳大利亚、德国、法国、新加坡等国，部分实现早年"周游世界"的梦想。在国外会议或讲学之余，与陪同游览名胜的外国友人谈及该国该地自然状貌、社会风情、历史演进、艺文哲思诸细节，有些内容外国友人亦觉新鲜，于是大表惊讶，或夸我为"某国通"，或问我是不是访问前夕对该国、该地的史地概况作过专门准备，我说，非然也，那些"准备"是小时候完成的。其潜台词为：那一切是十几岁时在湖北图书馆准备的。

地理常识当然不是高深学问，但烂熟于胸可以产生实在的空间感。历史总是在特定空间运行，史学工作者不仅要有清晰的时间意识，还应当形成真实的空间意识，只有如此，才能对历史人物、历史事件产生方位感、质地感和度量感，历史人物和事件才能立体地得以再现，我们也才有可能对其作同情的理解，达到"知人论世"的境界。我每每建议学文史的青年朋友，多读点地理书和高水准的游记，熟悉地图，以合古之治史者"左图右史"的教言。而这种心得，是少年时代在湖北图书馆获得的。

20世纪五六十年代的湖北图书馆可谓藏龙卧虎之地，少时我在馆里见过的老馆长方壮猷（1902—1970）、杨开道（1899—1981）等都是硕学鸿儒。

方先生20世纪50年代初任湖北图书馆馆长，是卓有贡献的历史学家，与我父亲冯永轩（1897—1979）在清华国学研究院第一期同学，受业于梁启超、王国维等国学大师。方先生一次巡视阅览室，发现成人读者中有一个小孩（按规定，小孩不能入成人阅览室），便上前亲切询问。馆员介绍，"这是张老师的儿子"，方先生马上用浓重的湖南乡音说："那不是永轩兄的公子嘛，好，好，他这么好学，将来一定可以继承乃父事业。"方先生这番不经意的话，我记了一辈子。当下杨开道馆长是我国农业社会学开创者（是费孝通的老师），好像是留美的，曾任华中农学院院长，来省图做馆长，约在 20 世纪 50 年代后期，我已念高中，曾在晚饭后与他在图书馆院子里聊天，谈及各国经济发展水平。我不知天高地厚，列举各国工农业数据和发展态势，杨先生很感惊讶，高兴道："你是个学社会学的材料，以后跟我学吧。"在场的一位馆员说："他熟读文史，大概会学中文。"由于父亲当时戴着右派帽子，而 1958 年以后高考"政治条件"压倒一切，我早已不存考取理想专业及大学的念想，故只能对杨馆长等人的期望付之一笑。当时还隐约获悉，杨先生 1957 年"反右"受过打击，戴着右派帽子，但他仍显得潇洒、气宇轩昂，我心中暗暗佩服。

副馆长张遵俭先生（1915—1990）寡言、低调，我少年时与他好像没有对过话。20 世纪 80 年代初写作《张之洞评传》，获知张馆长是张之洞侄孙，曾两次造访，一谈之下，发现此人内秀、博学，不愧文襄公后人。

新时期担任湖北图书馆馆长的孙式礼先生，是"38 式"南下干部，20 世纪 50 年代人称"孙秘书"，负责馆里的党政事务。他为人谦和，少有当年干部常具的"左气"，且广闻博识，从他嘴里时能听得种种文界掌故和名人逸事，足见其阅览之博。

新时期副馆长徐孝宓先生，是藏书大家徐行可（1890—1959）的哲嗣，我少时从父亲处听过关于徐老先生苦心孤诣搜罗秘籍的趣事，又从母亲处得知，孝宓先生没有进过学校，得徐老先生家学，自成渊博的图书馆学家，其对版本、目录学之精熟，省内难得。我住图书馆时，孝宓先生夫妇都还年轻，待我十分亲切。

以上提及的前辈多已乘鹤仙逝，但他们的音容笑貌永存吾心。

"文革"期间，退休在家的父母屡受街道居委会的迫害之累，母亲还弄瞎一只眼睛。父亲一生省吃俭用、采自各地的相当丰富的藏书（不乏善本），被抄走、退回，再抄再退，后听说街道上将有一次更彻底的查抄，我获悉消息立即从汉口（工作单位在此）赶回武昌老家，与父母及三兄商量，决定抢在查抄者到来之前，将藏书捐给省图书馆，以免珍贵文籍损失。图书馆派人用几辆板车将书拖走，父亲尾随板车队跟跟跄跄地追了好长一段路，回家后发呆几天（省馆还派汽车到派出所，将堆放那里的另一批冯氏藏书拖走）。20世纪80年代初，我听说省图书馆特藏部中还散置着不少盖有"冯永轩珍藏"等藏书章的书籍，我几次想提出进特藏室看看这些自小常常翻阅的旧籍，也曾想建议设一冯永轩捐书专架，但念及历时已久，原有的近万册书大多风流云散，于是也就把这种请求咽了回去。

中年后从事文史研究，除自己日渐壮大的藏书外，主要利用所在大学及院系藏书，但偶尔也到省馆查阅（如20世纪80年代写《张之洞评传》和《辛亥武昌首义史》时），而每到馆里，老馆员张德英先生等都热情接待，颇有如归故里的感觉。近几年撰写《新语探源——中西日文化互动与近代术语生成》一书，曾到省馆查书，阳海清馆长等大力帮助。熟识的学界前辈，如姚雪垠、张舜徽先生等，也曾对我提及过他们从事撰著（如姚写《李自成》、张写《清人文集别录》）得益于省馆藏书的故事。湖北学人的著述活动多得省图书馆之助。

得悉省馆百年馆庆在即，日前与从北京返汉的大哥专程到我少时生活过八年的故地转了一圈，看到省馆近侧新起的楼宇和绝大多数工作人员生疏的面孔，颇有时光"如白驹过隙，忽然也"的慨叹。然而，这里永远是亲切的、生机勃勃的，因为它是哺育我们的精神家园。

2004年秋末记于武昌珞珈山

附记 时下忆及阅读经历，每觉惭愧与遗憾。如果说青少年时代博览中外文史名著，受益终身，然中年以降虽仍保持阅览习惯，却与书籍的时代进步渐渐拉开距离。记得20世纪80年代末会见苏联科学院的汉学家布罗夫，讨论俄罗斯文学，布罗夫颇为我熟悉普希金、屠格涅夫、托尔斯泰、陀思妥耶夫斯基、契诃夫、肖洛霍夫、法捷耶夫而赞叹，以为深度、广度皆属上乘。但议及 50 年代以后苏俄文学，我却十分生疏，被称作继普希金以后最伟大的俄语诗人、诺贝尔文学奖得主布罗茨基竟全未阅读，对布罗茨基的前驱阿赫玛托娃、茨维塔耶娃也所知甚少。因此，自忖对俄罗斯文化的了解是很不完整的，广而言之，自己熟悉的是 19 世纪及 20 世纪上半叶传播的中国文化及世界文化。最近看到由 12 位资深读书人推荐的 24 本好书，我一览书目，发现除托尔斯泰的《战争与和平》、吕思勉的《秦汉史》读过外，其他均未亲炙，有些连书名亦未曾得知，可见自己的阅读状态已大大落伍，因而对文化前沿愈益陌生，世界观及方法论亦受制于此。近几年，江汉大学每当开学之际给校董寄赠几本当下前沿论著（中信出版社出版），我逐一翻阅，大开眼界。这一最新经历使我体悟到：包括阅读在内的对世界的认知必须偕时而进，不可中辍。

2016 年 1 月 31 日